조 선 평전

조선 평전

초판1쇄 펴낸 날 · 2021년 3월 22일

지은이 · 손석춘
펴낸이 · 이부영
펴낸곳 · 재단법인 자유언론실천재단
주소 · 서울시 종로구 자하문로5길 37 1층
전화 · (02) 6101-1024 / 팩스 · (02) 6101-1025
홈페이지 · www.kopf.kr

제작 배급 · ㈜디자인커서
출판등록 · 2008년 2월 18일 제300-2015-122호
전화 · 02) 312-9047 / 팩스 · (02) 6101-1025

ⓒ손석춘, 2021

ISBN 979-11-968105-6-6 03070
책값은 뒤표지에 있습니다.

조선 평전

손석춘 지음

자유언론실천재단

머리말

100세 시대가 열렸다. '호모 헌드레드Homo-Hundred'에 그도 동참
했다. 그가 걸어온 100년 내내 이 땅은 격동했다. 3·1혁명이 불 지
핀 독립운동, 8·15 해방과 분단, 그 귀결인 한국전쟁, 이승만의 장
기집권과 4월 혁명, 박정희의 쿠데타와 3선 개헌, 유신체제와 10·
26 정변, 전두환의 쿠데타와 5월 항쟁, 민주화운동과 6월대항쟁, 7·
8·9월 노동대투쟁, 촛불혁명이 그것이다. 그만큼 그의 존재는 눈길
을 끌었다. 지금 무엇이 일어났는가를 기록하여 동시대 사람들에
게 알리는 일이 그에게 일차적으로 주어진 임무였기 때문이다.

그의 이름은 조선일보. 이 책은 그의 평전이다. 무릇 '평전'은 사
람에 대한 평가의 의미를 담고 있다. 그럼에도 조선 평전을 쓰는 이
유는 조선일보사가 법인法人이라는 사실에 주목해서다. 법인은 기
업을 말 그대로 '법적 인격체'로 보는 근대적 개념이다. 지난 100년

우리 겨레와 함께 살아온 사회적 생물로서 그는 누구였을까. 이 땅에서 살아간 사람들은, 지금 살고 있는 우리는 그를 얼마나 알고 있을까. 많은 사람들이 그를 잘 안다고 생각한다. 그의 친구, 애독자들이야 더 말할 나위 없을 터다. 조선닷컴에 들어가면 기사마다 그의 '절친'들이 곰비임비 댓글을 단다. 대부분 그의 기사에 박수치듯 뜨겁게 반응한다.

그런데 선호가 또렷하게 갈린다. 적대적인 사람도 많다. 더 나아가 '조선일보는 폐간이 정답'이라고 주장한다. 기자들을 '기레기'라 비판하는 사람들에게 그는 아주 오래된 '적폐의 상징'이다. 정반대에 서 있지만 애독자도 적대자도 모두 그를 잘 안다고 확신한다. 물론 중간도 있다. 조선일보는 보수언론이고 한겨레는 진보언론이므로 서로의 성향을 존중해야 옳다고 주장한다. 자신만이 조선일보를 잘 안다고 확신하는 사람도 있다.

하지만 아니다. 그의 애독자도, 그를 기레기로 보는 시민도, 그의 성격이 보수적이라며 '편집 성향'을 존중하는 지식인도 그가 태어날 때부터 아파왔다는 진실을 놓치고 있다. 애독자들은 물론, 그의 이름 아래 일하고 있는 젊은 기자들도 그가 앓아온 아픔을 잘 모를 수 있다. 그로선 섭섭한 일이겠지만, 독자들도 그의 병을 알아채기가 쉽지 않다. 애독자나 기자들은 그에 대한 정파적 비판만 보며 '안티조선'에 정서적 거부감을 갖거나 울뚝밸이 치밀 수 있다. 그를 비판하는 '깨어 있는 시민'들 가운데 더러 그와 닮은 이들이 적지 않기에 더 그렇다. 종종 그를 격하게 비난하는 사람들의 언행에서 그의 논리, 병리적 징후를 발견할 수 있는 것은 슬픈 역설이다. 그를 지나치게 만만히 보기 때문이며 그만큼 잘 모른다는 증거다.

평전을 통해 우리는 근현대사 100년을 거울로 그를 보는 동시에 그를 거울로 근현대사 100년을 볼 수 있다. 그는 100세가 넘은 역사적 존재이자 사건이다. 지나온 100년을 한껏 자부하며 '새로운 100년'을 시작한 그를 보고 애독자들이 반드시 읽어보길 바라는 마음으로 이 책을 시작했다. 평전을 제안한 자유언론실천재단의 박강호 상임이사는 조선일보 기자들이 스스로 성찰할 수 있고 청소년도 읽을 수 있도록 써달라는 쉽지 않은 과제를 던져주었다. 모쪼록 모든 사람이 언론자유를 이루는 길에 이 평전이 징검다리 한 돌 되기를 소망한다.

진실의 수호, 100년의 진실

"진실의 수호자들"

그가 창간 100년을 맞아 내건 당찬 '자부'이다. 2020년 3월 5일, 창간 100돌을 맞은 그는 '진실의 수호자들' 표제를 부각하며 날마다 기획 연재물을 편집했다.

기실 창간 100돌의 의미는 크다. 기업이라는 측면에서도 100년을 맞은 법인은 한국 사회에서 드물다. 더구나 신문시장에서 그의 매출액은 1988년 이후 줄곧 1위다.

창간 100돌을 기념한 사설은 '진실의 수호자'를 자처한 그의 긍지를 당당히 드러내고 있다. 평전이니만큼 정당하게 평가하려면 아무 선입견 없이 그의 자부심을 들여다 볼 필요가 있다. 굳이 사설 전문을 살피는 다른 이유는 독자들과 더불어 읽으며 과연 그 자존감이 얼마나 진실에 근거하고 있는지 앞으로 꼼꼼히 점검해보자는 의미가 담겨 있다.

그에 대한 평가에서 현직 고위급 기자들과의 소통은 가장 중요한 대목의 하나이므로 독자들 또한 고정관념 없이 정독해보길 제안한다. 물론 이 책은 현직 평기자의 자성 담긴 목소리도 담을 생각이다.

100년을 맞은 그의 사설은 제목부터 사뭇 담대하다. "100년 전 그 춥고 바람 불던 날처럼, 작아도 결코 꺼지지 않는 등불이 되겠습니다" 제하의 사설 전문을 찬찬히 읽어보자.

1920년 3월 5일 창간한 조선일보가 한국 신문 최초로 100년을 맞았다. 그 긴 세월 모진 풍상風霜을 견디고 오늘에 이른 것은 언제나 응원하고 질책해주신 독자 여러분의 덕이다. **조선일보는 우리 민족이 1919년 3·1 독립 만세를 외치며 흘린 피의 값으로 얻어낸 한글 신문이다.** 나라가 세계지도에서 없어진 민족에게 남은 것은 오직 말과 글뿐이었다. **만약 그때 조선·동아일보와 같은 한글 신문이 발행되지 않았다면 지금 우리가 어떤 모습일지 쉽게 짐작이 가지 않는다. 한글로 만들어진 신문은 그 자체로 암흑의 시대를 살아가는 민족에게 등불과 같았다.** 희망과 용기를 지키는 작은 불씨이기도 했다. 말과 글을 잃지 않은 민족은 결코 죽지 않는다. 그 살아 있는 예가 바로 우리다.

잃어버린 나라의 이름 '朝鮮(조선)'을 제호로 달고 빼앗긴 글로 민족의 설움을 대변하는 것은 필연적으로 가시밭길이었다. 창간 5개월 만에 항일 시위를 폭력 진압한 일본 경찰을 비판한 논설로 첫 정간을 당했다. 복간하자마자 정간 조치에 항의하는 논설을 써 또 3일

만에 정간 당했다. 총독부는 조선일보를 '광적狂的 신문'이라고 불렀다. 암울한 시대에 민족의 지도자들은 거의 모두 조선일보를 활동 무대로 삼았다. 이상재, 신석우, 안재홍, 조만식 등 민족진영의 독립운동가들이 조선일보 사장을 맡아 '조선 민중은 조선의 산물産物을 사용하자'는 물산장려운동, '아는 것이 힘이다. 민족의 얼을 지키자'는 한글 교육과 문자보급운동, 분열된 좌·우파 독립운동을 한길로 모았던 신간회 운동을 주도했다.

그러나 일제는 1937년 중일전쟁을 일으킨 후 창씨개명, 한글 말살의 폭압 통치로 전환하면서 조선·동아일보까지 없애려 했다. 그 **암흑기에 민족의 표현 기관으로서 일제 강압과 신문 발행 사이에서 고뇌했던 흔적은 조선일보의 오점으로 남아 있다.** 100년 비바람을 버텨온 나무에 남은 크고 작은 상흔이다. 결국 일제는 1940년 8월 10일 조선·동아일보를 강제 폐간시켰다. 강요와 압박으로 잠재울 수 없는 민족 언론의 존재가 껄끄러웠기 때문이다. 그때까지 8만 8,000여 건의 기사 압수, 500건 이상 기사 삭제, 네 차례에 걸친 발행 정지를 당했다. 3·1 독립선언 33인 중 마지막까지 변절하지 않았던 한용운이 조선일보 폐간 소식을 듣고 '붓이 꺾이어 모든 일 끝나니'라는 시詩로 애달파했다. 여기에 일제강점기 조선일보의 존재 이유와 역할이 모두 담겨 있다.

일제가 물러난 후에도 민족의 질곡은 끝나지 않았다. 6·25 남침으로 국토와 국민이 결딴나는 참화까지 겪었다. 이 어려운 시기 **조선일보는 자유민주주의와 시장경제를 골간으로 한 대한민국의 건국과 발전을 일관되게 지지하며 함께했다.** 북한 공산군에 서울을 빼앗겼을 때 부산·대구를 전전하며 조그마한 타블로이드판 신문이라도 발행을 멈출 수는 없었다. 당시 우리 대한민국의 운명이 이 초라한 타블로이드 전시판戰時版과 다를 바 없었다.

일제강점기 조선일보가 우리글과 말을 지켰다면 대한민국 건국 이후엔 가난 퇴치와 산업 발전, 세계 무대 진출이라는 국민 모두의 염원과 함께했다. '선생님을 해외로' '한민족사 탐방' '쓰레기를 줄입시다' '산업화는 늦었지만 정보화는 앞서가자' '세계가 뛰고 있다, 우리도 다시 뛰자'는 운동은 우리 사회와 경제를 바꾸는 반향을 일으켰다. 조선일보는 산업화로 중산층이 두껍게 형성된 뒤에 민주화가 가능하다는 신념을 지켜왔다. **2차 대전 후 독립한 나라 중 산업화와 민주화를 모두 이룬 경우는 거의 없다. 조선일보는 대한민국의 이 기적적 성취에 작은 벽돌 한 장이라도 놓았다는 자부심을 갖고 있다.**

대한민국 5,100만 국민이 이뤄낸 번영을 2,000만 북한 동포와 함께 나누지 못한다면 '선진 한국'도 반쪽에 그칠 수밖에 없다. 1964년 '남북 인사 송환을 위한 백만인 서명운동' 끝에 101만 명의 진정서를 유엔에 제출했다. 남북 이산가족 상봉의 단초가 됐다. 광복 70주년인 2015년 '통일과 나눔' 재단 기금 마련에는 170만 명이 동참했다. 작년에만 단체 122곳에 100억 4,600만원을 지원했다.

언론은 권력을 감시하고 비판하는 것이 존재 이유이지만 어떤 권력도 언론의 비판을 달가워하지 않는다. 일제는 말할 것도 없고 제왕적 힘을 휘두르는 우리 대통령 권력도 마찬가지였다. 조선일보는 1960년 '투쟁하는 국민운동의 전개 이외에 다른 방법이 없다'는 사설로 이승만 정권 부정선거 의혹을 정면 비판했다. 4월 19일 자 고려대생 피습 사진 특종은 4·19의 기폭제 역할을 했다. 박정희 정권은 1964년 언론 통제를 위해 언론윤리위원회법을 통과시켰다. 조선일보는 '민주 정치에 큰 오점을 찍었다'는 1면 사설로 반대했다. 정부는 공무원 가족 구독 중단, 기업 광고 중단에 신문 용지 공급까지 막았다. 그래도 조선일보는 저항을 멈추지 않았고 정부는 결국 언론 윤리법 시행을 보류했다. 1973년 김대중 씨가 일본에서 납치됐다. 수사는 한 달 넘게 겉돌았다. 당시 주필은 한밤중 윤전기를 세우고 '이 사건은 국민에게는 어이없고 견딜 수 없는 횡액橫厄'이라며 진상을 밝히라는 사설을 실었다. **서슬 퍼런 유신 체제에 정면으로 이의를 제기한 보도였다.**

'민주화' 깃발을 들고 탄생한 정권들도 다르지 않았다. **자신들을 지지하지 않는 보도에 세무조사로 보복하고 시민단체로 위장한 외곽 단체를 동원해 불매운동, 광고 탄압에 나섰다.** 근래에는 권력 편에 선 매체들까지 조선일보를 공격하고 있다. 정치 상대방을 악惡으로 간주하는 데에서 나아가 자신과 다른 의견을 가진 언론까지 적대하는 현실이다. 영향력을 가진 조선일보는 언제나 이들의 표적이 될 수밖에 없었다. 최근엔 정치권력만이 아니라 인터넷을 이용한 각종 괴담과 가짜 뉴스도 언론을 위협하고 있다. **광우병 괴담처럼 수만, 수십만 군중을 모으는 전례 없는 사태도 벌어지고 있다. 그때도 조선일보는 할 말을 해야 했다. 외로운 외침이었다.**

오늘날 디지털 세계에서 무서운 속도로 증폭되는 정보는 '진짜'와 '가짜'가 뒤섞여 눈과 귀를 어지럽히고 있다. **양극화된 진영 논리의 무한 충돌만 반복되고 타협의 민주주의는 설 자리를 잃어간다.** 이 상황에서 사실事實을 찾아 할 말을 하는 언론의 사명은 더욱 중요해졌다. 하지만 조선일보 역시 사실보다 속보에 치중하다 크고 작은 오보를 했다. 다시 한 번 사실 추구의 언론 본령을 되새긴다.

이제 **새로운 100년을 향한 발걸음을 내딛는 조선일보는 100년 전 그 춥고 바람 불던 날처럼, 작아도 결코 꺼지지 않는 등불이 되겠다고 다짐한다.** 독자 여러분 감사합니다. 언제나 여러분 곁에 있겠습니다(이하 인용문의 모든 굵은 글자는 저자 강조).

창간 100년의 사설을 읽으면 그는 정말이지 훌륭한 존재다. 일제 강점기에 '민족의 등불'이었고 서슬 퍼런 유신체제에 정면으로 이의를 제기한 신문이라면, 늠름하게 '진실의 수호자'를 자부할 자격이 충분해 보인다. "암흑기에 민족의 표현 기관으로서 일제 강압과 신문 발행 사이에서 고뇌했던 흔적"도 얼마든지 이해할 수 있다.

하지만 과연 '진실의 수호자'라는 그의 공언이 정말 진실한가는 엄밀히 따져보아야 한다. 모든 자서전은 자기미화, 또는 자기합리화라고 하지 않던가. 무엇보다 지난 100년처럼 새로운 100년에도 '결코 꺼지지 않는 등불이 되겠다'는 그의 다짐은 비단 그만의 문제에 그치지 않는다. 우리 겨레의 미래와도 연관되어 있다. 그의 '자서전' 아닌 '평전'이 필요한 이유다. 그가 걸어온 100년을 두고 평가는 여전히 평행선을 긋는 형세이기에 더 그렇다.

이성적 평가를 위해 평가의 기준부터 명확히 정리하고 가자. 사실에 보수적 사실이 따로 있고 진보적 사실이 따로 있지 않듯이, 그를 평가하는 기준을 누구나 인정할 수 있는 저널리즘 철학으로 제시하고 그에 근거해 100년을 짚어야 옳다. 1장 '언론의 ㄱㄴㄷ'에서 정파와 진영을 떠나 언론학계에서 합의를 이루고 있는 저널리즘의 생명이 될 기본원칙을 살핀 까닭이다. 이어 저널리즘의 ㄱㄴ

ㄷ, 곧 기본원칙에 따라 조선일보 100년을 톺았다. 사설이 그의 100년을 시대별로 자부하고 있기에 그 중요한 대목들—창간 100돌 사설에 굵은 글씨로 부각한 문장들—을 저널리즘의 기본원칙에 근거해 분석하는 과정이기도 하다. 한마디로 100년에 걸쳐 '진실의 수호자'를 자부한 그의 진실을 확인하는 방법이다.

학술서가 아니기에 일일이 각주를 달지 않았지만, 그의 진실을 파악하기 위해 성격이 다른 두 문헌을 주로 참고했다. 하나는 조선일보사가 두툼한 4권으로 발행한 『조선일보 90년사』이고 다른 하나는 문영희·김종철·김광원·강기석이 공동으로 집필한 『조선일보 대해부』 전 5권이다. 두 방대한 자료를 바탕으로 시대별로 그가 어떤 활동을 했는가를 냉철하게 평가했다. 그의 이름으로 검색된 수십 편의 학술논문도 참고했다. 저자가 발표한 논문과 책에서도 지면 분석 사례들을 인용했다. 모두 조선일보 100년의 맥락에서 의미를 되새겨볼 수 있다.

먼저 2장 '친일의 상처, 민중의 신문'에서는 그의 행적을 두고 친일과 항일 사이에 여전히 논란을 빚고 있는 문제를 깔끔하게 정리코자 했다. 그가 100년 사설에서 자부한 "1919년 3·1 독립 만세를 외치며 흘린 피의 값으로 얻어낸 한글 신문"이라는 주장의 진실도 정밀하게 따졌다.

3장 '방응모와 일본제국 신문'에선 그와 방응모가 만난 이후의 모습을 살폈다. "만약 그때 조선·동아일보와 같은 한글 신문이 발행되지 않았다면 지금 우리가 어떤 모습일지 쉽게 짐작이 가지 않는다"며 "한글로 만들어진 신문은 그 자체로 암흑의 시대를 살아가는 민족에게 등불과 같았다"는 진실 수호자의 주장을 사실에 근거해 검증했다. 한국 언론사상 가장 격렬한 '반미언론'이 누구인가도 짚었다. 4장은 해방을 맞아 대한민국 정부를 수립하는 과정에서 그의 활동을 '김구와 이승만 사이' 제목 아래 조명했다.

5장과 6장에선 그가 "어려운 시기"에 "자유민주주의와 시장경제를 골간으로 한 대한민국의 건국과 발전을 일관되게 지지하며 함께했다"는 주장의 진실을 가늠해보았다. 먼저 5장 '자유민주주의와 독재'에선 "서슬 퍼런 유신 체제에 정면으로 이의를 제기한 보도"를 했다는 그의 주장을 실제 그의 지면에 근거해서 따따부따 따져보았다. 박정희 체제 아래 그의 활동을 '제도언론'이라 부르는 근거도 알아보았다. 6장 '시장과 독과점'에선 그가 틈날 때마다 대한민국의 정체성으로 자유민주주의와 함께 주장하는 '시장경제'를 짚었다. 시장을 신성시하는 그와 '권언복합체'의 독과점업체는 어떻게 이어질 수 있는지 살펴보았다.

7장 '남북관계와 인권'에선 그가 남북관계를 바라보는 시선을 되새겨보고 '북한 인권'을 강조하며 '종북좌파'를 질타하는 그의 진정성을 들여다보았다. 8장 '한국 언론의 전설과 진실'에선 조선일보 기자들에게 '한국 언론의 전설'로 추앙받고 스스로도 '직필'을 자처하는 기자 김대중의 언론을 분석했다.

9장 '언론권력과 언론개혁'에선 '민주화' 깃발을 들고 탄생한 정권들도 다르지 않다며 "자신들을 지지하지 않는 보도에 세무조사로 보복하고 시민단체로 위장한 외곽 단체를 동원해 불매운동, 광고 탄압에 나섰다"는 그의 주장이 얼마나 타당하고 정당한가를 점검했다.

10장 '그의 기자정신'에선 2차 대전 후 독립한 나라 중 산업화와 민주화를 모두 이룬 경우는 거의 없다며 "대한민국의 기적적 성취에 작은 벽돌 한 장이라도 놓았다는 자부심을 갖고 있다"는 그의 자존감과 더불어 "양극화된 진영 논리의 무한 충돌만 반복되고 타협의 민주주의는 설 자리를 잃어간다"는 개탄의 진실을 자세히 알아보았다.

마지막으로 "새로운 100년을 향한 발걸음을 내딛는 조선일보는 100년 전 그 춥고 바람 불던 날처럼, 작아도 결코 꺼지지 않는 등불이 되겠다고 다짐한다"는 그의 패기 넘치는 다짐을 어떻게 읽어야 옳은지 헤아렸다.

자, 그럼 그의 됨됨이를 판단할 기준인 '언론의 ㄱㄴㄷ'부터 확실하게 새겨보자. 누구나 아는 저널리즘의 상식일 수 있겠지만, 그만큼 올바른 평가를 위해 꼭 거쳐야 할 관문이다.

1

언론의 ㄱㄴㄷ

그는 출생 100년을 맞아 문재인 대통령이 보낸 축사를 지면에 비중있게 편집했다. 문재인 정부가 집권한 직후부터 '소득주도 성장'과 '남북화해 정책'을 비롯한 거의 모든 정책을 비판해온 자신에게 대통령이 축사를 보냈다는 사실을 과시하려는 의도가 역력했다.

얼마든지 이해할 수 있다. 정치인 문재인의 열성적 지지자들이 신문폐간 운동과 TV조선 승인 취소 운동을 벌이고 있는 상황이기에 대통령의 축사는 돋보이게 편집할 가치가 충분히 있었을 터다.

대통령 문재인은 축사에서 "3·1 독립운동으로 상승한 민족의 기운에 힘입어 1920년 조선일보가 '신문명 진보주의'를 표방하며 창간되었다"며 "창간된 해부터 모두 네 차례 정간을 겪을 정도로 조선일보는 반일 민족주의에 앞장섰고, '조선 민중의 신문'이라는 기치를 세웠다"고 평가했다. 축사는 "해방 후에도 조선일보는 국민의 곁에 있었다"며 "외환위기를 맞은 1998년 '다시 뛰자' 캠페인으로 국민에게 용기를 불어넣었다"고 평했다. 마지막으로 "조선일보의 영향은 매우 크고 그만큼 할 수 있는 일이 많다"면서 "한 세기 동안 국민의 곁을 지켜온 조선일보가 공정한 언론과 함께 한반도 평화와 번영의 새로운 세기를 열어낼 것이라 기대한다"고 덕담을 보냈다.

창간 100주년에 맞춘 축사이기에 대통령으로서 굳이 비판적 시선을 담을 필요는 없었으리라고 헤아릴 수 있다. 하지만 그렇게만 이해하기엔 조선일보의 창간 100년 기념 사설과 크게 다를 바 없을 만큼 과한 호평이었다. 정작 조선일보조차 100년을 '자화자찬'으로만 일관하지 않고 단 두 줄이라도 잘못을 시인했기에 더 그렇다.

100년의 무게 탓일까. 조선일보는 과거에 창간 기념일을 맞아 낸 사설들과 달리 "암흑기에 민족의 표현 기관으로서 일제 강압과 신문 발행 사이에서 고뇌했던 흔적"은 "오점으로 남아 있다"고 밝혔다. 아울러 "조선일보 역시 사실보다 속보에 치중하다 크고 작은 오보를 했다"고 시인했다. 이어 "다시 한 번 사실 추구의 언론 본령을 되새긴다"고 다짐하며 나름대로 성찰하는 모습도 보여주었다. 실제로 100주년을 하루 앞두고 그는 자신이 저질러온 오보를 정정하고 나섰다. "김일성 사망 보도 이튿날 오보 판명… 무관한 사람을 성폭행범 오인" 제목 아래 "진실의 수호자들, 오보를 정정하고, 사과합니다"는 기사를 부각했다(2020년 3월 4일자).

하지만 현업 언론인단체, 특히 전국언론노조의 반응은 서늘했다. 그가 100살을 맞은 생일인 2020년 3월 5일 바로 그날에 '조선동아 거짓과 배신의 100년 청산시민행동'과 '조선자유언론수호투쟁위원회'는 서울 도심 한복판에 있는 그의 사옥 앞에서 기자회견을 열었다.

자유언론실천재단 이부영 이사장은 그가 "박정희 전두환 군사독재를 찬양하고, 광주민주항쟁을 폭동처럼 왜곡했다"면서 "우리 민족이 가혹한 식민통치 당하고 고문당하고 죽을 때 일본천황을

1면에 신고 옹호하고 찬양했다"고 비판했다.

전국언론노동조합 오정훈 위원장은 그가 "여전히 역사를 반성 않고 자화자찬을 늘어놓으며 사과 코스프레를 하는 비극적 현실을 마주하고 있다"며 시대는 변했고 수많은 시민들과 언론인들이 다양한 방식으로 그가 왜곡하고 조작하는 사실들을 밝혀내고 있다고 말했다.

정연우 민주언론시민연합 대표는 100주년 사설에서 자신이 '등 불'이었다고 하는데 "너무나 뻔뻔하다"라며 그는 '꺼지지 않는 등 불'이 아니라 '민주주의를 불태우는 산불'이라고 비판했다.

그가 신문과 함께 운영하는 호텔 앞에 모인 원로 언론인들과 언 론노조, 시민단체들은 "거짓과 배신의 100년 역사 청산하자", "조선 일보 청산으로 언론개혁 쟁취하자"는 구호를 외쳤다. 이들은 일제 강점기에 그가 일왕 부부를 찬양했던 기사를 인쇄해서 화장지 형 태로 만들어 전시도 했다.

그렇다면 그가 걸어온 100년에 대한 시각 차이는 어쩔 수 없는 현상일까? 조선일보 현직 기자들과 비판하는 쪽이 모두 동의할 만 한 공감대는 과연 불가능할까? 그렇지는 않을 성싶다. 설령 그의 성격이 아무리 분열되어 있더라도 하나의 법인격체로서 최소한의 정체성은 찾을 수 있기 때문이다. 따라서 법인격으로서 그에게 접 근하는 기준을 엄밀하게 세워야 한다. 그의 100년을 들여다볼 때 가장 빠지기 쉬운 함정은 평가의 잣대를 '보수와 진보'라는 이념적 차원이나 특정 정당의 이해관계와 맞물린 정파적 수준에서 제시하 는 안이함이다. 예컨대 그를 '보수'라고 단정하거나 특정 정당과 연결 짓는 비평들이 그것이다.

언론학계는 오래 전부터 한국 저널리즘의 심각한 병폐로 '정파성'을 꼽는 논문들을 생산해왔다. 최근에도 언론학자 박영흠과 김균은 과도한 정파성이 저널리즘에 대한 신뢰의 하락, 나아가 저널리즘의 근본적 위기를 불러오고 있는데도 문제가 개선되기보다 오히려 심화된다고 분석했다. 그 결과 자신과 대립되는 정권이나 정파에 대해 무조건적 비판과 극단적 저주를 퍼붓는 저널리즘의 모습은 어느새 우리에게 익숙한 풍경이 되었다면서 가장 큰 문제는 비판에 귀 막는 언론에 있겠지만 학계와 시민사회도 실효성을 갖지 못하는 기존의 비판에 대해 점검해 보아야 한다고 주장했다.

또 다른 언론학자 이정훈과 이상기는 노무현 정부가 집권과 함께 '보수언론'과의 전쟁을 선포하면서 보수언론과 진보언론 사이에는 더욱 선명하고 날카로운 정파적 대립 구도가 만들어졌다고 보았다. 집권 기간 내내 보수언론과 노무현 정부 사이에는 고소 고발이 그치지 않았고 보수언론과 진보언론은 사사건건 부딪치며 서로에게 어깃장을 놓았다는 것이다.

바로 그래서다. 우리가 언론을 평가할 때 정파나 이념의 구분을 넘어 저널리즘의 생명이라는 보편적 가치를 기준으로 삼을 때가 되었다. 물론, 신문은 어느 정도 편집 경향성을 지닐 수밖에 없다. 하지만 그렇다고 하더라도 스스로 '불편부당'을 사시로 내세운 신문을 분석할 때 정파나 '보수 대 진보'의 틀로 나누는 것은 옳지도 않고 생산적이지도 않다.

가령 조선일보는 '보수언론'이고 한겨레는 '진보언론'으로 규정하는 연구나 '정파'를 내세워 양비론에 빠지는 논리는 의도와 달리 어떤 신문이 저널리즘 가치에 충실한지 또는 저널리즘 퇴락에 책임이 있는지 시시비비를 가리는 일에 '물 타기'를 할 수 있다.

따라서 보수든 진보든 모두 동의하는 저널리즘 철학에 근거해 언론을 평가하고 견인해나가야 한다. 조선일보를 바라보는 시각도 그 철학에 근거할 때 '실효성'을 가질 수 있다. 국제적으로 언론학계에서 누구나 인정하는 저널리즘 가치를 세 가지 꼽으라면, 진실과 공정, 권력 감시로 간추릴 수 있다.

21세기 지구촌의 어떤 나라도 민주주의를 내놓고 부정하지 않기에 더 그렇다. 진실과 공정, 권력 감시라는 저널리즘의 가치는 곧장 민주주의의 유지와 성숙과 직결된다. 그 으뜸은 진실이다. 진실은 저널리즘의 기본윤리이자 생명으로 언론학자들 사이에서도 '거의 완전에 가까운 합의'가 이뤄진 가치다. 미국 언론학계에서도 "진실truth은 언론과 커뮤니케이션 활동에서 가장 으뜸가는 표어"라고 아무 머뭇거림 없이 단언한다. 진실은 언론의 윤리 이전에 저널리즘의 정의와도 곧장 이어진다. 보편적 정의처럼 저널리즘을 "지금까지 알려지지 않은, 새로운 실제actual 세계의 모습feature에 관한 진실한 진술 또는 기록이라고 주장하는 문자, 음성, 영상 형식의 저작된 텍스트"로 규정할 때, 진실은 저널리즘의 기본 조건이다.

언론의 생명인 진실은 일차적으로 사실에 기반을 두어야 한다. 사실fact 추구를 전제로 하지 않은 글은 저널리즘이 아니다. 특히 스마트폰을 통해 가짜 뉴스가 빠르게 퍼져가는 시대에 사실 확인fact finding은 저널리즘에서 가장 기본적인 가치다. 일반적인 문자·영상과 저널리즘의 결정적 차이가 바로 사실을 확인하는 과정이다.

미국 언론학자 코바치와 로젠스틸이 『저널리즘의 기본원칙』을 집필하기 위해 인터뷰한 기자들은 단 한명의 예외도 없이 저널리즘의 가장 중요한 가치로 '사실을 정확하게 전하는 것'을 꼽았다.

한국의 독자와 시청자들도 저널리즘을 온전히 이해하고 있다. 한국언론진흥재단의 국민 설문조사(2019년)에서 '뉴스의 가장 본질적 요소를 고르라'는 질문에 73%에 이르는 압도적 다수가 '사실성'을 꼽았다. 사실 확인이 얼마나 중요한가를 단적으로 입증해준 보도가 '세월호 참사'에서 나타났다. 2014년 4월 16일 세월호가 침몰했을 때 '속보 경쟁'에 몰입한 언론은 "전원 구조"를 잇따라 보도했다. 수학여행 떠난 학생들의 부모는 '전원 구조' 뉴스에 환호하며 안도했다. 다른 언론사보다 먼저 특종을 터뜨려야 한다는 조급함으로 사실 확인을 않고 치명적 오보를 줄이어갔다. 결국 '기자'와 '쓰레기'를 합친 '기레기'라는 유행어를 낳고 말았다.

유튜브가 넘쳐나는 시대에 사실 확인은 더 주목받아 마땅하다. 하지만 저널리즘의 생명은 사실 확인에 그치지 않는다. 사실에서 더 나아가 진실을 보도해야 한다. 그렇다면 무엇이 사실이고 무엇이 진실일까. 월터 리프만은 미국 언론학의 토대를 놓은 저서 『여론』에서 진실은 숨어 있는 사실을 규명하는 것, 그 사실들의 연관성을 드러내주는 것, 그리고 사람들이 그에 근거해서 행동할 수 있는 현실의 상a picture of reality을 보여주는 것이라고 풀이했다.

무릇 언론은 이른바 '보수'든 '진보'든 얼마나 숨겨진 사실을 드러내고 사실들의 연관성을 짚어 현실의 상을 보여주고 있는지 질문하고 그에 따라 평가해야 한다. 조선일보, 그가 걸어온 100년을

톺아볼 때도 마찬가지다. 그 스스로 '진실의 수호자'를 자처하기에
더욱 그렇다. 물론 그만의 문제는 아니다. 모든 언론은 진실을 보도
한다고 선언 또는 자임한다. 하지만 실제로 진실이 보도되는 것은
아니다. 기자들이 진실을 캐내기 위해 노력하고 있지만 기실 간단
한 문제는 아니다. 일어난 일 가운데 일부만 취재되고, 그렇게 취재
된 기사도 편집 과정을 거칠 수밖에 없기에 더 그렇다.

진실은 저널리즘의 가장 근본적 가치이므로 구체적으로 보기를
들어 확실하게 익히고 가자. 노무현 정부 초기였다. 조선일보는 "나
라가 흔들린다"라는 표제 아래 특집 기획을 연재했다. 그 하나로
"미 이익단체 14만개, 과격·폭력시위 없어" 제하의 기사를 내보냈
다(2003년 5월 23일자 4면).

제너럴모터스GM·월트디즈니·인텔 같은 굴지의 미국 대기업들은
수시로 구조조정 차원에서 감원과 해고를 단행한다. 하지만 퇴직자
들이 이에 반대하는 시위를 벌여 해당 업체가 몸살을 앓거나 미국
경제가 흔들린다는 얘기는 거의 들리지 않는다. 한국개발연구원KDI
유경준 박사는 "정리해고를 포함해 미국 노동시장이 세계 어느 나
라보다 유연한 데다 실업복지정책이 잘 구비된 덕분"이라며 "특히
1980년대 이후 정부가 불법 시위나 파업에 대해 엄격하게 법 집행
을 한 측면이 크다"고 말했다.

실제 미국에는 14만여 개의 크고 작은 이익단체들이 활동 중이지
만, '과격·폭력시위'라는 표현은 '사문화死文化'된 단어나 마찬가지이
다. 기업이나 노동조합이 TV·신문 광고나 피켓 가두시위·로비 등
법이 허용하는 범위에서 자신의 요구나 이익을 평화적 방식으로 표

출하는 분위기가 정착돼 있기 때문이다. 제프리 존스 주한미국상의 AMCHAM 명예회장은 "미국 내 최대 노조단체인 산별노조총연맹^AFL-CIO^조차 대對의회 로비 강화를 위해 지난 97년부터 매년 네 차례 연방 의회에 노조원들을 인턴으로 파견하고 있을 정도"라고 말했다.

다른 선진국들도 노동조합 등 이익집단의 요구나 시위에 대해 정부는 중립을 지키며 법에 따라 엄격 대응한다는 공통점을 갖고 있다. 단적으로 지난 79년 겨울 영국 탄광노조의 파업 돌입으로 런던 시내에 전력공급 중단 사태가 빚어지자, 영국 정부는 노조측에 유리한 '완전고용주의'를 포기하고 엄정한 법치주의로 선회했다. 여기에다 대처 정부의 노조 민주화 노력 등이 가세해 **최근 20여년 동안 영국에서 불법·과격 시위는 사실상 자취를 감췄다.** 김대일 서울대 경제학부 교수는 "국내에 최근 화물연대나 전교조 등의 각종 시위가 분출하는 것은 정부가 어떤 식으로든 이들의 요구를 들어주기 때문"이라며 "선진국 경험으로 볼 때 정부가 중립적 입장을 견지하고 확고하게 법치주의를 실천하는 게 유일한 특효약"이라고 말했다.

그가 즐겨 인용하는 '서울대 교수'까지 동원해 작성한 기사를 읽어보면, 미국에선 노사갈등이 크게 불거지지 않을뿐더러 법을 엄격히 집행한다고 생각할 수밖에 없다. 반면에 한국은 "화물연대나 전교조"와 같은 "이익단체"들이 과격 폭력 시위를 한다고 판단하기 십상이다.

과연 기사는 얼마나 진실일까? 그가 틈날 때마다 적대적 보도를 일삼는 민주언론시민연합이 낸 보고서는 이 기사가 얼마나 진실과 다른지 하나하나 일러준다. 그가 노상 적대적으로 대하는 언론운동단체를 군이 인용하는 이유는 의도적이다. '진실의 수호자'를 자임한다면 무엇보다 진실 앞에 겸손해야 한다는 진실을 공유하고 싶어서다.

먼저 기사 앞부분 "미국 대기업들은 수시로 구조조정 차원에서 감원과 해고를 단행한다. 하지만 퇴직자들이 이에 반대하는 시위를 벌여 해당 업체가 몸살을 앓거나 미국 경제가 흔들린다는 얘기는 거의 들리지 않는다"는 대목이다. 진실일까?

아니다. 기사와 달리 대기업에서 인원을 줄이고 대량으로 해고하는 일은 어느 나라에서나 갈등을 불러일으키고 있고 미국도 예외는 아니다. 그가 문제의 기사를 내보냈을 때와 비슷한 시점의 다른 신문 기사를 보자.

> 뉴욕 타임스 2일자는 이번 노사간 대립(서부 항만노조의 파업)의 핵심은 사용자측이 신속한 화물 관리를 위해 스캐너나 인공위성 등의 신기술 도입을 추진하면서 수백 개의 사무직 일자리를 비노조 회사로 넘기려는 데 따른 갈등이라고 전했다… 항만 폐쇄로 수입품을 가득 실은 선박 수백 척이 연안에 대기 중이며 항만 밖에서는 수출품을 실은 수백 대의 트럭이 장사진을 이루고 있다. 지난해 3천 2백억 달러어치의 수출입 화물이 통관된 로스앤젤레스와 롱비치 등 **서부 주요 항구의 폐쇄에 따른 경제적 손실이 5일간 지속될 경우 총 50억 달러, 10일간 이어질 땐 총 2백억 달러를 넘어설 것으로 전문가들은 추산하고 있다**(경향신문 2002년 10월 4일자).

그의 기사와 전혀 다른 상황이다. 당시 미국은 경기 회복세 둔화로 항공업계, 공공부문에서 대대적인 인력 감축이 진행됨에 따라 일반 직장은 물론 항공사, 항만, 호텔까지 노사 갈등이 번져가고 있었다.

진실을 왜곡한 대목은 더 있다. 마저 짚어보자. 기사는 "실제 미국에는 14만여 개의 크고 작은 이익단체들이 활동 중이지만, 과격·폭력시위라는 표현은 사문화死文化된 단어나 마찬가지"라고 썼다. 그런데 다름 아닌 그가 문제의 기사와 정면충돌하는 기사를 내보낸 바 있다. 바로 시애틀 시위다.

> 뉴라운드 출범을 위한 세계무역기구WTO 각료회의가 개막된 **미국 시애틀은 30일(현지시각) 무법천지였다**. 은행 문이 뜯기고 보석상 진열장이 깨졌으며, 나이키 스타벅스 맥도널드 등 미국의 유명 상표를 붙인 상점들이 시위대에 의해 부서졌다…이날 **가장 적극적으로 사태를 주도한 단체는 미국노동총연맹 – 산별産別회의AFL-CIO**. 이들은 "WTO가 미국의 일자리를 수출한다"며 반反WTO 구호를 외쳤다. 뉴라운드 협상에서 노동기준을 다루지 않으면 개도국의 값싼 노동 때문에 미국 내 기업들이 외국으로 빠져나가고 자신들의 일자리가 없어진다는 것이다(조선일보 1999년 12월 2일자).

선진국들은 "노동조합 등 이익집단의 요구나 시위에 대해 정부는 중립을 지키며 법에 따라 엄격 대응한다는 공통점을 갖고 있다"는 대목은 전제부터 짚어야 한다. 한국의 노동관계법과 선진국의 노동관계법에 차이가 크다는 사실을 무시하고 있기 때문이다. 한국의 노동관계법은 노동인―언론계가 앞장서서 '노동자'를 '노동인'으로 표기하자는 제안이 나왔고, 실제 'worker'의 더 적절한 옮김이라 판단해 이하에서 모두 노동인으로 표기한다—들의 권리 보장 측면에서 선진국의 수준에 이르지 못하고 있다.

따라서 정부가 법에 따라 엄정하게 대응한다는 것의 의미가 선진국과 다를 수밖에 없다. 예를 들어 국제노동기구ILO는 거의 모든 나라가 참여한 중립적이고 공신력 높은 국제기구인데도 한국 정부에 노동관계법 제도를 선진국 수준으로 개선할 것을 몇 차례에 걸쳐 권고했다.

진실을 왜곡한 대목은 더 있다. "최근 20여 년 동안 영국에서 불법·과격 시위는 사실상 자취를 감췄다"는 문장이다. 그 기사를 작성한 시점에서 불과 석 달 전에 영국의 수도 런던에서 다음가 같은 시위가 일어났다.

　　지난달 11일 찾아간, 폭설로 꽁꽁 언 런던 거리에서 볼 수 있었던 것은 석 달째 계속 중인 소방관노조FBU의 파업 행렬이었다. 2002년 11월 5만여 명의 **소방관들은 임금 인상을 요구하며 파업을 시작했고, 교사 6만여 명이 가세해 런던과 근교 2천여 개 학교가 휴학사태를 빚었다. 런던 시내 32개구 구청직원 수천 명도 임금인상을 요구하며 파업을 했다**(한겨레 2003년 2월 11일자).

한국에서 소방관과 교사와 구청 공무원이 임금 인상을 요구하며 연대 파업을 벌인다면, 한국 언론은, 특히 그는 어떻게 보도할까. 그 물음에 굳이 대답할 필요는 없어 보이지만 그래도 한마디 피차 정직하게 적고 가자. 아마도 그는 기사와 사설에 거품을 물고 덤벼

들었을 터다.

문제의 기사에서 우리는 짧은 기사 한 편에 얼마나 많은 '진실 왜곡'이 담길 수 있는지 생생하게 확인할 수 있었다. 그가 신문사 밖의 지적에 겸허해야 할 이유다. 다시 강조하지만 진실의 수호자를 자임한다면, 더욱 그렇다.

기사는 비단 진실만 위배한 것이 아니다. 우리가 언론을 평가할 때 판단의 또 다른 핵심가치가 공정이다. 그 가치 또한 진실이 그렇듯이 모든 언론이 추구한다고 자임한다. 어떤 언론도 자신이 불공정하다고 인정하지 않는다. 언제나 스스로 공정 언론임을 공언한다. 더러는 공정이란 주장하는 사람에 따라 다른 개념이라고 장담한다. 포스트모더니즘의 세례를 받은 사람들은 사뭇 진지하게 공정 개념의 상대주의를 강조한다. 물론, 무엇이 공정인가를 정의하는 일은 쉬운 일이 아니다. 하지만 그렇다고 해서 조선일보식 공정이 있고 한겨레식 공정이 별개로 있는 것은 결코 아니다. 언론학에서 말하는 공정의 의미에는 보수와 진보를 넘어 '보편적 합의'가 있다.

먼저 공정公正의 국어사전적 의미에서 출발해보자. 적어도 사전은 사회적 합의를 풀이해놓았기에 학술논문에서도 개념 정의에 갈등이 클 때 종종 사전적 정의에서 논의를 시작한다. 공정의 사전적 뜻은 '공평하고 올바름'이다. 여기서 '공평'은 갈등 당사자 양쪽의 의견을 균형 있게 반영한다는 의미를 지닌다. 공평이란 한자어公平나 영어impartiality 뜻 그대로 어느 한 쪽에 치우침이 없음을 이른다.

그런데 공정의 사전 정의에는 공평에 더해 '올바름'이 있다. 올바름은 무엇이 옳은 것인가를 판단하는 정의justice의 개념과 이어진다.

따라서 공정은 공평과 올바름을 아우르는 개념이다. 공평에 머물고 있는 보도나 논평을 소극적 공정으로, 공평에 더해 올바름까지 숙의한 보도나 논평을 적극적 공정으로 개념화할 수 있다. 무엇이 올바름인가에 여러 정의가 가능하다. 그만큼 합의도 쉽지 않다. 하지만 저널리즘 윤리로서 공정에 대해서는 언론 현장에서 오랫동안 내려온 전통과 최소한의 합의가 있다. '억강부약'이 그것이다.

억강부약의 가치는 그와 동아일보·중앙일보 편집국 간부들이 주축인 관훈클럽에서 출간한 『한국 언론의 좌표: 한국 언론 2000년 위원회 보고서』에서도 다음과 같이 명확하게 강조하고 있다.

> 언론의 공정성은 어떠한 편견이나 선입관 또는 잘못된 관점을 지녀서는 안 된다는 것을 의미하는 동시에 사회 소수계층의 의견을 대변하고 그들의 이익을 옹호해 주어야 한다는 것을 뜻한다. 특히 한국 언론은 중산층을 주된 소비자로 상정하고 있는 한편 언론인 자신들도 중산층에 편입되어 있어 주로 중산층의 의견을 대변하고 그들의 이익을 옹호하고 있다는 평가를 받기도 한다. 그 결과 자연스럽게 소수 계층의 의견과 이익은 구조적으로 배제되고 있는 것이다.

주목할 것은 관훈클럽이 언론계 안팎의 전문가들과 더불어 21세기 한국 저널리즘의 바람직한 방향을 담은 보고서에서 "한국 언론은 중산층을 주된 소비자로 상정하고 있는 한편 언론인 자신들도 중산층에 편입되어 있어 주로 중산층의 의견을 대변하고 그들의 이익을 옹호"한다고 단정한 대목이다. 그 결과 자연스럽게 소수 계층의 의견과 이익은 구조적으로 배제되어 있다고 비판한 지점은 언론을 평가할 때 유의해야할 판단 기준이다.

그렇다면 왜일까. 관훈클럽 보고서도 입증해주듯이 왜 억강부약이 공정이라는 합의가 보수와 진보를 떠나 이뤄져 있을까. 중산층이 아닌 사회경제적 약자에 연민을 느끼거나 동정해서가 결코 아니다. 사회경제적 약자를 무조건 옹호하는 게 정의라는 뜻도 아니다. 사회경제적 약자들은 자신이 연민이나 동정의 대상이기를 바라지 않는다. 말 그대로 '사회경제적' 약자이지 그들은 결코 '인간적 약자'는 아니다. 사회경제적 소수이지 결코 인구학적 소수도 아니다. 사회경제적 약자나 '소수계층'을 대변하고 옹호해야 할 가장 큰 이유는 민주주의 기본권에서 비롯한다. 민주주의 사회에서 표현의 자유와 커뮤니케이션권(소통권)은 모든 사회구성원에게 기본권이다. 대한민국 헌법도 모든 국민은 양심의 자유(제19조)와 언론의 자유(제21조)를 가진다고 명문화하고 있다.

하지만 현실은 다르다. 정치권력이나 경제권력(자본)을 지닌 사람들과 견주어 소통권이 크게 약한 사람들이 대다수다. 인구로는 다수이면서도 사회경제적 약자들은 소통에서 소수다. 물론, 인구 비율에서 소수인 약자들도 있다.

인터넷이 새로운 시대를 열었다고 하지만 기존 언론의 '의제 설정력'은 여전히 강력하다. 바로 그래서다. 우리가 민주주의를 지향한다면 행정·입법·사법부의 '엘리트'들과 달리 소통권 약한 사람들의 목소리를 누군가 담아내야 한다. 그렇게 해야 비로소 소통권이 상대적으로 고를 수 있기 때문이다. 바로 그 임무를 맡은 사회적 제도가 언론이고 저널리즘이다.

바로 그 점에서 앞서 든 "미 이익단체 14만개, 과격·폭력시위 없어" 제하의 기사는 진실의 가치 못지않게 공정의 가치와도 어긋난다. "구조조정 차원에서 감원과 해고를 단행한" 기업체를 다루며 "퇴직자들"의 목소리를 전혀 담고 있지 않기 때문이다.

무릇 공정은 민주주의 사회를 형성하는 최소한의 조건이다. 사회경제적 약자를 대변하고 옹호하는 일이 저널리즘의 가치로 뿌리내리기까지는 그것이 기본권임을 누구도 부정할 수 없을 만큼 민주주의가 끊임없이 성숙해온 성과가 밑절미로 깔려 있다. 공정은 보수도 진보도 공감할 만큼 아래로부터 민주주의를 구현하려는 수많은 사람들이 일궈낸 가치다.

저널리즘의 또 다른 고갱이로 '권력 감시'를 드는 이유도 민주주의와 이어져 있다. 언론의 핵심 가치인 권력 감시의 힘은 2016년 11월부터 타오른 촛불혁명에서 확연히 드러났다. 자칫하면 아무도 모르고 지나쳤을 최순실의 국정개입과 최고위급 공무원들의 수많은 비리가 저널리즘을 통해 적나라하게 드러났기 때문이다. 국정농단의 진실이 드러나자 곧바로 관련 범죄자들의 처벌을 바라는 여론이 형성됐고, 박근혜는 대통령직에서 해임된 뒤 구속됐다. 당시 조선일보도 최순실의 국정 개입을 적극 보도했다. 물론 거기에는 청와대 우병우 민정수석과의 갈등 과정에서 조선일보 주필이 기업으로부터 호화접대를 받은 사실이 불거져 사임한 '수모'가 배경으로 깔려 있지만, 어쨌든 촛불의 불길에 과거와 달리 '빨간 색'을 칠하지 않았다.

권력 감시가 민주주의와 직결되는 근거는 다름 아닌 대한민국 헌법에서 찾을 수 있다. 헌법 제1장 제1조는 "① 대한민국은 민주공화국이다. ② 대한민국의 주권은 국민에게 있고, 모든 권력은 국민으로부터 나온다"이다. '주권은 국민에게 있고, 모든 권력은 국민으로부터 나온다'는 조항이 바로 민주주의의 정의이다.

그런데 왜 '권력은 국민으로부터 나온다'라 하지 않고 '모든 권력은 국민으로부터 나온다'라고 했을까? 헌법은 한 문장 한 문장은 물론 낱말 하나도 심의를 통해 결정한다. 모든 권력은 국민으로부터 나온다는 뜻은 단순히 정치권력만 상정하지 않았기 때문이다. 장기간 독재를 경험한 대한민국에서 정치권력은 가장 강력해 보인다. 대통령제이기에 더 그렇다. 말할 나위 없이 정치권력 감시는 언론의 생명이다. 보수와 진보를 떠나 정치권력을 감시하는 가장 중요한 기준은 후보시절 그의 공약이다. 자신과 정치성향이 맞지 않기에 비판만 쏟아내는 언론은 저널리즘이 아니다. 정파의 기관지일 뿐이다. 후보로서 공약을 내걸고 표를 얻어 권력의 자리에 올랐다면, 언론은 대통령이 그 공약을 얼마나 실현해 가느냐를 점검해야 한다. 공약에 동의하지 않는다면 왜 반대하는가를 논리적으로 제시하며 더 나은 방안을 의제로 설정해가야 한다.

유의할 것은 우리가 일반적으로 권력과 등식화하는 정치권력은 선출직으로 영구적이지 않다는 사실이다. 정치권력만이 아니라 경제권력, 사회권력, 문화권력, 종교권력 들이 우리 삶에 영향을 끼친다. 형식적 절차적 민주주의가 갖춰질수록 정치권력의 힘은 상대적으로 줄어든다. 우리 헌법이 명시하듯이 민주공화국의 모든 권력은 '국민'으로부터 나와야 한다.

문제는 정치권력만을 비롯해 경제권력, 사회권력, 문화권력, 종교권력들의 힘이 정말 민으로부터 나오는지에 있다. 그렇지 않을 때, 각 권력이 힘을 남용하거나 오히려 주권자를 억압할 때, 그 권력을 감시하는 제도적 장치는 민주주의에 필수적이다. 바로 그 제도가 언론이다.

현대 사회에서 갈수록 커져 가는 힘은 경제권력이다. '권력 감시'라는 저널리즘 가치로 보아도 "미 이익단체 14만개, 과격·폭력시위 없어" 제하의 기사는 문제가 있다. '구조조정'과 해고를 단행한 기업 권력, 곧 자본에 대한 감시가 전혀 기사에 나타나지 않기 때문이다.

21세기에 들어와 현대사회의 구성원들은 미디어가 포화 상태인 환경에서 살아가고 있어 비판적인 정보 수용이 한층 더 중요해지고 있다. '정보 격차'가 커지고 있을 뿐만 아니라 '확증 편향'이 확산되고 있기에 더 그렇다.

따라서 언론의 보도와 논평에 대해 비판적 안목을 바탕으로 커뮤니케이션 역량을 갖춘 공중이 늘어날 때 민주주의가 발전해갈 수 있다. 한국 사회에서 발행부수가 가장 많은 신문 조선일보, 그의 100년을 차분하게 평가하고 가야 할 이유가 여기 있다. 이는 "사람들이 자유로워지고 자신을 스스로 다스리는 데에 필요한 정보를 제공"하는 저널리즘의 존재 이유—그가 신뢰하는 미국의 언론학계와 학자들 사이에 합의된 가치—와 이어진다.

자, 그럼 진실과 공정, '모든 권력 감시'라는 저널리즘의 핵심 가치를 눈금으로 그가 걸어온 100년을 저울대에 올려보자. 먼저 출생에 얽힌 진실, 트라우마가 된 상처부터 직시할 필요가 있다.

2

친일의 상처,
민중의 신문

무릇 모든 존재는 처음이 있고 끝이 있게 마련이다. 조선일보, 그 또한 한국의 근대사를 배경으로 등장한 역사적 존재다. 반만년의 장구한 역사의 끝자락에 그와 우리가 공존해왔다. 그는 어떻게 태어났을까.

100년 기념 사설은 자랑스럽게 단언한다. "조선일보는 우리 민족이 1919년 3·1 독립 만세를 외치며 흘린 피의 값으로 얻어낸 한글 신문이다."

그는 자신이 '3·1 독립 만세의 산물'일 뿐더러 '피의 값'으로 탄생했다고 강조한다. 과연 그러한가를 따지기란 출생의 비밀을 파고들기 같아 다소 민망스럽다.

하지만 아무도 묻지 않았는데 스스로 출생의 의미를 공개적으로 자랑한다면, 더구나 우리 역사에 큰 전환점을 이룬 3·1혁명의 산물임을 자임하고 나선다면 냉철히 짚어볼 문제다. 그가 단순한 개인이 아니라 100년에 걸쳐 우리의 삶에 음으로 양으로 영향을 끼쳐온 법인격체이기에 더 그렇다.

우리가 이미 보았듯이 진실은 숨겨진 사실을 찾고 사실과 사실 사이의 연관성을 밝히는데서 드러난다. 1919년 전국 골골샅샅에서 일어난 3·1혁명과 이듬해 그의 등장 사이에 연관성을 촘촘히 들여다보자. 1910년 대한제국이 망하고 9년 만에 공표된 독립선언문은 어디에도 왕정을 되찾자는 뜻을 담지 않았다. 나라가 망한 뒤 더러

황제 복위에 나서자는 사람들도 있었지만 어떤 흐름도 이루지 못할 만큼 조선왕조와 대한제국은 이미 당대의 민중들로부터 철저히 외면 받았다. 조선왕조의 왕족을 비롯해 대한제국의 고위 벼슬아치들은 저마다 일본제국의 귀족이 되어 호의호식하며 살고 있었기에 더 그랬다.

독립만세 운동이 한창이던 1919년 4월 11일 중국 상하이에서 수립한 임시정부는 '왕의 나라'를 되찾는 것이 아니라 '민의 나라' 건국임을 공식 선언했다. 그것은 수천 년 이어온 왕국과 선을 그은 '독립 혁명선언'이었다. 임시정부가 '3·1혁명'이란 말을 자주 쓴 까닭이다. 물론, 3·1혁명이 단숨에 완성될 수는 없었다. 1919년 전국 곳곳에서 일어난 독립만세운동에 이어 3·1혁명은 나라 안팎의 독립운동으로 전개되었다.

1919년 3월 1일의 독립선언문을 읽어보면 선인들이 왕국을 넘어 건국하고 싶은 민의 나라 성격이 확연히 드러난다. 선언문은 들머리에서 "조선 사람은 자주적 민중임을 선언"하고 조선이 독립국임을 "세계 모든 나라에 알려 인류 평등의 큰 뜻을 밝히며, 자손만대에 일러 민족자존의 정당한 권리를 길이 누리게 하려는 것"이라고 천명했다. '인류 평등의 큰 뜻'으로 민족자존의 '정당한 권리'를 강조했다.

독립선언문은 당시 2천만 겨레 구성원 모두에게 저마다 "마음의 칼날"을 품으라고 촉구했다. 실제로 독립만세운동을 거치면서 민족적 각성과 함께 '대한민국 임시정부' 수립이 상징하듯 새로운 나라를 건설하려는 독립혁명운동이 이어졌다.

물론 독립만세운동은 비폭력을 내걸었듯이 평화적 방법으로 시작되었다. 하지만 일본이 총칼로 탄압함으로써 양상이 바뀌었다. 2백만 명이 거리로 나와 독립만세운동을 벌이자 일본제국주의는 거침없이 학살에 나섰다. 조선인 7천 5백여 명이 살해당했고 1만 6천 명이 부상당했으며 4만 6천여 명이 검거됐다. 민가 700호가 불탔다.

일본 제국주의를 통해 자본주의가 빠르게 퍼져가면서 등장한 노동인들과 이 땅에서 수천 년 농사를 지으며 생명을 이어온 농민들은 일제를 물리치고 새로운 나라를 세우자는 독립혁명의 열망을 공유했다. 일본제국의 서슬 푸른 무단통치에 눌려 기를 펴지 못하던 민중이 민족의식에 눈뜬 것이다.

여기서 눈여겨볼 것은 '민의 나라'를 선포한 3월 1일 바로 그날 등장한 〈조선독립신문〉이다. 동학이 종교단체로 재출발한 천도교의 지도자 손병희는 독립만세운동을 기획하고 주도하면서 독립선언서가 발표되면 민족대표 33인이 모두 구속되리라 예상했다. 손병희는 천도교가 운영하는 보성사의 사장 이종일을 불러 독립선언 사실을 민중에게 널리 알릴 목적으로 창간호 1만 부를 비밀리에 제작하라고 지시했다. 이종일은 윤익선, 이종린, 김홍규와 함께 창간호를 인쇄해 3월 1일 오전에 배포했다. 조선독립신문 창간호는 독립선언의 내용과 함께 민족대표 33인을 공개했다.

신문이 배포되자마자 일제 경찰은 보성사를 강제로 폐쇄하고 사장 이종일과 조선독립신문 사장 윤익선을 체포했다. 이종린은 몸을 피해 서울 관훈동 경성서적조합 사무소에서 장종건과 함께 등사판으로 조선독립신문 발행을 이어갔다.

일제는 신문이 나올 때마다 수사력을 동원해 제작자들 체포에 나섰지만, 민중은 조선독립신문을 접지 않았다. 제 9호부터 무명의 사람들이 인쇄와 배포를 이어갔다. 6월 22일에는 36호, 8월 20일에는 42호, 8월 29일에는 '국치國恥 특집호'가 나왔다. 독립만세를 부르던 군중은 조선독립신문을 등사판으로 다시 찍어 시위하는 사람들에게 배포했다. 인터넷 시대의 '뉴스 게릴라'들이 이미 3·1혁명 과정에서 나타났다고 볼 수 있다.

조선독립신문이 몇 호까지 발행되었는지는 아직 다 밝혀지지 않았다. 제작된 신문을 다 발견하지 못한 까닭이다. 학계에선 일제가 조선인에게 신문 발간을 허용한다고 발표하고 실제로 조선일보가 창간된 1920년 봄 무렵에 맥이 끊긴 것으로 추정한다.

일제 경찰이 '불법 간행물'에 대한 압수와 수색을 강화하는데도 3·1혁명 기간에 조선독립신문을 비롯한 10여 개의 지하신문-일제가 '불법'으로 탄압해 자유롭게 제작도 구독도 할 수 없던 신문-이 발간되었다. 지하신문 제작자들은 총독의 통치권을 거부하고 일본군의 철수를 요구하며 조선인 관리들의 퇴직을 요구하는 지면을 제작해 곳곳에 붙이기도 했다.

일제는 3·1 독립만세운동이 민중 속으로 줄기차게 퍼져가고 대한민국임시정부 수립이라는 혁명적 변화로 이어지자 당황했다. 조선총독부가 독립만세를 부르는 민중 못지않게 두려워한 것이 바로 신문들이었다. 일제는 1919년 8월 12일 조선총독을 교체했다. 종래의 '무단통치'에서 벗어나겠노라고 마치 선심이라도 쓰는 듯이 생색마저 냈다. 실은 총칼로 만세운동의 확산을 막을 수 없다는 판단, 지하신문이 민중 사이에 깊숙이 퍼져가는 상황을 더는 방치할 수 없다는 계산 때문이었다.

더구나 신임 총독 사이토는 9월 2일 서울역에 도착하는 순간 폭탄세례를 받았다. 강우규의 거사였다. 사이토는 무사했으나 일본인 기자를 비롯해 사상자가 여러 명이었다. 총독은 다음 날인 9월 3일 이른바 '훈시'를 통해 "언론 출판 집회 등에 대하여는 질서와 공안 유지에 무방한 한 상당히 고려를 가하여 민의 창달을 허하여야 한다"면서 조선인에게 신문 발행을 허가할 방침이라고 밝혔다.

사이토가 언론통제를 완화하겠다고 공언하자 전 총독 데라우치를 비롯한 조선에 들어와 살고 있는 일본인들이 격렬히 반발했다. 사이토는 총독부기관지 매일신보가 '통치 방침'을 선전하는 데는 '권위'를 지녔지만 조선민족에게 침투하는 데는 한계가 있고, 조선 민중의 불평을 완화해주는 동시에 민심의 흐름을 살피려면 조선인들의 신문이 필요하다고 판단했다.

사이토는 9월 10일에는 종래의 헌병경찰 제도를 폐지한 뒤 보통 경찰 제도로 전환하고, 관리와 교원의 '제복 착검'을 없애며, 행정을 쇄신하고 '국민생활을 안정'시키는 한편 문화와 복리를 증진하겠다고 발표했다. 탄압 일변도의 무단통치를 '문치 위주의 문화정치'로 탈바꿈하겠다는 선언으로 실상은 '고등 회유정책'이었다.

당시 총독부가 작성한 '조선 민족운동에 대한 대책'에는 '문화정치'의 목적과 실체가 여실히 드러난다. "일본에 절대 충성을 다하는 자로써 관리를 강화한다"와 "신명을 바칠 친일적 인물을 물색하고 이들을 귀족·양반·유생·부호·실업가·교육가·종교가들 사이에 침투시켜 친일단체를 만든다"라거나 "친일적 민간인에게 편의와 원조를 제공하고 수재교육의 이름 아래 친일적 지식인을 대량으로 장기적 안목에서 양성한다"는 내용들이 그것이다.

총독 사이토의 구상은 곧장 시행되어 가장 먼저 '신명을 바칠 직업적 친일파' 양성에 들어갔다. 일제는 친일파를 통해 친일 여론을 조성하고, 친일단체를 지원해 독립 운동가들을 포섭하거나 변절하도록 유도해갔다.

일제의 지원을 받은 바로 그 친일반민족행위자들이 총독부의 신문 허가 방침에 가장 빠르게 대처했다. 친일단체인 대정친목회의 조진태, 민영기, 예종석은 1919년 10월에 '조선일보 조합'을 결성하며 '조선'이라는 이름을 선점했다.

대정친목회만이 아니었다. 수십 건의 발행허가 신청서가 총독부에 제출되었다. 총독부는 제국주의 통치에 가장 유리한 구도를 염두에 두며 신청서를 검토했다. 아울러 신문지법, 출판법, 보안법, 회사령, 치안유지법 따위를 손질해서 마련했다. 언론자유를 제한하는 법적 틀 속에 합법적인 언론을 허용할 셈이었다. 요컨대 합법신문의 허용은 지하신문 탄압과 동전의 양면이었다. 민중들에게 큰 영향을 끼치는 지하신문들을 무력화하고 합법신문을 통해 조선 민중을 제국주의 체제에 순응케 하려는 노회하고 치밀한 전략이었다.

총독부가 선택한 발행인은 세 명이었다. 노골적인 친일세력에게 먼저 발행을 허가하기보다 상대적으로 친일 색채가 옅은 조선인을 골랐다. 1920년 1월 4일 동아일보를 먼저 허가해주었다. 호남지주 김성수는 신청 서류에 총독부 기관지 매일신보의 편집국장을 지낸 이상협을 발행인 겸 편집인으로, 이른바 '한일합방 공로'로 일본의 귀족이 된 박영효 후작을 사장으로 내세웠다.

바로 다음 날 내놓고 조일동화주의朝日同化主義를 표방한 대정친목회 예종석 명의의 조선일보가 발행 허가를 받았다. 총독부는 같은 날 신일본주의를 표방해온 국민협회의 협성구락부파 이동우 명의로 된 〈시사신문〉도 허가했다.

허가는 동아일보가 하루 앞이었지만, 실제 창간은 그가 빨랐다. 1920년 3월 5일 '신문명 진보주의'를 전면에 내걸고 등장했다. 뒤를 이어 4월 1일에 동아일보와 시사신문이 창간되었다.

그가 내건 '신문명 진보주의'란 무엇일까. 스스로 밝힌 취지문에서 그는 조선인 신문이 없던 "과거 10년간은 우리 언론계가 너무 적막하게 되어 항상 유감으로 생각했던 바, 이제 시대의 흐름이 바뀌어 '언론계의 해방을 얻게 되었다'고 주장했다. 이어 "우리 조선인은 전부터 신문명에 뒤져 만사가 후퇴한 가운데 살았는데 하물며 제1차 세계대전 이후의 큰 경쟁을 당하였으니 우리가 장차 무엇으로써 이런 상황에 대응할까"라며 조선인들의 앞날을 우려하고 "이에 본인 등이 조선일보사를 설립하니 그 취지는 곧 우리 '신문명 진보주의'를 널리 알리려는 것"이라고 밝혔다.

그런데 '제1차 세계대전 이후 조선민족이 나아갈 길'은 이미 독립선언문과 뒤이은 독립신문을 비롯한 지하신문들에 천명되었다. 실제로 독립선언문에 '신문명'이란 말도 나온다. 하지만 조선독립선언문의 신문명과 조선일보의 신문명은 내용에서 차이가 뚜렷하다. 친일단체인 대정친목회가 창간한 그와 달리 독립선언문은 다음과 같이 제국주의를 정면으로 비판했다.

"위력의 시대가 거去하고 도의의 시대가 내來하도다. 과거 전세기에 연마장양鍊磨長養된 인도적 정신이 바야흐로 신문명의 서광을 인류의 역사에 투사하기 시始하도다."

선언문과 달리 그는 "우리 조선인은 전부터 신문명에 뒤져 만사가 후퇴한 가운데 살았"다고 자책했다. 한쪽은 '신문명'을 제국주의 위력의 시대와 다른 시대로 인식하고 다른 한 쪽은 일제가 전파한 '신문명'론을 그대로 받아들이고 있다. 조선인들에 대해 자책한 그와 달리 독립선언문은 겨레의 독창력을 부각하며 독립의 길을 또렷이 천명했다.

"아我의 고유한 자유권을 호전護全하여 생왕生旺의 낙樂을 포향飽享할 것이며, 아의 자족한 독창력을 발휘하여 춘만春滿한 대계大界에 민족적 정화를 결뉴結紐할지로다. 오등吾等이 자慈에 분기奮起하도다."

독립선언문에 나오는 '신문명'이란 말이 그의 지면에서 맥락이 사뭇 다르게 쓰인 까닭은 사실 새삼스럽지 않다. 발행인 겸 부사장 예종석, 사장 조진태 모두 친일반민족행위자였다.

그는 사사에서 대정친목회에 대해 "1916년 조선 실업인들이 친목을 도모하기 위해 만든 경제단체였다"고만 밝히고 있다. 발행인 예종석에 대해서도 "한일합방 전 국민대추도회, 국민연설회를 비롯해 합방 이후 조선군사후원연맹, 각파유지연맹, 대정친목회, 조선대아시아협회 등 여러 단체에서 활동했다"고 서술했다.

사사社史만으로 보면 대정친목회가 친일반민족 단체임을 떠올릴

수 없다. 여기서 대정친목회의 진실부터 정확히 '수호'해보자. 1916
년 대한제국의 전직 관료와 귀족·실업인들이 결성한 대정친목회는
'일선융화日鮮融和'를 내걸 만큼 자타가 공인한 반민족단체였다. 그
엄연한 사실을 밝히지 않은 채 "조선 실업인들이 친목을 도모하기
위해 만든 경제단체"라고 서술하는 것은 숨겨진 사실을 밝히기는
커녕 부분적 사실만 의도적으로 전달하는 진실 은폐다. 진실 수호
자로 공언하며 진실을 은폐하는 꼴이다.

예종석의 진실도 '수호'하자. 예종석이 "한일합방 전 국민대추도
회, 국민연설회를 비롯"한 여러 단체에서 활동했다는 설명은 얼핏
애국적인 추도와 연설을 한 것으로 오해하기 십상이다. 하지만 조
선일보가 서술한 예종석의 국민연설회 활동은 '일본의 조선통치가
바람직하다'는 강연이었다. 국민대추도회 활동은 더 가관이다.
1909년 안중근이 이토 히로부미를 사살하자, 되레 히로부미를 애
도하며 연 것이 '국민대추도회'다. 예종석은 당시 천하가 다 아는
매국노이자 출세주의자였다. 예종석은 일선융화를 내건 대정친목
회를 결성할 때 발기인으로 참여했고 그 뒤 간사·이사·회장을 역
임했다.

그렇다면 초대 발행인 예종석과 대정친목회는 1919년 3·1혁명
당시 무엇을 했을까. 예종석은 대정친목회를 중심으로 자치단을 조
직해서 독립만세 반대운동을 주도했다. 3·1 독립운동은 손병희의
천도교와 예수교 선교사가 자신들의 신도 수를 늘리기 위해 조선
인을 선동·교사해서 일으킨 것이라면서 "불령한不逞漢들에 대해 들
으면 속히 경무관헌에 신고하라"고 연설하며 돌아다닌 자다.

사장 조진태도 도긴개긴이다. 1907년 '대일본 황태자전하 봉영

한성부민회' 평의원을 지내고 1908년 12월부터 일제가 식민지 농업수탈을 위해 설립한 동양척식주식회사에서 감사로 활동했다. 1910년 10월에는 일본 왕의 생일인 '천장절天長節 축하회' 준비위원으로 일했다. 대정친목회에서 부회장으로 활동했고, 1925년 5월까지 동양척식 감사직을 놓지 않았다.

조선일보 100년사는 창간 발기인 39명 가운데 대정친목회 관련자가 11명에 불과하다는 근거로 조선일보를 대정친목회 기관지로 볼 수 없다고도 주장했지만 사실이 아니다. 발기인 39명 가운데 지금까지 학계에서 확인 가능한 대정친목회의 간부만 최소한 32명이다. 자료 문제로 확인되지 않았지만 나머지 발기인도 대정친목회의 간부이거나 회원이었을 가능성이 높다.

대정친목회가 신문 발행에 나선 까닭도 분명하다. '친일단체의 중심기관'이라는 평가를 받던 대정친목회는 당시 조직적 위기라 할 만큼 활동이 침체되어 있었다. 무엇보다 독립만세운동이 일어났기 때문이다. 만세운동이 벌어지자 일제에 부닐던 관공리들이 하나둘 관직을 그만두던 상황이었다. 당시의 정황을 묘사한 글에 "만세 一聲에 大驚喫怯하야 鼠穴에 잠복하게 된 亡種" 곧 만세 소리에 쥐구멍으로 숨은 망할 종자가 바로 대정친목회였다.

우리는 여기서 조선일보 기자들과 애독자들에게 정중하게 묻고 싶다. 진실이 그러할진대 "조선일보는 우리 민족이 1919년 3·1 독립 만세를 외치며 흘린 피의 값으로 얻어낸 한글 신문"이라고 주장해도 좋은가? 과연 그렇게 진실을 호도하며 '진실의 수호자'를 지면 가득 자부해도 괜찮을까?

더구나 그는 '민족신문 조선일보가 창간되자 호응이 뜨거웠다'고 서술한다. 과연 그랬을까? 아니다. 당시 친일반민족단체인 대정친목회는 물론 예종석과 조진태의 실체를 누구나 알고 있었기에 철저히 외면했다. 당연한 결과로 신문은 팔리지 않았다. 그가 창간호 1면에 어떤 기사를 실었는지는 지금 아무도 모른다. 조선일보사에도 창간호 1면과 2면은 보관되어 있지 않다. 언론계에선 그의 창간호 1면과 2면은 친일성향이 너무나 또렷해 조선일보사에서 모두 없앴다고 보는 견해가 많다. 이어 3월 9일 지령 3호로 '창간기념호'를 발행했다. 머리기사는 '실업實業의 실지實地' 제목 아래 '낙후된 실업'을 한탄하며 '실업 발달'을 위해 힘써야 함을 강조했다.

그런데 3호 이후 신문을 이어 내지 못했다. 대정친목회에서 온 창간자금도 부족했을 뿐더러 신문이 도무지 팔리지 않았기 때문이다. 4월 1일 동아일보가 '조선민중의 표현기관'을 내세우며 창간했을 때도 신문을 내지 못했다.

친일단체 대정친목회가 창간한 신문이라는 사실을 당시 민중이 모를 리 없었거니와 '신일본주의' 기치 아래 참정권 청원운동을 펼친 '국민협회'의 기관지 시사신문에도 밀렸다. 실업신문을 표방했지만 그에 걸맞은 기사들이 지면에 온전히 담기지도 않았다.

친일반민족단체를 자궁으로 태어난 사실은 그에게 평생 트라우마가 되었다. 동아일보를 바라보는 민중의 기대 섞인 눈길과 달리 자신을 바라보던 경멸의 시선은 낙인찍히는 상처였다. 독자들로부터 외면 받으며 그는 과연 살아남을 수 있는지를 스스로에 물어야 할 만큼 '생존 위협'을 느꼈고 그만큼 트라우마는 더 깊어갔다.

그가 신문 제4호를 낸 시점은 휴간 53일 만인 4월 28일이었다.

동아일보가 창간 이후 바람을 일으킬 때 발행된 4호는 1·2·3호와 기사의 결이 자못 달랐다. 그 나름으론 트라우마를 벗어나려는 몸부림이었다. 제4호는 '이李 왕세자 전하와 방자方子 여왕의 가례를 동경에서 거행하다' 제하의 기사에서 왕실 왕세자와 일본 왕족 이본궁방자의 혼례를 다뤘다. 이은과 먼저 결혼을 약속했던 민규수가 명성황후 민비의 문중인 사실을 취재해 그녀가 일본의 정략결혼 정책으로 강제 파혼된 사연을 담았다.

일제는 즉각 신문 압수에 나섰다. 휴간을 당했던 그는 열흘이 지나서야 5월 9일자로 5호를 내면서 정상 발간에 들어갔다. 5월 17일자(13호)에 실린 논설 '감옥과 유치장제도 개선의 급무'로 다시 압수를 당했다. 논설은 "일본 경찰들이 죄 없는 백성들까지 마구 체포해 무자비하고 가혹하게 다룬다"고 지적하며 "백성을 죽이려는 감옥과 유치장을 때려 부수라"라고 주장했다. 논설은 "인도와 정의는 영원무궁하고, 민족정신은 혈액 속에 간단없이 흘러넘침을 생각하라"고 결론을 맺었다.

그 시점에 일제의 고위 경찰간부는 총독부 기관지와 가진 인터뷰에서 "대정친목회의 기관지인 조선일보가 내선융화 선전을 그치고 도리어 불온한 언동을 보이는 경향이 있다"면서 "신문이 과격한 이유는 판매정책"이기도 하다고 분석했다.

실제로 조선일보는 경영난 타개를 위한 판매 확장이 절실한 상황이었다. 가장 큰 걸림돌이 태생적 한계였다. 독립만세운동의 열망과 창간주체인 대정친목회는 전혀 어울릴 수 없었다. 하지만 출생의 트라우마에 잠겨 있을 수만은 없었다. 신문으로 살아남기 위해서라도, 조금이라도 신문을 팔기 위해서라도 동아일보를 따라가야 했다. 6월 1일부터 10일까지 그는 작심하고 연재기획물 '조선 민중의 민족적 불평등'을 내보냈다. 연재가 이어지며 총독부에 대한 비판 논조가 더해졌다. 6월 8일자에 실린 기획물 8회의 표제는 "골수에 심각深刻된 대혈한大血恨"과 "조선통치의 대각성을 촉促 함"이었다.

> 조선민족이 스스로 눈물을 흘리며 지내온 역사를 돌아볼 때에 심장에 뛰노는 더운 피가 슬픔의 노래를 부르짖지 아니치 못하며 뼈가 저리지 아니치 못한다. 더욱이 분하고 원통한 것은 일본사람의 야비한 발라맞춤이다. 그들은 머리에 동화同化라는 탈바가지를 쓰고 손목에 부드럽고 따뜻한 동정의 피를 발라 교묘한 수단으로 조선 사람들을 후리어다가 악마의 굴에 잡아놓고 만다. 마치 교묘한 매춘부가 거짓 눈물을 흘리며 "영감, 살려주시오" 하듯이 그들은 꼭 그와 같은 야비한 수단을 쓰나니 그 실체의 증거를 알고자 하는 일본사람들이여. 참으로 알고자 하거든 질문하기를 꺼리지 말아라. … 경찰제도의 개혁이 있고부터 민중은 괴로운 부르짖음을 부르짖기 시작하였으며 태형笞刑이 폐지되고부터 일반죄수의 학대가 더 심하여진 것은 사실이 능히 증명하는 바이라.

마침내 그가 6월 9일자에 편집한 '일본 군국주의와 조선족' 제하의 연재 기획물 9회는 '왜놈'이라는 용어를 쓰면서 일제가 "총과 칼로써 조선민족을 죽이려 한다"고 날을 세웠다.

총독부는 곧장 연재를 중단시켰다. 기사의 책임을 물어 사장, 부

사장 등 경영진의 경질과 그들이 지목한 기자의 퇴사를 강력히 요구했다.

총독부로선 좌시할 수 없는 상황이었다. 동아일보도 박영효 후작이 나름대로 역할을 하리라 믿고 허가했는데 기자들이 사장의 지시를 거부하고 있었다. 결국 박영효가 사임하자 앞으로도 '불온한 경향'이 이어지리라 예상했다. 동아일보의 영향으로 대정친목회 기관지인 조선일보와 심지어 총독부 기관지인 매일신보까지 불온기사를 하나 둘 게재해간다면 사태가 눈덩이처럼 커질 수 있다고 우려했다.

신문을 허가할 때 약속과 달리 조선일보가 동아일보에 부화뇌동해 불온한 기사들을 내보내는 경향을 더는 방치할 수 없다고 판단한 총독부는 예종석을 압박했다. 결국 발행인 겸 부사장 예종석이 취임 3개월 7일 만에 퇴임했다. 연재 기획물을 쓴 기자 최국현과 방한민은 해고당했다.

하지만 기자들은 굴복하지 않았다. 1920년 7월 27일자 3면에 '조선인이 독립을 하고자 함은 무리가 아니다' 제하의 기사에서 과감하게 "독립운동은 합병된 결과로 일어난 문제로서 이것은 조선만 그런 것이 아니라 파란波蘭(폴란드)이나 체코나 애란愛蘭(아일랜드) 같은 데는 1백년 내지 8백년이 지난 데인 데도 오히려 독립을 주창하는 터이거든 아직 10년쯤 지난 조선이 독립을 주창함은 당연한 것"이라면서 독립운동의 당위성을 담았다.

사장 조진태까지 총독부의 압력으로 사임한 뒤 새로 조선일보사를 맡은 유문환은 경성교풍회京城橋風會의 부회장 세 사람 가운데 한

명이었다. 이 조직 또한 1919년 7월 20일 경성부윤—당시 '경성'으로 불린 서울의 시장—가네야가 조선인 유력자 100명을 경성호텔에 초청해서 "상호융화친목, 인우상조隣佑相助, 질서유지, 풍속개량" 등을 표방하면서 창립한 친일단체였다. 회장은 친일파 윤치호, 고문은 가네야, 민영기, 민원식, 조진태였다. 총독 사이토는 1919년 8월에 부임한 직후 경성교풍회를 조선교풍회로 개명하고 지방행정기관의 지원 아래 13도 곳곳에 교풍회를 조직했다. 총독부의 정책을 선전하는 한편 독립 사상 파괴에 '활용'했다.

새 사장이 들어왔지만 여전히 대정친목회의 영향권 아래 있었다. 다름아닌 유문환 자신이 대정친목회 회원이었다. 다만 경영진은 자금난을 벗어나기 위한 판매 정책으로 반일과 항일 색채의 기사를 눈감아 주었다. 기자들은 점점 고무되어 갔다. 독자들의 호응을 본 기자들은 이참에 동아일보보다 더 저항적인 기사를 쓰고자 했다.

1920년 8월 24일 오후 8시 40분에 서울역으로 미국 의원단이 들어올 때, 조선독립당은 총독부와 주요 건물에 폭탄을 던져서 큰 소요를 일으키려고 계획했다. 하지만 거사 전에 계획이 발각되어 다수가 체포되었다. 그는 검거 선풍 보도에 이어 27일자 '자연의 화化' 제하의 사설에서 일제 경찰을 "우매"하다고 호되게 비판했다.

총독부는 그에게 1주간 발행정지 처분을 내렸다. 총독부가 '민간지' 발행을 허가한 이래 최초의 정간조치였다. 그는 정간이 풀린 지 사흘만인 9월 5일자 신문에 "우열愚劣한 총독부 당국은 하고何故로 우리 일보日報를 정간시켰나뇨" 제하의 사설에서 "당초 당국이 조선인의 신문을 허하며 언론을 용인한 본의는 조선인에게 자유를 줌이 아니고 압박을 가하기 위함이었고, 민의의 창달을 구하고자 한 것이 아니라 아유阿諛를 구하려 한 것인가. 그렇다면 당국의 소위 문화정치는 또한 극히 기괴한 것이 아니겠는가"라고 강경한 논조를 폈다.

총독부는 무기정간으로 답했다. 30건의 압수기사, 23회의 발매반포금지, 두 차례의 정간이라는 수치가 입증하듯이 같은 시기에 "민중의 표현기관"을 표방하며 발행되어 독자들의 호응을 받았던 동아일보보다 탄압당한 건수가 더 많았다. 그는 그 통계를 들어 자신이 동아일보보다 더 민족지였다는 주장도 폈다. 학계의 시각은 다르다. 동아일보가 설정하는 의제들을 따라가며 앞서겠다는 의지가 강한 반면에 편집 능력은 서툴렀다고 본다. 동아일보는 창간할 때부터 총독부의 검열을 피하려고 은유적으로 표현하는 보도가 정착하며 경영도 안정적이었지만, 그는 동아일보 보도를 모방하는 상황이었기에 차별화에 골몰하다가 과격한 표현을 남발했다는 분석이다. 바로 그래서 총독부의 통제와 탄압을 더 많이 당했고, 신문이 압수되거나 정간당하면서 경영도 흔들렸다.

동아일보는 드러내지 않고 은근히 총독정치를 비판하거나 독립을 선동했지만 그는 즉각 압수당해 독자에게 신문이 전달되지 못했다. 결국 동아일보는 검열을 피해 독자들을 꾸준히 만나면서 사회적 영향력이 커져갔고 경영도 순탄할 수 있었다.

다만 총독부의 탄압으로 그는 친일반민족단체를 자궁으로 태어났다는 트라우마를 어느 정도 벗어날 수 있었다. 물론 새로 입사한 젊은 기자들의 의지도 중요한 변수였다.

그의 무기정간은 1920년 11월 24일 해제되었다. 총독부는 무기정간으로 신문을 내지 못했던 시기에 사장 유문환을 통해 발행인과 편집인 교체를 요구했다. 압박에 시달리던 대정친목회는 이듬해인 1921년 4월 더는 자금을 댈 수 없다며 총독부의 의사를 타진했다.

그 결과 이완용과 쌍벽을 이룬 친일파 송병준이 새 사주가 되었다. 이미 1919년에 신문 창간 신청서를 총독부에 제출했었던 송병준 또한 대정친목회 회원이었다. 송병준은 친일파 가운데서도 비열한 축재로 악명을 떨치던 매국노였다. 대한제국의 농상공부대신이던 그는 헤이그특사 사건과 관련해서 고종이 일본에 사죄해야한다고 주장하다가 '어전 회의'가 열릴 때 이완용과 손잡고 퇴위를 요구했다. 1908년에는 내부대신이 되었고, 1909년 2월에는 이토 히로부미와 가쓰라 다로 총리에게 자신이 "조선을 일본에 팔아넘길 테니 1억 5,000만 엔을 달라"는 망발을 서슴지 않았다.

　1억 5,000만 엔으로 조선을, 이만큼 넓은 토지와 2,000만 명의 인구를 모두 일본인의 손에 넣을 수 있지 않는가. 수십, 수백억 엔의 세금이 생겨난다. 조금도 비싸지 않다. 너무 싸지 않은가.

송병준이 일제에게 부닐며 던진 말에서 우리는 문자 그대로 나라를 팔아먹은 '매국노'의 전형을 발견할 수 있다. 하지만 일제는 굳이 송병준에게 1억 5,000만 엔이나 건넬 까닭이 없었다. 이미 대한제국의 고관들을 포섭해놓았기 때문이다. 송병준은 '조선귀족령'에 따라 일본의 자작 작위를 받았다. 참고로 이완용은 백작이었다.

송 자작은 총독부 기관지 매일신보에 기고한 '조선귀족의 책임' 제하의 글(1915년 1월 1일자)에서 일제의 방침에 적극 협조하자고 선동했다. 그해 11월에는 일왕 다이쇼 즉위 대례식에 참석하고 돌아와 매일신보에 '실로 이천만민의 광영光榮' 제하의 글을 기고해 감격어린 소감을 담았다.

1919년 3·1혁명이 일어났을 때 송병준은 민중의 열망을 이용해 총독부의 정무총감이 되고자 했다. 조선인이 정무총감을 맡아야 한다며 일본 정계에 선을 대는 과정에서 자신이 식민통치에 협력한 공로가 있다는 명분으로 일본 홋카이도의 막대한 토지를 불하해달라며 "병합 때 일본이 한국 측에 지불한 돈이 너무 적다. 100만 엔을 내게 달라"고 언죽번죽 말했다. 독립만세운동에서 민중들이 피흘리며 죽어가는 상황을 이용해 정무총감 자리, 홋카이도 토지, 100만 엔 가운데 하나를 챙길 속셈이었다.

아무 것도 얻지 못하자 송병준은 총독부의 정책을 비판하기 시작했다. 자신이 노리던 총독부 정무총감 자리에 일본인 미즈노가 임명되자 "한일병합이라는 것은 러시아의 연방제 형태를 희망한 것이었는데 지금은 전혀 다르다"고 주장했다. 일제는 송병준을 달래야겠다고 판단했다. 1920년 12월에 백작으로 특별 승작해주었다.

이윽고 조선일보를 손에 넣은 일본 백작 송병준은 아들 종헌에게 신문사 경영을 맡기면서 남궁훈을 '얼굴 마담'으로 내세웠다. 그런데 남궁훈은 '마담' 이상의 열정을 쏟았다. 상황을 파악한 기자들은 적극 취재에 나섰다. '연해주와 만주에 있는 독립단 등의 정황' 제목의 기사(1921년 4월 23일자)에서 나라 밖에서 벌어지는 독립투쟁을 상세히 보도했다. 8월부터 11월까지 상하이 임시정부 움직임과 시베리아 조선인들의 독립운동, 도쿄에 유학하던 조선 학생들의 동맹휴학을 보도해갔다.

특히 1922년 6월 18일자 논설이 도드라졌다. '조선총독 사이토 씨에게 사직을 권고함' 제하의 사설에서 총독을 직함도 없이 줄곧 '사이토 씨'라고 불렀다. 사설은 "무명의 소졸과 같은 자를 2천만의 민족을 좌지우지하는 지위에 앉힘은 이 과연 정치상 합당한 처치라고 할 것인가"라고 따지면서 "사이토의 문화정치 표방이 사기라는 것이 드러났다"고 주장했다. 이어 "어찌 무거운 자리에 그대로 주저앉아 부끄러움이 없음을 말 할 수 있으랴. 이에 우리는 사이토 씨를 위해서 사직퇴위를 권고하는 바이노라"라고 했다.

사설은 '문화정치'를 표방하고 있던 사이토 총독이 무단정치 시대의 일본 고관을 다시 총독부 정무총감으로 중용한 것을 비판했다. 여기서 우리는 송병준이 독립만세운동의 열기를 타고 일제에 자신을 정무총감으로 기용해달라고 '운동'했던 사실을 떠올릴 수 있다. 그 사설에 발행인 송병준이 직접 개입했다는 증거는 아직 나타나지 않았지만, 신문사 고위간부들 앞에서 정무총감 인사에 분통을 터트렸을 가능성은 높다.

송병준이 사주로 있던 1922~1923년에 그는 나라 밖에서 불어온 '사회주의 이론'을 활발하게 소개했다. 사주나 다수 편집간부들과 달리 젊은 기자들은 진보적이었다. 1917년 사회주의혁명이 일어나면서 러시아제국이 무너지고 등장한 레닌 정부가 식민지민족들의 해방을 지지하며 지원하고 나서자 독립운동을 모색하던 청년세대 사이에 사회주의 사상이 빠르게 퍼져 가던 시대였다. 레닌이 직접 조선 독립운동가들을 모스크바로 불러 자금을 지원한 사실은 감동마저 주었다. 따라서 일제 강점기에 사회주의 사상을 분단시대의 '빨갱이 잣대'로 파악한다면-그가 종종 또는 즐겨 그렇듯이-역사적 맥락을 놓치는 오류를 범하기 쉽다. 당시 그의 지면도 사회주의와 유물사관 기사들이 많았다. 가령 '유물사관 요령기要領記(전 3회, 1924년 1월 9일~11일)'와 '유물사관의 해설과 계급투쟁 시론(전 10회, 1월 15일~24일)' 그리고 '서양 사회주의 개관(전 3회, 1월 12일~1월 14일)'이 대표적 보기다.

송병준은 시세에 민감한 사람이었다. 내놓고 사회주의 기자들을 탄압하지 않은 것은 다분히 '보험'을 들어놓겠다는 판단도 깔려 있었을 터다. 하지만 마냥 방치할 수도 없었을 송병준은 1924년 9월에 전격 경영권을 매도했다. 조선일보 사사는 다음과 같이 기록하고 있다.

회사의 채산은 채산대로 맞지 않고, 기자들은 논지를 지키려고 강력히 대응하면서 이런 신문에 못마땅한 총독부는 총독부대로 송병준을 압박하자 시달림을 받던 송병준은, "더 이상 지탱하기가 어렵다"며 경영을 포기했다. 나라는 마음대로 팔아먹었을지언정 신문은 뜻대로 할 수 없었던 것이다.

마침내 조선일보의 판권은 1924년 9월 13일 독립운동가 신석우(1894~1953)에게 넘어갔다. 신석우는 송병준에게 8만 5천원의 거금을 주고 경영권 일체를 정식으로 인수하고 신문 제작의 전면에 나섰다. 당시 80킬로그램 쌀 한 가마에 20원 안팎이었으니 조선일보를 인수할 때 내놓은 8만 5천원은 쌀 4,250가마 값이다. 그는 부친

으로부터 물려받은 전답과 재산을 모두 쏟아 부어 신문사 사주가
됐다.

마침내 그가 매국노들의 손아귀에서 벗어난 순간이다. 임시정부
수립에 깊이 관여했던 신석우와 만나면서 그의 지면은 전환점을
맞았다. 물려받은 재산을 다 털어 신문사 판권을 인수한 신석우는
발행인 겸 부사장을 맡고 민족운동을 이끌던 74세의 이상재를 사
장으로 모셨다. 대정친목회와 확연히 선을 긋고 "조선 민중의 신문"
을 내걸었을 때, 트라우마를 온전히 벗어나는 듯했다.

신석우는 편집진 '대수술'에 나섰다. 편집국장에 민태원을 임명
하고 안재홍, 김준연, 신일용으로 논설진을 구성했다. 사회부 기자
로 박헌영과 김단야가 취재에 나섰다. '혁신 조선일보'의 첫 '반일
기사'는 곧바로 지면에 등장했다. 압록강이 가까운 평안북도 위원
군에서 일어난 '주민 28명 몰살 사건' 취재에 들어가 사회부 기자
이석을 현지에 파견했다. 취재 결과, 몰살 사건 전날 그곳 주민들이
독립군에게 저녁을 지어 먹였다는 혐의로 경찰의 조사를 받은 사
실이 드러났다. 주민 몰살이 일본 경찰의 보복일 수 있다는 정황이
포착된 셈이다. 그는 9월 27일자 사회면에 "위원 학살사건 현장답
사기"라는 제목으로 현지 취재기사를 대서특필했다.

지난 8월 11일 밤중에 평북 위원군 화창면 신흥동에서는 어떤 무
장한 사람들에게 한 동네 여섯 호가 불에 태여 전멸을 당하고 가족
28명이 일시에 학살되었다 함은 이미 각 신문에 보도된 바이어니와
금번 내가 실지에 출장하여 조사한 바에 의하면 그달 오전 6시 경에

그 동네에서 약 25리(조선 이수)쯤 되는 곳에 있는 화창면 주재소를 독립단원들이 습격하려다가 중지하고 약 25명이 신흥동으로 올라와서 동네 송지항(피해자)의 집에서는 점심을 하여 먹고 동네 최응규(피해자)의 집에서는 저녁밥을 지어 먹고 돌아간 일이 있는데 그 이튿날 죽내竹內 **평북 경찰부장과 이달伊達 경부보가 인솔한 경관대 40여명이 돌연히 그 동네로 달려들어**서 피해당한 여섯 집을 에워싸고 집안 식구를 모조리 잡아내어서 독립단이 밥을 해먹고 간 일이 있느냐고 물었으나 그들은 독립단이 갈 때에 밥을 해먹였다는 말을 경관에게 하면 멸망을 당하리라는 말을 한 일이 있으므로 경관대에게 사실을 말하기도 난처하여 누구나 용이하게 자백하지 아니하매 필경은 **고문을 하기 시작하여 이루 말할 수 없는 악형을 하다**가 그 아랫말에 사는 전모全某의 집에서 점심을 시켜 먹고 신흥동에서 약 10리 가량 되는 '다락말'로 내려가서 박모의 집에 머물러 있으면서 그 여섯 집의 호주 되는 김응채, 전명길, 김창성, 최응규, 송지항, 리창섭 여섯 사람을 불러내리어 밤을 새워가면서 악형 고문을 한 결과 그들도 필경 매에 못 견디어 "독립단이 밥을 해먹고 간 일이 있다"고 자백 하였으므로 그 이튿날 즉 9일에는 **일시 방송되어 각각 집에 돌아와 있던 중에 11일 밤에 귀신도 모르게 그와 같은 참화를 당하였다** 한다.

총독부가 적당히 넘기려던 학살 사건의 진실을 파헤친 훌륭한 기사였다. 다시 그는 "저주할 동척東拓" 제하의 시평을 통해 일제의 식민지 수탈에 앞장선 동양척식회사(동척)를 정면으로 비판해 압수를 당했다.

동척의 죄상을 금일에 운운하는 것부터 시대착오적 일이나 폐일언하고 **동척의 존립과 조선 민족의 생존은 도저히 양립할 수 없다. 따라서 우리가 살아가려면 이 회사는 근본부터 구축驅逐하여야 한다. 이 회사를 구축하려면 여간 순순한 방법으로는 아니 될 것이다.** 물론 일부에서 주장하는 바와 같이 비협동 비타협한 방법 아님이 아니다. 그러나 실력 있는 편과 실력 없는 편의 비협동 비타협은 아무리 하여도 실력 없는 편에 약점이 있고 만다. 그러므로 이 방법도 철저하기는 어렵다. 그래서 어느 사람의 말과 같이 '동척'이라는 두 글자를 어디까지 나쁘고 더럽고 무섭고 미운 모든 저주의 대명사로 내돌려 영영세세토록 그 도천滔天의 악을 박멸할 필요가 있다(1924년 11월 12일자).

그는 1924년 11월 23일자부터 하루 조간 2면, 석간 4면으로 모두 6면을 발행하는 조·석간제를 시작했다. 그리고 1925년 2월 21일 국내에서는 처음으로 모스크바에 특파원을 보냈다. 그는 특파원 파견을 알리는 '사고'에서 "본사는 이 의문의 나라를 하루 바삐 독자 여러분 앞에 소개하기 위하여 5년 동안 구라파에 유학하다가 돌아온 김준연 씨를 새로 귀국하야 행장도 끄르기 전에 다시 머나먼 길을 떠나도록 부탁했다"고 전했다.

그 시점에 그와 동아일보는 식민지 민족해방을 지원하는 소련(소비에트사회주의공화국연방)의 수도 모스크바에 누가 먼저 특파원을 보내느냐를 놓고 경쟁하고 있었다. 소련을 취재하고 그해 6월 10일에 귀국한 김준연은 15일자부터 "노농勞農 로시아의 관상觀相"이라는 제목의 연재물을 40회에 걸쳐 보도하면서 러시아혁명으로 달라진

조선 평전

소련의 모습을 충실히 알렸다. 더구나 소련공산당의 정치국원이던 니콜라이 부하린의 기고문 '도시와 농촌과의 관계'도 8회에 걸쳐 실었다.

이어 1925년 9월 8일자에 "조선과 노국露國과의 정치적 관계" 제하의 사설로 세 번째 정간을 당했다. 사설은 서울 정동에 소련영사관이 개설된 사실을 부각하며 조선 독립을 쟁취하자고 주장했다. "적로赤露(붉은 러시아) 국가는 일계급의 국가가 아니고 전 인민의 국가"이므로 '조선의 현상 타개'는 "반드시 적로의 세계혁신운동과 그 보조가 일치되어야 할 것"이라고 강조했다.

발끈한 총독부는 무기한 정간 명령을 내리고 사설을 집필한 논설위원 신일용을 체포했다. 심지어 보름 전에 구입한 새 윤전기마저 압류했다. 발행인 겸 편집인 김동성과 인쇄인 김형원도 재판에 넘겨 각각 징역 4개월에 집행유예 2년 및 금고 4개월을 선고했다. 신일용은 1심 재판 과정에서 중국으로 탈출해 상하이와 북만주에서 독립운동에 동참했다.

총독부는 3차 정간을 해제하는 조건으로 '반일적 기자 17명'을 해고하라고 요구했다. 조선일보사 간부진은 여러 차례 논의를 거듭한 끝에 결국 박헌영, 김단야, 임원근, 신일용을 비롯한 17명의 기자를 해고했다. '민중의 신문'을 일단 살려놓고 보자는 뜻이 강했다. 실제로 총독부는 '인사조치'가 내려지자 10월 15일 발행정지 처분을 풀었다.

대량 해직으로 항일 기세는 꺾였지만, 그렇다고 이상재와 신석우의 조선일보가 일제에 굴복한 것은 아니었다. 1927년 2월 15일

신간회 창립대회가 열렸을 때 보도와 논평으로 적극 지지하고 나섰다. 비단 지면만이 아니었다. 창립대회 사회를 다름 아닌 신석우가 보았다. 대회는 규약을 통과시킨 뒤 회장에 이상재를 선출했다.

신간회는 비타협적 민족주의자들과 사회주의자들이 처음으로 결합한 '좌우 합작 독립운동단체'였다. "민족적·정치적·경제적 예속의 굴레를 과감히 벗어나며 타협주의를 배격한다"고 밝히면서 언론·집회·결사·출판의 자유를 쟁취하고 청소년과 부인을 위한 형평운동 지원을 조직의 목표로 삼았다.

사사가 자랑스럽게 밝혔듯이 회장 이상재, 부회장 권동진 등 51명의 간부 및 발기인 중 조선일보 계가 9명으로 가장 많았다. 기독교계 7명, 조선공산당계 5명, 천도교계 3명이 뒤를 이었다. 신석우와 안재홍을 비롯해 조선일보사 간부들은 모두 신간회의 주요 간부였다. 기자들 또한 대부분 회원이었다. 사사는 "조선일보가 신간회인지, 신간회 지부가 조선일보 지국인지 총독부가 판단하기 어려웠을 만큼 조선일보는 신간회 활동의 중심이었다"고 서술했다. 신문지면에도 신간회 소식을 전하는 고정란을 두었다.

그런데 신간회가 창립된 뒤 한 달쯤 지나 사장 이상재가 노환으로 자리에 누웠다. 사장 자리에서 물러난 이상재는 며칠 뒤 운명했고 부사장 신석우가 5대 사장으로 취임했다.

신간회는 1927년 7월에 서울 지회를 시작으로 1928년 말에는 국내외에 143개의 지회를 만들며 회원이 3만여 명에 이르렀다. 하지만 합법적 틀에서 신간회가 움직이면서 시간이 갈수록 점점 타협적인 운동으로 기울어갔다.

'민중의 신문'을 자임하며 일궈낸 지면도 이상재의 후광이 사라지고 신간회가 주춤거리면서 시나브로 빛이 바랬다. 이를테면 1929년 3월부터 생활개신改新운동을 대대적으로 펼치기 시작했다. 그는 "생활부터 달라져야 힘을 기를 수 있다"고 주장하면서 색의色衣단발斷髮운동, 건강증진운동, 상식보급운동, 소비절약운동, 허례폐지운동에 대한 보도와 선전을 펴나갔다. 그가 창사 이래 최대 규모로 벌인 생활개신운동은—특히 흰 옷을 벗고 색깔 있는 옷을 입자는 색의운동은—의도했든 아니든 일본제국주의 통치에 적응해가는 분위기를 확산시켰다.

1929년 11월 3일 한국 학생운동사의 금자탑으로 불리는 '광주학생운동'이 터졌을 때 그는 민중의 기대와 달리 조그맣게 보도했다. 다음 날인 11월 4일자 2면에 두 건의 기사만 실었을 뿐이다. 한 건은 학생들 사이의 충돌 기사로 간단히 썼고, 사건의 전말을 담은 기사도 2단으로 "일본인 중학생이/ 조선 여학생 놀려" 제목 아래 짧았다.

일제 경찰이 조선여학생을 놀린 일본인 학생들을 되레 비호하자 그에 항의하는 학생들의 시위가 전남 지역은 물론이고 전국으로 확산되었다. 그 운동은 3·1만세운동 이후 최대의 거국적 항쟁으로 발전해서 1930년 1월까지 계속되었다. 참가한 학교 194개, 학생 수 5만 4천여 명, 퇴학 582명, 무기정학 2,330명, 피검자 1,642명이었다. 항쟁이 조선 학생과 일본 학생의 극한 대결로 치닫던 과정에서 '광주의 학생 충돌 사건'이라는 제목으로 모호한 보도를 한 그는 관련 사설도 내보내지 않았다.

더구나 1930년대 들어 일제가 신간회 탄압에 나서자 집행부가 타협적 운동 노선으로 기울어 갔다. 그럴 바에야 차라리 해체하자는 신간회 '해체론'이 강력히 제기된 이유다. 결국 1931년 5월 16일 찬성 43, 반대 3, 기권 30으로 신간회 해소안이 통과됐다. 신간회가 해체되면서 조선일보의 경영도 위기를 맞았다. 두달 뒤인 7월 16일부터 8월 5일까지 신문 발행을 못했다.

사장 신석우는 책임을 지고 물러났다. 안재홍이 사장으로 취임한 뒤에도 경영난은 풀리지 않았다. 게다가 "조선일보 경영진이 만주사변에서 희생된 만주 지역 동포를 돕기 위해 모금한 성금을 회사 자금으로 유용했다"는 투서가 총독부에 들어갔다. 일제는 사장 안재홍과 영업국장 이승복을 1932년 3월 공금 횡령 혐의로 구속했다.

1932년 4월 29일 일제는 일왕의 생일인 천장절을 일본군의 상하이사변 전승 축하식과 합동으로 상하이 홍구공원에서 열었다. 바로 그 현장에 청년 윤봉길이 폭탄을 던져 전 세계의 눈길을 모았다. 특히 중국 국민당의 총통 장개석은 "중국의 백만 대군도 못한 일을 한 사람 조선청년이 해냈다"며 갈채를 보냈다. 장개석은 종래에 무관심했던 대한민국임시정부에 전폭적인 지지도 약속했다. 중국 육군중앙군관학교에 한인특별반을 설치하며 한국의 독립운동을 적극 지원했다. 침체의 늪에서 허우적대던 임시정부가 다시 독립운동의 구심체로 인정받는 계기가 되었다.

그런데 윤봉길 의거를 보도하는 그의 지면은 독자들에게 큰 실망을 주었다. 그는 5월 1일 1면과 2면에 관련 기사들을 집중 배치하긴 했다. 하지만 1면에 가장 큰 제목은 "상해 폭탄사건 파문"이었고 국제연맹이 "경악 우려"라는 제목도 달았다 "범인은 조선인"이어서 중국은 책임이 없다는 내용도 제목에 담았다. 확인되지 않은 사실까지 기사화했다. "상하이사건의 주인공 윤봉길이 현장에서 체포된 것은 이미 보도한 바 있는데 그의 배후에 조선공산당의 마수가 있는 것은 숨길 수 없는 사실"이라고 보도했다. 심지어 "범인 윤봉길은 불조계佛租界 어떤 중국인 세탁소의 외교원으로 있었는데 그 사이 공동조계에 있는 조선00당원과 왕래하는 가운데 동파同派에 들어간 모양 같다. 윤은 물론 간부급은 아니고 무명의 당원으로 간부의 앞잡이가 되어 불온행동을 하고 있었는데 이번 천장절 축하식에 일본 군부와 외교관 수뇌부가 참집參集하는 기회를 엿보고 이러한 행동을 하였다고 한다"는 기사를 내보냈다.

윤봉길은 가혹한 고문 끝에 그 해 5월 25일 상하이 파견 일본 군법회의에서 사형을 선고받았다. 그럼에도 "일본을 즉각 타도하려고 상하이에 왔다"며 당당했다. 일본 오사카로 호송된 뒤 1932년 12월 19일 육군형무소 공병 작업장에서 25세의 나이로 총살당했다.

신문 경영의 혼란에 보도와 논평까지 힘을 잃으면서 위기를 맞은 그는 수습을 위해 신간회 평양지회장을 지낸 조만식을 사장으로 영입했다. 조선물산장려운동을 벌였던 조만식은 재력 있는 사람을 물색하다가 평안남도 강서 출신의 방응모를 끌어들였다.

언론사를 연구하는 학자들은 통상 일제강점기에 그가 걸어온 길을 세 시기로 구분한다. 1기는 창간이래 대정친목회와 송병준이 경영하던 24년 9월까지다. 2기는 이상재와 신석우가 조선일보를 혁신하여 '조선민중의 신문'을 내걸고 신간회의 기관지로 성장한 시

기이다. 그 시기가 막을 내리고 1933년에 접어들며 그는 제3기를
맞았다.

3

방응모와
일본제국 신문

출생 때 입은 친일 트라우마를 가까스로 벗어난 그가 새 사주 방응모를 만난 것은 1933년 3월이다. 신문사 재정을 안정시키고자 돈 많은 사람을 찾던 조만식은 평양 YMCA(기독교청년연합) 총무로 일할 때 같은 평안도 출신으로 알고 지내던 방응모에게 그를 인수하라고 권했다.

방응모는 언론과 인연도 있었다. 본디 동아일보사 정주지국장으로 일했었다. 독자들로부터 수금 사정이 여의치 않아 본사로부터 당한 수모가 평생 동아일보에 대한 감정으로 남았다는 증언도 있다. 방응모는 동아 정주지국장을 그만두고 집문서를 저당 잡혀 마련한 돈으로 '덕대德代'생활을 시작했다. 남의 광산을 도급 맡아 채광하다가 3년 만인 1927년 손가락 3개 굵기라는 '삼지금맥'을 발견하면서 덕대생활을 청산하고 금광을 매입했다. 평안북도 삭주의 다릿골(교동)광업소는 한때 광부가 1천 1백 명에 달했다.

벼락부자가 된 방응모는 1932년 금광을 일본의 중외광업에 팔면서 135만원이라는 거금을 손에 쥐었다. 조선을 강점한 뒤 일본의 광업 회사들은 앞을 다투어 금 채취에 한창이었다. 그 점에서 방응모의 자본은 일제의 수탈적 식민지 개발 정책에 조응하여 확보한 것이라고 볼 수 있다.

방응모가 그와 만나면서 현재까지 방 씨들이 자자손손 세습 경영을 해오고 있다. 기실 한국 사회에서 방응모는 대다수 사람에게

낯선 인물이다. 방일영문화재단이 1996년에 낸 전기 『계초 방응모』에서 저자인 월간조선 기자 이동욱이 개탄할 정도였다.

"1930년대 조선일보를 통해 민족의 각성을 촉구했고, 오늘날 대한민국의 정신을 받치는 초석을 마련했던 한 인물에 대해 후세는 너무 무관심했던 것이 사실이다."

이동욱은 2년 뒤 출간한 책에서도 방응모를 일러 "구한말—일제 식민 시대—대한민국, 이런 민족 변동기를 살다 간 인물 가운데 말보다 실천으로써 우리 민족 전체에 그만큼 크고 지속적인 영향을 끼친 인물도 드물다"며 "독립지사, 언론인, 선각자 그 어떤 언어로도 이 한 사람의 일생을 다 감쌀 수 없음은 필자의 무능보다 그의 거대한 인격에서 비롯된다"고 주장했다.

과연 그러한가. 행여 조선일보 기자들 다수가 그렇게 생각한다면, 아무리 지식인이 자기 정당화나 합리화에 능하다고 하더라도 진솔하게 되새겨보길 권한다. 진실의 수호자라면 불편한 진실도 수호해야 마땅하다.

방응모는 조만식을 사장 자리에 그대로 두고, 자신은 부사장을 맡으면서 발행인과 편집인을 모두 겸했다. 새 사주가 된 방응모는 4월 27일자 신문 1면에 '드리는 말씀' 제하에 자신의 글을 실었다.

응모應謨는 원래 재품才稟이 총혜聰慧치 못할뿐더러 겸하여 학식이 천박하여 일찍이 사회에 대하여 하등의 공헌함이 없음은 자괴自愧하는 바입니다. 그런데 금번에 조선일보가 경영 곤란에 빠지게 됨을 제際하여 2, 3 동지로부터 계속 경영의 권유를 받게 되었습니다. 원래 신문에 대하여는 평일부터 다소 취미를 가지고 있던 바외다. 비

록 경력으로 보면 유소시幼少時부터 금일까지 빈한과 싸웠고 미약微
弱에 울어 형언할 수 없는 고초와 간난을 겪었으니 무슨 일에든지
다소 신산辛酸을 감거堪去할만한 인내력과 난국을 돌파하려는 모험
심의 준비가 전연히 결핍하다고도 생각지 않는 바이나 신문 경영이
어떻게 곤란하고 또한 그 책임이 어떻게 중대한 것을 생각할 때에,
자연히 주저 하고 고사固辭함을 마지아니하였습니다… **금 조선에서
어떤 사업이 가장 필요하고 또한 급무急務냐? 이것을 생각할 때에 '교
육' 이라는 자답自答을 얻었습니다. 그런데 신문은 과연 가장 보편적
이요 현실적이요 사회적인 점에서 가장 큰 교육의 기관이외다.** 이밖
에도 물론 신문에는 여러 가지의 사명이 있습니다. 혹은 사실의 보
도로, 혹은 정책의 주장 등 그 방면이 한두 가지가 아닐 것이외다.
그러나 그 중에도 고귀한 사명의 한 가지는 신문이 특히 **조선민중의
이목을 대신하며 심장을 표현 하는 일사一事외다. 즉 조선인 전체의
생존에 대하여 안으로 밖으로 들리는 소리와 비쳐 오는 빛을 통일적
으로 듣고 보는 것이 신문이요, 또한 우리 전체의 고통 피고疲苦와 환
희 경사를 통일적으로 느끼고 표현하는 것이 이 신문이외다. 이렇게
생각할 때에 응모는 조선일보가 휴폐간되는 것이 우리 전체의 대암
영大暗影이요 대손실임을 깨달았습니다.** 그리하여 이것을 계속 경영
할 생각이 나고 드디어 이것을 인수하기로 작정이 되었습니다.

사뭇 겸손해 보인다. 산업으로 벼락부자가 된 방응모는 신문사
발행인을 맡으며 자신을 "총혜치 못할뿐더러 겸하여 학식이 천박
하여 일찍이 사회에 대하여 하등의 공헌함이 없음은 자괴"한다고
밝혔다. 신문 1면에 겸양의 글로 자신이 지금부터 '사주'임을 공표

함으로써 언론계에서 자신의 위상을 확고히 갖겠다는 전략적 서술이라고 볼 수도 있다.

그런데 조선일보사 소속의 기자가 쓴 전기와 달리 방응모의 친일 행적은 또렷한 기록으로 남아 있다. 방응모가 독자들에게 '드리는 말씀'에서 겸손을 내비친 바로 그 시점에 이미 신문사 사주로서 친일의 길로 줄달음질치고 있었다.

『친일인명사전』이 적시하고 있듯이 방응모는 독자들에게 "조선민중의 이목을 대신하며 심장을 표현" 운운하는 인사말을 1면에 낸 바로 그 달에 주둔군사령부 애국부에 고사기관총(제16호) 구입비로 1,600원을 헌납했다. 같은 해 7월에는 조만식이 물러난 사장 자리에 앉고 10월에는 조선신궁 설립 10주년 기념사업을 전개할 '조선신궁 봉찬회'에 발기인이자 고문으로 참여했다. 이듬해인 1934년 3월에는 조선대아세아협회 상담역을 맡았다. 조선대아세아협회는 총독부와 군부의 지원을 받아 조선인과 일본인 합작으로 만든 '대아시아주의 황도사상' 단체다.

방응모의 '친일 활약'은 종횡무진이었다. 사주인 언론자본의 반민족 행태는 곧장 지면으로 나타났다. 그는 1933년 12월 24일자 '황태자 전하 어탄생御誕生' 제하의 사설에서 일본 왕자의 탄생을 '봉축奉祝'했다.

12월 23일 오후 6시 39분에 만세일계萬世一系의 황위를 계승하옵실 황태자 전하께옵서 탄생하시었다. 어모자 두 분 다 건전하시다니 황실을 비롯하여 내외가 다 축하의 건성虔誠을 아뢰옵고 있다…. 새로 탄생하신 황태자 전하께옵서 건전하게 자라시와 후일에 일본

을 세계의 문화와 평화와 따라서 인류의 행복을 위하여 큰 공헌을
하는 큰 힘이 되도록 하시는 영주英主가 되시옵소서 하고 축원을 올
린다.

그가 사설까지 동원해 '영주, 곧 위대한 왕이 되시옵소서'라고 봉
축한 '황태자'는 1989년 일본 왕에 오른 아키히토이다. '봉축' 사설
은 '방응모 체제'의 그가 일본제국을 어떻게 바라보고 있는지를 확
실히 드러내주었다.

물론 이 시기 그의 언행을 모두 친일로 단정 짓는다면 억울하다
고 항변할 수 있다. 실제로 그는 자신이 일제 강점기에 한글 신문
이었음을 강조하며 한글 전용을 요구했다고 주장한다. 맞다. '한문
을 없애고 한글을 전용하라' 제하의 사설(1933년 10월 29일자)에서 제
목처럼 "첫째는 한문을 폐지하고 한글을 전용할 것"에 이어 "둘째
는 전 민중적으로 한글을 배우게 하여 한 사람의 문맹이라도 없게
할 것"을 강조했다.

그는 '한글 전용' 사설 이후 한글보급운동을 나름 꾸준히 전개했
다. 더 말할 나위 없이 한글을 가꾸고 보존하겠다는 노력을 굳이
인색하게 평가할 이유는 없다. 다만 "전 민중적으로 한글을 배우게
하여 한 사람의 문맹이라도 없게 할 것"이라는 다짐은 짚어볼 사
안이다.

일본제국의 왕자 출생까지 사설로 '경축'하는 신문이 한글 전용
을 주장하는 부조화는 어떻게 이해할 수 있을까. 그의 노골적 친일
과 한글 전용론을 이해할 수 있는 방법은 오직 하나다. 한글신문인
그에게 독자 확보에 절대적 장애가 문맹이었다. 이는 비단 과거만

의 문제가 아니다. 현대사회에 들어와 세계 각국에서 신문대기업 주도로 펼쳐온 다양한 형태의 신문 활용교육Newspapers In Education; NIE 이 텔레비전 등장 이후 미래의 독자를 확보하려는 경영전략에서 비롯한 사실과 견줄 수 있다. 한글신문인 그의 생존과 한글 보급은 직결된다. 1934년 4월 26일자 사설 '본보 혁신 1주년'에서도 확인할 수 있다.

신문에 돈을 내는 이는 투자가 아니라 의연義捐을 하는 것이니 이름은 주식회사라 하더라도 사실은 재단법인의 성질을 가졌음에 지나지 않는다. 이는 첫째로 조선의 독자가 인구 비례로 보아 일본 내지內地(일본인들이 조선에 대하여 즐겨 쓰던 일본 본토라는 뜻)의 20분의 1, 미국의 60분의 1에 불과하도록 적은 것과 둘째로는 조선의 산업이 유치하여 신문의 광고를 이용함이 적은 까닭이다.

하지만 정작 문제는 한글신문의 내용 아닐까. 한글을 보급한 신문이 점점 친일의 길로 들어선다면 그 한글 보급이 어떤 의미가 있을지 되짚어보아야 한다. 유감스럽게도 방응모가 인수한 뒤 날이 갈수록 지면은 친일로 흘러갔다. 심지어 조선민족을 모멸하는 사설까지 내보냈다. 1935년 1월 1일 '연두사' 사설을 보자.

첫째 사회적으로 보아 조선 사람으로 재인식을 요할 점은 우리는 단군 이래로 장구한 역사를 가지면서도 **산을 모르고, 바다를 모르고, 하늘을 모르고, 오직 하나 평야 있는 줄만 알고 지내온 민족**이라는 점이다. 조물주는 우리에게 삼면환해三面環海의 특수한 은전을 베

풀었지만 오대양은 조선사람의 형영形影을 별로 볼 수가 없었다. 금수錦繡 그대로의 화려한 대산거악大山巨嶽을 풍부히 주었지만 산은 조선 사람의 족적을 드물게 보았다. 수공일색水空一色의 명랑한 하늘을 주었지만 하늘은 조선 사람의 조인鳥人을 몇 사람이나 보았느냐… 그러면 조선 사람을 개인으로 보아 고칠 점은 무엇이냐. 첫째 모험진취성을 가져라. **조선 사람은 나약하고 비겁한 민족이라는 평을 듣는다. 우리가 선조 대대로 오늘까지 산을 모르고, 바다를 모르고, 하늘을 모르고 지내온 것은 주로 그 원인이 우리의 나약비겁성에 있다.**

둘째로 적극적 경쟁심을 가져라. 조선사朝鮮史를 들고 보면 조선 사람처럼 경쟁심이 맹렬한 민족은 드물 것이라는 암시를 받을 수가 있다. 그러나 그 경쟁심은 적극이 아니요, 소극이었기 때문에 그 경쟁심이 사적史蹟으로 나타난 바는 흔히 **시기, 질투, 모함, 당쟁, 골육상쟁으로 나타났던 것이다.** 그러나 이래가지고는 개인으로도 사회로도 진전향상을 꾀할 수가 없고, 자약자의自弱自疑할 수밖에 없는 것이다.

친일로 치닫던 이광수의 '민족개조론' 못지않은 민족적 자기비하가 아닐 수 없다. 사설의 조선민족 경멸은 거기서 그치지 않았다. "눈앞의 소이해小利害와 근시적 인색심吝嗇心을 가지고" 줏대도 없다고 꾸짖었다. "나침반 없이 움직이는 배가 헛일을 하기 쉬운 것 같이 사람도 역시 줏대가 없이 활동하면 일생을 두고 활동해도 그 활동은 헛일로 돌아가는 수가 많다"고 강조했다.

일제가 1931년 만주를 침략해서 괴뢰정권을 세운 이후 그에 대한 탄압을 강화했던 시점이었다. 하지만 그가 조선인을 비겁하고 줏대가 없다고 훈계하던 바로 그 시점에 독립운동은 국내외로 점점 투쟁의 강도를 높여가고 있었다. 독립운동에 나선 수많은 조선인들이 만주와 중국의 상해, 남경 등지에서 무장투쟁을 전개했고, 조선 안에서도 민중 속으로 들어가 독립운동을 벌여가고 있었다.

비겁하고 줏대가 없었던 것은 조선 민중이 아니라 다름 아닌 그 사설의 필자이고 그 사설을 버젓이 신문에 실은 발행인 겸 편집인 방응모였다. 일제는 만주에 이어 중국 대륙마저 집어삼킬 태세였다. 전쟁 준비로 한국에서 식민지 지배와 수탈체제를 강화해갔고, 1930년대 중반부터 '내선일체', '황국신민화'의 구호 아래 이른바 '창씨개명'과 '신사참배' 따위를 강요하면서 민족 말살정책을 강행했다.

조선 민중은 일제의 군국주의적 지배에 맞서 줄기차게 독립운동을 벌였다. 여러 정당 형태로 나뉘어 독립운동을 전개하던 독립운동가들은 일제의 만주 침략 이후 통합운동을 벌였다. 1935년 좌우익을 망라한 통일전선 정당인 조선민족혁명당을 결성했다. 마침내 1942년에는 임시정부의 좌우합작도 이루어진다.

국내에서는 신간회 해체 이후 독립운동의 중심이 학생운동과 인구의 절대다수인 농민운동·노동운동으로 계승되어 갔다. 독립운동은 비밀조직의 형태로 전개될 수밖에 없었다. 한반도 병참기지화 정책과 농민들 몰락으로 저항의식이 높아가던 민중들은 혁명적 농민조합운동과 노동조합운동을 끊임없이 벌여갔다. 민중운동은 제국주의의 식민지 체제를 타파하는 정치투쟁을 목표로 삼았다.

조선독립운동이 국내외를 막론하고 한창 들불처럼 번져가던 중대한 시기에 그가 우리 민족과 민중에게 던진 훈계는 참으로 민망스럽고 분노를 일으킬 작태였다. 더욱 우리를 당황케 하는 것은 일본 왕자의 출생에 아부를 늘어놓던 그가 자신의 집, 그러니까 조선일보 사옥을 새로 지은 걸 축하하며 버젓이 "조선민중의 공기公器"를 자임한 사실이다.

> 본사의 신축 사옥의 낙성을 축하하는 오늘에 있어서 우리는 만천하 독자 앞에서 역사적으로 본사의 정신이요…조선일보는 조선의 공기公器요, 조선민중의 공기니 조선민중의 하고자 하는 바와 하고자 아니하는 바를 가장 힘 있고, 가장 분명하게 표현함으로써 첫 임무를 삼아왔습니다… 본보는 이 시대, 이 민중의 언론기관으로서의 진정한 임무를 파악하고, 실현함으로 본보의 민족봉사의 제1임무를 실행하기를 서원합니다(1935년 7월 6일자 사설 '사옥 낙성일의 서원').

문제의 사설에도 얼마든지 관용어린 시선을 보낼 수는 있다. 새 사옥을 준공하며 이참에 과거의 친일보도를 반성하고 진정한 '민중의 공기'로 나아가는 전환점으로 삼을 수도 있지 않겠는가.

하지만 아니었다. "조선민중의 하고자 하는 바와 하고자 아니하는 바를 가장 힘 있고, 가장 분명하게 표현"하겠다는 다짐은 실제 기사들과 어긋났다. '총독정치 25년 특집' 기사(1935년 10월 1일자 1면)를 비롯해 친일 기사들이 줄을 이었다. 이듬해인 1936년 새해 첫날부터 조선일보는 일본제국의 확실한 대변지가 되었다. 신년호에 편집한 '각계 인사의 연두사' 머리에는 조선총독 우가키의 글을 실었다. 총독 우가키는 조선의 문화와 산업이 1910년의 병탄 이래 크게 발전했노라고 주장했다. 연두사가 실린 지면 원편에는 '억조일심億兆一心'이라는 총독의 '시필'을 크게 담았다. 일본인과 조선인을 비롯해 무수히 많은 '황국신민'이 한 마음이라는 뜻이다.

총독부 경무국장과 식산국장의 연두사는 처음부터 끝까지 위압적인 명령 투로 이어졌다. 그해 8월 손기정이 베를린올림픽 마라톤 경기에서 우승했다. 당시 조선인들의 신문은 그와 동아일보, 조선중앙일보 셋이었다. 조선중앙일보는 시사신문이 폐간한 '빈자리'에서 창간된 신문으로 당시 여운형이 사장이었다. 조선중앙일보는 월계관을 쓴 손기정의 사진을 입수하여 8월 13일자에 게재하면서 손기정의 흰 웃옷에 달린 일장기를 거의 흐릿해질 때까지 하얗게 지워서 실었다. 총독부는 미처 발견하지 못하고 넘어갔지만 동아일보가 8월 25일자 석간에 일장기를 시커멓게 지운 사진을 내보내면서 총독부의 감시망에 걸려들었다.

일장기 말소사건으로 동아일보는 무기정간을 당했고, 조선중앙일보도 압박을 받아 자진 휴간에 들어갔다. 조선중앙일보는 끝내 발행허가가 취소되어 폐간됐다. 일장기 말소 사건을 동아일보가 두고두고 '민족지의 증거'로 제시하자 몹시 심기가 불편했던 그는 뒤늦게 색다른 변명을 내놓았다. 동아일보가 일장기 말소 사진을 싣던 그날 그도 손기정 사진을 3면 왼쪽 위에 실으며 일장기를 지운 두 신문과는 다른 방법을 선택했단다. 손기정이 주경기장에 막 들어서는 모습의 사진으로 마침 손기정이 오른쪽으로 몸을 기울인 상태에서 왼쪽에 카메라 앵글을 맞춰 일장기가 보이지 않았다고 주장했다. 하지만 멀리서 찍은 사진이라 손기정 선수 자체가 작아 일장기가 잘 보이지 않았을 따름이며 더구나 자사 기자가 찍은 사진도 아니었다. 더구나 그의 지면은 이미 동아일보나 조선중앙일보와 달리 적극적 친일의 길에 들어서 있었다.

그는 8월 30일자 1면에 "동아일보 정간 이유/ 경무국장 담談" 제하의 기사를 실어 총독부 관리의 말을 충실히 전달했다.

동아일보는 금번 발행정지 처분을 당하였다. 전일前日 백림伯林에서 거행된 세계올림픽대회의 마라톤 경기에서 **조선 출신의 손기정 군이 우승의 월계관을 획득한 것은 일본 전체의 명예로 일본 내지內地와 조선 공히 함께 축하할 것이며 또 일본 내지와 조선 융화의 자료로 할 것이지 이를 역용하여 조금이라도 민족적 대립의 공기를 유치하는 일이 있어서는 안 될 것이다.** 그런데 사실은 신문사 등의 기사는 자칫하면 대립적 감정을 자극함과 같은 유치誘致를 취하는 것이 있음은 일반으로 유감시하는 바이다.

동아일보는 종래 누차 당국의 주의가 있었음에도 불구하고 8월 25일 지상에 손기정 군의 사진을 게재하였는데 그 사진에 명확히 나타나야 할 일장기의 마크를 고의로 말소한 형적이 있었으므로 즉시 정간처분에 붙이고 그 실정을 조사하였던 바 8월 23일자 오사카 아사히신문에 게재된 손기정 군의 사진을 전재하면서 일장기가 신문 지상에 나타남을 꺼려하여 고의로 기술을 사용하여 말소한 것이 판명되었으므로 마침내 그 신문지에 대하여 발행정지 명령을 내리게 되었다. 이러한 비국민적 태도에 대하여는 장래에도 엄중 조치를 가할 방침인데 일반도 과오가 없도록 주의하기 바란다.

첫 기사가 나간 뒤 그의 지면에서 무기정간을 당한 동아일보에 관한 보도를 볼 수 없었다. 동아일보와 조선중앙일보가 일장기 말소사건으로 신문을 발행하지 못하게 된 상황은 방응모와 그에겐 기회였다. 동아일보가 무기정간에서 벗어나 복간된 1937년 6월 3일까지 279일 동안 그는 조선인들의 유일한 신문이었다.

동아일보의 판매지국장 출신으로 늘 동아에 경쟁의식을 지녔던 방응모는 전국적으로 '조선일보 발전 자축회'를 개최하며 사세 확장에 나섰다. 전국에 걸친 판매지국 '시찰'에 나선 방응모는 강연회와 좌담회를 잇달아 열었다. 1937년 2월 원산의 순회강연에서 방응모는 다음과 같이 발언함으로써 기어이 참석자들로부터 봉변을 당했다.

우리 조선일보는 다른 어떤 신문도 따라오지 못하는 확고한 신념에서 비국민적 행위를 단연 배격하여 종국까지 조선일보사가 이미 정해 놓은 방침에 한뜻으로 매진합니다.

하지만 봉변으로 바뀔 방응모가 아니었다. 일본이 중국까지 침략해 들어간 중일전쟁이 일어난 직후인 1937년 7월 11일에 열린 간부회의에서 주필 서춘은 지금까지 보도해온 '일본군, 중국군, 장개석 씨'를 '아군이나 황군, 지나, 장개석'으로 고치고 '우리 또한 일본국민으로서 그 입장에서 논설을 써야 한다'고 주장했다. 주필의 황당한 제안에 편집국장 김형원과 영업국장 김광수가 반대하자 방응모가 나섰다. 방응모는 '일장기말소사건으로 동아일보가 이미 몇십만 원의 손해를 보았을 뿐 아니라 3·1운동 때처럼 신문이 민중을 지도할 수 없다'면서 주필을 지지했다. 방응모의 지시는 곧바로 지면에 반영됐다.

총독부는 '조선일보 지면이 국민적 입장으로 변했다'고 격려했다. 신문사 안팎에서 반발이 컸지만 방응모는 아랑곳하지 않았다. 한술 더 떠 일본제국에 충성을 다하는 보도에 나섰다.

그는 일본 '천황'은 물론 가족의 동정에도 극존칭을 쓰며 보도했다. 가령 1937년 1월 1일자 조선일보는 1면 머리를 '천황 폐하'와 '황후 폐하'의 '어진영御眞影(전통적 예복을 입은 사진)'으로 화려하게 장식했다. '원단·궁중의 어의御儀' 제하의 기사는 낯 뜨거울 만큼 찬양일색이었다. 일본제국의 정책과 총독부 시책을 적극 지지하는 동시에 경쟁지 없는 틈을 타 사세 확장에 주력한 그는 같은 날 1면에 '조선일보의 신년 3대 계획'이라는 사고를 내보냈다.

1935년 대중잡지 〈조광〉과 여성잡지 〈여성〉을 "발간한 이래 도도한 그 인기는 우리 독서계를 석권하였고 찬연한 그 성세聲勢는 아연 잡지계의 왕좌를 정복하여 출판계에 있어서 그 대배를 찾지 못할 신기록을 지었다. 대중적 지식 급양의 병참부를 자임하는 아사我社 출판부는 기간된 양대 잡지로써만은 만족을 가질 수 없는 동시에 우리사회의 열렬한 기대는 출판 진용의 재비약을 강요케 되어 금춘 4월부터 〈조광〉과 〈여성〉의 자매지로 소년잡지 〈소년〉을 발간케 되었으니 이는 우리 2세 대중에게 드리는 봉사의 일단이요 '어린이 조선'의 실력 함양에 무이無二한 보재補材가 될 것을 자기自期하는 바이다…

소년신문! 이는 아직 조선 신문계에 있어서는 손을 내밀어보지 못한 처녀지역으로 본지의 금번의 쾌거는 사회적 불우를 받아온 우리 어린이들에게 복음이 될 동시에 신문기관의 보도 사명 외에 의의가 깊은 문화운동인 것을 기약하는 바다.

인쇄공장을 증축하고 '잡지계의 왕좌를 정복'한데 이어 '어린이 조선'을 위해 소년조선일보를 창간하겠다는 포부였다. 유일한 조선인 신문이던 시기에 조선 민중의 참상이나 독립운동의 현황 보도를 외면한 채 사세 확장의 길로 들어섰다.

친일 지면으로 신문사 몸집을 불려가던 방응모는 1937년 7월 "일반 국민에 대한 황군 원호 철저, 응소應召 출동이나 개선 군인의 환송·접대" 따위의 활동으로 후방에서 군인의 사기를 북돋우기 위해 조직된 경성군사후원연맹의 위원으로 활동했다. 강연도 줄을 이었다. 이를테면 9월 6일 오전에 의정부 양주공립보통학교 강당에서 '지나사변의 원인과 지나에 대한 세계 열국의 대세와 금후 국민의 각오'에 대해 열변을 토한 방응모는 오후에는 연천으로 올라가 공립보통학교 대강당에서 '지나사변과 제국의 결의'라는 주제로 강연했다.

사세가 커지는 만큼 친일반민족 보도와 논평도 더 노골적으로 나타나 "국민정신 작흥주간/ 실천궁행으로 행사를 실시하라" 제하의 1면 사설(1938년 1월 8일자)을 통해 "일반국민은 군은 결의와 철저한 각오로 극기정려克己精勵하고 근로보국에 성誠과 역力을 다하지 않으면 안 될 것"이라고 훈계했다.

마침내 1938년 1월 18일자 1면 머리에 올린 "조선에 지원병 제도 실시/ 획기적 중대 사실" 제목의 사설에서 그는 기상천외한 논리를 폈다.

15일 육군성 발표에 의하면 조선인에게도 금년 4월부터 지원병 제도를 실행할 터인데 우선 4백 명 정도를 보병에 한하여 연령 15세 이상 심신 건전한 자를 선발하여 6개월간 훈련하여 조선부대에 배속시키기로 한다는 바 재영在營 기간은 2년이라 한다. 병역제도는 일본 내지와 화태樺太에 본 적을 둔 사람에게만 한하던 것인데 이제 **조선인에도 지원병제도를 실시한다는 것은 획기적 중대 사실로 내선일체의 일─ 현현眈顯이라 볼 수 있다.**

무릇 국민에는 납세, 교육, 병역 3종의 의무가 있는데 종래 조선인에게는 납세의 의무만 있었고 교육 병역의 의무는 없었다. 듣건대 당국은 우가키 전 총독의 초등교육 10개년계획을 5개년으로 단축하고 이후 8년을 기하여 의무교육 실시의 기초를 삼는다 하니 금차 발표된 지원병제도와 아울러 조선인도 점차 3대 의무를 다하게 될 터이다.

사설의 '화태'는 사할린 섬이다. 조선의 청년들이 차별받는 식민지 백성으로서 일제가 벌인 침략 전쟁에 '총알받이'로 나가게 된 상황을 두고 조선인을 '일본 국민'으로 받아준 것이라며 박수를 치는 살풍경이다. 사설은 일본과 조선이 한 몸이라는 '내선일체' 논리에 따라 '조선의 지원병제도 실시'를 '획기적 중대 사실'이라고 추어올렸다.

당시 독립에 몸 바쳐 싸우고 있던 독립운동가들 앞에 그의 사설이 어떻게 읽혔을까 짚어볼 일이다. 방응모는 직접 행동에도 나섰다. 사설을 낸 다음 달인 1938년 2월에 '조선지원병 제도 축하회' 발기인으로 나서 '드디어 육군특별지원병제도가 실시된다'며 두 손

들어 갈채를 보냈다. 같은 달 조선총독부의 언론통제 정책에 협조하기 위해 조선 안의 25개 언론사가 '조선춘추회'를 조직할 때 방응모는 발기인 겸 간사로 활동했다.

그의 지면은 방응모의 친일반민족행위와 '동행'했다. 그는 "총후보국 강조주간"(1938년 4월 26일자) 제목의 사설을 1면에 실어 "종이, 목면 및 연료의 3종류를 특히 절약 저축하도록 선전하는 동시에 비상시의 절약과 저축의 진정한 의미를 철저케 하기로 되었다. 본사 등 신문관계자 조직인 춘추회가 금일자와 5월 1일자 신문을 각각 8면으로 감면한 것은 이 취지에서 나온 것"이라며 '장기전에 대처할 국민적 각오'를 강조했다. '총후보국銃後報國'은 문자 그대로 후방에서 전쟁을 지원하여 국가에 은혜를 갚으라는 군국주의 이데올로기였다. 전쟁에 광분한 일제의 민중 착취에 감시는커녕 적극 앞장서서 일본군을 지원하라고 선동한 것이다.

여기서 그 시점에 일본군이 싸우는 적군에는 독립군도 들어 있었다는 사실을 잊지 말아야 한다. 사흘 뒤 "봉축奉祝 천장가절天長佳節" 제하의 사설(4월 29일)에선 일본 왕의 생일을 맞아 "오늘 이때에 어탄신을 봉축하는 일반 신민의 감격"은 "필설로 다 형용하기 어려운 것이 많다"며 조선 민중이 모두 감격하길 선동했다.

일제가 '특별지원병' 제도에 따라 조선에 훈련소를 열자 그는 "지원병훈련소 개소식에 제際하여" 제목의 사설을 1면에 실었다.

조선 통치사상에 한 '에포크 메이킹'이요 미나미 총독의 일대 영단

정책하에 조선에 육군특별지원병제도가 실시되게 된다는 데 대하여 이미 본란에 누차 우리의 찬의를 표한 바 있거니와 …요컨대 금번

지원병제도의 실시는 위정당국에서 상上으로 일시동인一視同仁의 성려聖慮를 봉체하고 하下로 반도민중의 애국 열성을 보아서 **내선일체의 대정신으로 종래 조선민중이 국민으로서의 의무를 다하지 못하고 있던 병역의무의 제1단계를 실현케 하는 것이다. 황국신민 된 사람으로 그 누가 감격치 아니하며** 그 누가 감사치 아니하랴. 다만 오늘의 개소식을 당하여 특별히 이번에 엄선 중 엄선으로 선발된 지원병사들은 이와 같은 중대하고 심원한 의의를 가진 제도를 특별히 실시하는 초기에 있어서 제1차 훈련생인 만치 그만치 그 책임이 중차대한 것이다. 장래 국가의 간성으로 **황국에 대하여 갈충진성을 아니하면 안 된다. 그리하여서 국방상 완전히 신민의 의무를 다하여야 할 것이다.**

조선의 청년들을 '일제의 총알받이'로 내보는 지원병제도를 반대하여 투옥된 민족진영 사람들이 40명을 넘었는데도 그는 한 줄도 보도하지 않았다. 방응모는 되레 "국민정신을 총동원하고 내선일체 전 능력을 발휘하여 국책 수행에 협력하여 성전聖戰의 궁극적 목적을 관철"하기 위해 조직된 국민정신총동원조선연맹의 발기에 참여했고, 그날 결성된 경성연맹 창립총회에서 상담역을 맡았다.

그와 방응모가 '성전'에 나서라는 선동으로 일본군에 자원하여 입대한 조선 청년들을 기다리고 있는 것은 '개죽음'—기실 어떤 개가 집에 들어온 강도를 위해 목숨을 바치는가—아니면 탈출뿐이었다.

조선의 온 민중을 전쟁에 동원한 그의 1939년 1월 1일 신년호 1면 머리를 차지한 것은 지난 해처럼 '천황 폐하'의 신년 동정動靜

이었다. 중일전쟁(일본 쪽의 용어로는 지나사변)이 일본군의 일방적 우세로 마무리되고 있었기 때문인지 1면에 군복을 입은 일본 왕 히로히토의 사진을 싣고 "천황 폐하의 어성덕"을 칭송했다. 옆에는 "귀중한 선혈鮮血로써/ 역사를 창조!"하자는 총독 미나미 지로를 비롯해 정무총감과 육군대장의 '연두사'를 담았다.

같은 1면에는 다시 "약진 본보의 신년 3대 계획"이라는 '사고'를 실었다. 초고속 윤전기 증설, "내외지 특파원" 진용의 강화, 만지판滿支版(만주와 중국) 발행이 그것이다. 2면에 실은 사설 "신년을 영迎하면서"에선 "천황 폐하의 만수무강과 황실의 안태安泰를 기원"했다.

그는 '육군 기념일'(일제가 만주 봉천을 점령한 3월 10일)을 맞아 사설("육군 기념일에 제(際)하여, 1939년 3월 10일)에서 "재작년 동아 영원의 평화 확립을 목표로 정전征戰을 개시한 이래 철두철미 황군의 위력을 발휘하여 도처에서 적군을 여지없이 무찌르고… 동아 신질서 건설의 국시國是를 확립하고 그 제일보를 내딛은 흥아興亞의 봄에 이 육군 기념일을 맞이하게" 되었다며 "국민 일반은 이 기념일을 금번 사변과 관련시켜 국가를 위하여 희생된 황군 영령에게 감사의 뜻을 삼가 표"해야 한다고 주장했다.

중일 전쟁이 한창이던 시기에 그의 사설은 영국, 미국, 프랑스, 소련이 모두 중국의 '장개석 정권'을 지지한다며 다음과 같이 강한 적대감을 드러냈다.

그러나 아직도 장 정권은 비록 서남의 일우一隅에서이지만 영미불소 등 외국의 원조를 받아 용공항일정책을 고집하고 있고 점령지

역 내에도 유격대, 토비土匪 등 잔적이 횡행하여 그 완전 소탕까지는
상당한 병력과 시일을 요할 형편일 뿐더러 소련은 공공연히 장 정
권을 원조하여 항일장기전을 계속케 하는 동시에 북양 어로권 탈환
을 기도하고 있으며 영미불 제국諸國도 제국帝國의 동아 신질서 건설
국시國是에 반대하여 사변 목적을 달성하기까지에는 아직도 허다한
파란곡절이 많을 것이고 보매 국민일반은 거국일치만이 승리를 좌
우한다는 생생한 교훈을 주는 이런 기념일을 계기로 더욱 혼연일치
가 되어 사변 목적 달성에 매진하지 않으면 안 될 것이다.

일본제국주의에 "영미불소"가 반대한다며 "국민일반"에게 "혼연
일치"가 되어야 한다는 사설을 읽을 때, 우리는 임시정부와 독립군
이 바로 그 "영미불소"와 손잡고 일본군과 싸우고 있었다는 사실을
상기해야 한다. 바로 그 점에서도 전쟁을 다룬 그의 사설들은 명백
한 반민족행위였다.

그의 일본 왕 찬송은 점점 '절정'으로 치달았다. 1면에 올린 사설
"봉축 천장절"(4월 29일)은 인내심을 갖고 읽어둘 필요가 있다.

춘풍이 태탕駘蕩하고 만화萬花가 방창方暢한 이 시절에 경일회更一
回의 천장가절을 맞이함은 억조億兆 신서臣庶가 경축에 불감不堪할
바이다. **성상 폐하께옵서는 육체가 유강愈强하옵시다고 배승拜承하옵**
는 바 실로 성황성공誠惶誠恐 동경동하同慶同賀할 바이다. 1년 1도度
이 반가운 날을 맞이할 때마다 우리는 홍원鴻遠한 은혜恩와 광대한 인
仁에 새로운 감격과 경행慶幸이 깊어짐을 알 수 있다. 뿐만 아니라 적
성봉공赤誠奉公 충과 의를 다하여 일념보국의 확호確乎한 결심을 금

할 수가 없는 것이다.…제1선의 혁혁한 무훈과 현양顯揚되는 국위도 다 이 어능위御稜威의 소사所賜인 것을 상기하면 **실로 황공무지 감격 불승不勝할 바이다.** 민서民庶 일반이 성의聖意를 봉체하여 성수무강 을 봉축하는 동시 억조 일심으로 극충극성克忠克誠 상으로 성명聖明 에 보답하고 하로 간난한 시국에 대처하여 신동아 건설의 성업을 수 행하여야 될 것이다. 이것이 황도皇道 일본의 위광을 한층 더 만방에 빛나게 하는 소이요 또 신서의 당연한 의무일 것이다.

같은 날짜 총독부 기관지 매일신보의 '봉축 천장절' 사설은 차라 리 점잖을 정도다. 국내의 지하에서 목숨을 내걸고 민중을 의식화 하며 독립운동을 전개하던 지사들에게 이 사설이 어떻게 읽혔을까 는 굳이 설명할 필요가 없을 성싶다.

그는 1940년 1월 1일자부터 충격적인 편집에 나섰다. 신문 제호 마저 내리고 바로 위에 일장기를 올렸다. 이어 일제의 기념일마다 일장기를 올리는 편집을 했다. 심지어 일장기를 붉은 색으로 인쇄 할 만큼 극성이었다. 제호 위에 올린 일장기 신문은 그가 일제의 강 요로 친일을 할 수밖에 없었다는 변명의 허구성을 단숨에 드러내 준다. 방응모의 경쟁지 동아일보는 친일 보도는 했을지언정 결코 제호를 내리며 일장기를 올리는 추태는 보이지 않았기 때문이다.

그가 '일본·미국 전쟁'에 대해 쓴 사설은 차라리 흥미롭다. "일미 전쟁 불가피론" 제하의 사설(1940년 4월 25일자)은 "미국의 여론으로 하여금 동아 신사태를 정상正常하게 인식케 하고 신질서 건설에 대 한 정확한 이해가 생기도록 민활한 외교와 용의주도한 선전이 없 어서는 안 될 것"이라고 주장했다. 조선을 식민지로 삼고 만주에 이어 중국을 침략해 괴뢰정권인 국민정부를 세운 것이 '동아시아의 신질서'라고 강조하는 사설은 개탄스럽다. 그 논리에 따르면, 조선 독립운동은 "정상正常"이 아니기 때문이다.

다시 일왕 생일을 맞아선 그때까지 '신민臣民'이라 했던 조선 민중을 '신자臣子'로 불렀다. "황공하옵게도 천황 폐하께옵서는 이날에 제39회의 어탄신을 맞이하옵시사…1억 신자臣子의 충심으로 흥아성업도 황위 하에 일단은 진척을 보아 선린의 신지나新支那 국민정부가 환도의 경축을 하는 이때에 가신佳辰"을 맞이했다고 칭송했다.

그는 중일전쟁 3주년을 맞은 1940년 7월 7일에는 "사변 3주년" 제하의 사설에서 일본군을 다음과 같이 고무 찬양했다.

제국이 동아의 맹주로서 세기적 위업인 그 신질서 건설을 위하여 지나 대륙에 황군 장병을 파派하기 3여년, 금 7일로서 그 의의 깊은 3주년을 맞이한다. 그 동안 황군이 향하는 곳에 대적對敵이 없이 황군은 문자 그대로 백전백승, 지나 4백여 주는 거의 전부가 황군의 수중에 들게 되었는데 특히 최근 남지 작전에 의하여 영불의 원장援蔣 루트가 단절될 운명을 피할 수 없게 되었고 용공항일 항전의 본거, **중경의 궤멸이 또한 불원不願하였음에 이제 장 정권은 빈사의 처지에 이르렀다.** 이와 같은 찬란한 전과가 본시부터 어능위의 소치이며 충용 무비한 황군의 분전분투의 결과임은 말할 것도 없는 바…

눈여겨볼 대목은 "중경의 궤멸"을 "황군"의 전과로 찬양한 지점이다. 중경(현재 충칭)은 바로 대한민국 임시정부가 있던 도시다.

그런데 일본 왕에 충성을 다짐하고 제국주의 군대까지 찬양한 그가 뜻밖에도 1940년 8월 11일자 1면에 "20년의 역사 남기고 금 10일로써 폐간"이라는 사고社告를 내보냈다.

방금 세계는 정正히 대변개大變改의 시기에 제회際會했습니다. 구주에서는 독이를 중심한 전체주의 국가와 영국을 패자覇者로 하는 민주주의국가 군群과의 일대 쟁탈전이 시작되었고, **동양에서는 제국을 맹주로 한 신동아 신질서 건설 운동이 착착 진행됩니다.** 아我 조선일보는 **과거 20년간 조선 민중의 대변자**로서 민중의 의사를 반영하고 조선 통치의 비판자가 되어 조선 문화 발전에 미소하나마 공헌한 바가 있다 생각합니다. **더욱 지나사변 발발 이후는 일층 국가의 중대 시기임을 자각하고 민중으로 하여금 국가 정책에 순응할 것을 역설하여 신동아 질서 건설에 적지 않은 공헌이 있었을 것으로 자인**自認하는 바입니다. 그러나 최근 정세로 오픈 조선일보는 신문 통제의 국책에 의하여 금 10일로서 폐간을 하게 되었습니다. 오 조선일보의 폐간이 조선 문화 상, 경제 상 중대한 영향이 있는 줄은 알지요만, 국책상 부득이한 사정이오니 이 점은 만천하 독자 제위의 고량高諒을 바랄 뿐이외다. 만 20년 간 강호 제씨로부터 받은 무한한 애호와 동정에 보답하기 위하여 간단히 사의謝意를 표합니다.

끝으로 **본사 발행의 조광, 여성, 소년 등은 종래와 같이 조광사에서 계속 발행할 터이오며 본사에서 주최 혹은 후원하던 사업으로 조광사에서 인계**받을 것은 될수록 계속하여 하려 하오니 버리지 마시고 애호를 바라나이다. 소화 15년 8월 10일 조선일보사

두루 알다시피 그는 창간 100년을 맞을 때까지 틈날 때마다 자신이 '일제에 의해 폐간된 민족지'라고 공언해왔다. 그 결과다. 어느 날 갑자기 일본 헌병이 조선일보사를 덮쳐 신문사를 없앤 것으로 오해하는 독자들도 적지 않다. 진실은 전혀 아니다. 그가 낸 '폐간 사고' 또한 '증거' 가운데 하나다. 사고는 폐간 이유를 '신문 통제의 국책'으로 간단히 밝히고 있다. 그럼에도 '국가'에 대해 어떤 비판이나 불만도 행간에서조차 드러내지 않고 있다. 오히려 "동아에서는 제국을 맹주로 한 신동아 신질서 건설 운동이 착착 진행"된다고 밝혔다. 여기서 '제국'이란 일본제국을 뜻한다. 자신들을 '일본 국민'으로 생각하고 있기 때문에 굳이 '일본'이라는 말을 쓸 이유가 없었다.

여기서 극한 친일 행각을 벌였음에도 40년 8월 11일 조선일보가 문을 닫은 이유가 궁금할 수 있다. 그 경위를 조선일보 사사는 다음과 같이 설명한다.

1940년 1월 15일 조선총독부 경무국장 미쓰바시三橋는 조선일보 사장 방응모와 동아일보 사장 백관수를 불렀다. 이 만남에서 총독부 경무국장은 "정세가 언론 통제를 불가피하게 만들도록 돌아가고 있으며, 또 **신문용지의 사정도 어려워지고 있어서…언론보국의 기관을 하나로 묶을 방침을 세웠다**"는 말을 전했다. 미쓰바시 경무국장은 일본의 기원절紀元節(일본의 건국기념일)인 2월 11일에 총독부 기관지인 매일신보와 통합하는 것이 어떠냐고 날짜까지 못 박아 자진 폐간을 종용했다. 그러나 조선일보 사장 방응모와 동아일보 사장 백관수는 이를 즉석에서 거부했다.

사사의 설명은 진실의 일부만 드러내고 있다. '폐간의 진실'을 좀 더 들여다보아야 할 이유다. 사사 발간사에서 "민족지들이 친일을 했다면 일제가 왜 폐간을 했겠느냐"고 정색을 하며 반문하고 있기에 더 그렇다. 기실 진실은 간명하다. 사사도 설명하듯이 총독부가 조선일보에 제시한 것은 총독부 기관지와의 통합이었다. 일본제국주의는 전쟁을 점점 확대하면서 1938년에 '국가 총동원법'을 통해 군사물자 절약에 나섰다. 신문용지인 종이와 윤전기를 돌리는 기름은 전쟁에 광분하던 일본제국주의에게 대단히 중요한 물자였다. 그래서 일본에서도 지역별로 신문사를 통폐합했다. 그 정책에 따라 식민지 조선에서도 총독부 기관지로 통폐합에 나선 것이다. 그의 폐간사에서 "동아 신질서 건설의 성업을 성취하는데 만의 일이라도 협력하고자 숙야분려한 것은 사회 일반이 주지하는 사실"이라고 밝힌 데서도 그가 무슨 항일을 해서 폐간된 것이 아님을 간파할 수 있다.

폐간 아닌 통폐합이었기에 조선일보에서 총독부기관지로 옮겨간 기자들도 많았다. 대표적인 기자가 신문 100주년 기념호에서 "별 같은 논객과 문인, 그 뒤엔 심지 굳은 경영자들" 제하에 소개한 홍종인이다. 그는 조선일보에서 사회부장·체육부장을 지내다가 통폐합 되고 매일신보로 사회부장 겸 정치부장으로 활동했다.

그렇다면 기자 아닌 방응모는 아무런 보상도 없었을까. 전혀 아니다. 일본 정부 차원의 통폐합이었기에 보상금을 받았다. 조선일보를 통합한 매일신보와 총독부로부터 각각 20만원과 80만원을 받았다. 당시 가미가제 전투기 가격이 10만원이었으니 얼마나 큰돈

인가를 헤아릴 수 있다.

그럼에도 방응모로선 아쉬움이 클 수밖에 없었을 터다. 일제강점기 신문사의 사주나 사장은 엄청난 권력과 특혜를 누릴 수 있었다. 총독부 출입기자가 지방에 출장을 다녀올 때 그곳 경찰서장이 전송을 나올 정도였으니 사주는 더 말할 나위 없다. 사주 위에는 오로지 '대일본제국'의 지배세력이 있을 뿐이었다. 그들은 '천황에게 적성赤誠을 다하는 황국 신민'으로서 온갖 특권을 향유하며 신문사를 '본부' 삼아 다양한 '문화사업'과 수익사업을 했다.

그래서였다. 폐간사에서 의지를 밝혔듯이 "본사 발행의 조광, 여성, 소년 등은 종래와 같이 조광사에서 계속 발행할 터이오며 본사에서 주최 혹은 후원하던 사업으로 조광사에서 인계받을 것"임을 강조했다. 방응모는 1935년 창간한 조선일보의 월간 자매지 '조광'―창간사에서 '조선의 아침 햇빛朝光'이 되기를 다짐했다. 〈월간조선〉의 전신―을 본격적인 친일 잡지로 개편했다. 통폐합이 논의되던 시기에 이미 그는 조광을 앞으로의 발판으로 삼고자 했다. 1940년 3월에 자신이 직접 조광 발행인으로 취임했다.

조광 1940년 3월호의 권두언은 "일본제국과 천황"의 "성은 속에 만복적 희열"을 느낀다고 고백했다. 이어 7월호에서는 "만세 일계의 황통을 이으옵신 세계 무비의 깨끗하옵신 역사를 가진 우리 일본 황실의 번영이 이처럼 날로 점앙하는 것은 위로 성명聖明하옵신 천황폐하를 모시옵고 아래로 국민이 일치단결 국운의 번영을 꾀한 때문"이라고 썼다.

통폐합으로 천문학적 보상금을 챙긴 방응모는 곧바로 조광의 기구를 개편했다. 일간지에서 월간지로 '사업'의 중심을 옮긴 셈이다.

그 결과 신문 통폐합 이후 일제에 대한 찬양이 되레 극렬해졌다. 조광 10월호의 다음 사설이 단연 압권이다.

지금부터 만 30년 전 동아의 정국은 실로 난마와 같이 흩어져 **구한국의 운명이 위급존망의 추秋에 당하였던 명치 43년 8월 22일 일한양국은 드디어 양국의 행복과 동양 영원의 평화를 위하여 양국 병합의 조약을 체결하고 그 달 29일부터 이것을 공포 실시하였다**⋯ 데라우치寺內 총독은 조선통치의 대본大本을 정하여 창업의 토대를 쌓은 위대한 공적을 남겼거니와 이래 만 30년 간 현 미나미 총독에 이르기까지 7대 총독을 맞이하였는데 각각 그 시대 그 시대의 요구와 필요에 따라 혹은 제도 개혁에 혹은 치안 확립에 혹은 경제기구와 산업시설에 혹은 교육시설에 주력하는 등 모두 특색 있는 정책을 실시하여 **그 결과는 오늘날과 같은 문화조선 건설을 결실시켰다**⋯ 내선 문제에 있어서는 그 통치의 근본정신이 본래부터 서양류의 식민지정책과 그 범주를 달리하고 있는 것인데 특히 미나미 총독의 내선일체 정책의 강화는 이 원리를 완전히 구현시켜 **민족 융합의 이상적 경지로 매진하고 있다.** 모두 어능위의 소치이거니와 이것은 또한 팔굉일우의 건국정신의 발로이며 그 표현이다.

생각건대 제국은 현하 전고미문前古未聞의 대역사적 전환기에 당면하고 있다. 동아의 신질서 건설은 곧 제국의 백년대계인 동시에 전 동아의 백년대책이요, 또 그 공존공여의 최선책이다. 그러나 완미頑迷한 장 정권은 사변 4주년인 금일에 이르러도 오히려 그 비非를 깨닫지 못하고 있다⋯ 국내체제 정비의 안목眼目은 결국 이 전변기에 처하여 국민으로 하여금 일억일심으로써 이 역사적 사명을 다하게 하는 길은 오지 만민익찬萬民翼贊의 실을 거擧할 수 있는 제도를 만드는 데 있을 것이다… **중대 시기인 이때를 당하여 2천 3백만의 반도 민중은 한결같이 내선일체의 실을 거하여 황국 신민 된 책임을 다하지 않으면 안 될 것**은 물론이거니와 특히 의의 깊은 시정 30주년을 맞이하여 각각 자기의 시국 인식을 반성하고 시국의 장래를 투찰透察하여 일층 각오를 굳게 하고 또 일단의 노력을 더하여 그 영예를 선양받도록 힘써야 할 것이다.

일제의 조선통치 30년을 '기념'하면서 "지금부터 만 30년 전 일한 양국은 드디어 양국의 행복과 동양 영원의 평화를 위해 양국 병합의 조약을 체결"했다며 경술국치를 사실까지 왜곡하며 찬양했다. 심지어 "데라우치 총독은 조선통치의 대본을 정하여 창업의 토대를 쌓은 위대한 공적을 남겼다"며 조선인들을 총칼로 억압하고 학살한 총독을 칭송했다.

사설에 따르면 일제 맞선 독립운동가들은 중국의 '장개석'처럼 '동아의 신질서'를 이해 못하는 "완미頑迷한" 사람, 곧 고집 세고 사리에 어두운 사람에 지나지 않는다. 언론으로서 그 이상의 반민족 행위를 할 수 있을까.

1941년 신년호에서는 "서기 넘치는 신년을 맞이하여 천황 폐하, 황후 폐하의 성수무강하옵시기를 충심으로 비옵는 동시에 황태자 전하, 의궁 전하, 희궁 효궁 순궁 천궁 사내친왕 전하께옵서도 어건강하옵시기 삼가 비는 바입니다"라며 일본 '황실'에 충성을 다짐했다. 이어 2월호에서는 일제의 곡물 수탈로 굶어죽기 직전의 고통을 받고 있던 조선 민중에게 '쌀을 자진해서 바치라'는 선동을 서슴지 않았다.

내 손으로 지은 쌀을 내 마음대로 소비하고 처분할 수 있는 것이 구체제라면 내 손으로 지은 쌀, 내 자본으로 만든 물건을 모두 들어 나라에 바치고, 그 처분을 바라는 것이 신체제요, 총력 운동이요, 또 신절을 다하는 소이이기도 하다.

자신들이 언론을 통해 저지른 반민족행위와 반민중행위가 뚜렷함에도 〈월간조선〉은 창간호 편집후기에서 "일제치하 조선의 광명으로서 겨레의 어둠을 밝혔던 조광"의 후신이라고 당당하게 밝혔다.

총독부 기관지로 통합된 그를 대신하며 조광이 '친일 보국언론'을 이어나갈 때, 발행인 방응모는 행동으로도 '눈부신 활약'을 벌였다. 『친일인명사전』이 기록했듯이 방응모는 1940년 10월에 국민총력조선연맹의 참사로 선출되었다. 국민총력조선연맹은 "국체의 본의에 기초하여 내선일체의 실實을 거두고 각각 그 직역에서 멸사봉공의 성誠을 바치며 협심육력으로 국방국가체제의 완성, 동아 신질서의 건설에 매진"할 것을 목적으로 내세웠다.

이어 1941년 1월에 조선일보사의 회사 이름을 '동방흥업東邦興業 주식회사'로 변경하고 사장에 취임했다. 1941년 8월 "물질 노무·공출의 철저, 국민생활의 최저표준으로 인하, 전시봉공戰時奉公의 의용"을 표방한 임전대책협의회(임전대책협력회로 개칭)가 결성될 때 동참했다. 그해 9월에 일제의 전쟁 비용 조달을 목적으로 임전대책협력회가 1원짜리 애국채권을 판매하기 위해 조직한 채권가두유격대에도 참여했다. 같은 달 조선인을 전쟁에 최대한 협력하도록 하기 위해 흥아보국단과 임전대책협력회를 통합하여 조선임전보국단을 결성할 때 경성지역 발기인으로 나서서 10월에 이사로 선출되었다. 1944년 9월 군수산업체인 조선항공공업주식회사 설립에도 발기인으로 참여해 감사역을 맡았다. 일본 제국주의의 '앞잡이'라 해도 전혀 손색이 없을 정도다. 그 말은 방응모에 대한 가장 점잖은 표현이다. 실제 조광의 지면은 '완장 찬 일제의 앞잡이'였다.

증거는 하나 둘이 아니다. 방응모는 조광 1942년 2월호에 직접 "대동아전쟁과 우리의 결의" 제하에 글을 실었다.

미국 태평양함대가 황군의 기습작전 일격 아래에 박멸되었다는 보도를 보고 그 순간 나는 실로 한없이 감격하는 동시에 통쾌하다는 느낌을 금할 수가 없었다. 지금 새삼스러이 설명할 필요도 없지만 **미국과 영국, 이 두 나라는 바로 동양의 원구자요 동양 전체의 죄인이** 다.… 미국은 서양에 대해서는 몬로주의를 표방하면서 동아에 대해서만은 지나의 주권과 영토를 존중한다는 미명 아래 문호 개방, 기회균등주의를 고집하여 광대한 상품시장을 획득 보존하기에 급급하였던 것이다. 이리하여 그들은 동양을 침략하고 유린하고 또 임의로 착취하여 동양인을 멸시 천대해 왔다. 그들의 소위 박애주의 그들의 소위 인도주의는 오직 가면에 불과한 것이요 침략을 위한 위선적 수단에 지나지 않는 것이다. 그들은 이리하여 세계의 평화를 파괴하고 교묘하게 동아를 침략한 것이다. 그러므로 우리 동양인의 원한은 가위 충천하였다 할 것이므로 이제 이 이상 더 은인隱忍 또 방임할 수는 없다. 따라서 이번 **대동아전쟁은 그들에게서 동아를 이**

탈하여 공영권을 건설하고 세계의 평화를 도모하려는 것은 물론이지만 일편으로 보면 참아오는 원한의 폭발이라고도 할 것이다.

어떤가. 아무런 선입견 없이 방응모의 글을 다시 읽어보길 권한다. 한국언론사에 방응모처럼 격렬한 '반미 언론인'이 있었을까. "미국 태평양함대가 황군의 기습작전 일격 아래에 박멸되었다는 보도를 보고 그 순간 나는 실로 한없이 감격하는 동시에 통쾌하다는 느낌을 금할 수가 없었다"거나 미국과 영국, 두 나라는 "바로 동양의 원구자(원수)요 동양 전체의 죄인"이라는 언명은 방응모가 얼마나 일제의 앞잡이 언론인이었는가를 생생하게 입증해준다. 방응모의 언행은 비단 개인적 친일반민족행위에 그치지 않았다. 조광의 반민족 보도와 논평은 갈수록 더했다. 이를테면 일본군의 진주만 공격 1주년을 맞아 조광은 1942년 12월호에 "12월 8일과 우리의 각오" 제목의 글에서 다음과 같이 주장했다.

작년 12월 8일 **미영 격멸**의 대조大詔를 봉배奉拜한지 1년, 1억 국민은 황군의 혁혁한 전과에 감격하여 일로 **성전 완수**에 매진하게 되었다. …**반도는 불원에 징병제가 실시되어 장병들은 모두 영예의 군문으로 가겠지만 다수한 총후의 인人은 생산전에서 제일선과 똑같은 전쟁을 하여야 한다.** 혹 민간에서는 일부 지도자의 과도한 간섭으로 국민으로서의 대접이 부족하다는 불평도 들을 수 있다. 그러나 그들도 국가에 대한 봉공의 열의에서 나온 것이니 양해하여야 할 것일 뿐 아니라 가사 백보를 양讓하여 그를 개인의 수양 부족에서 생긴다 할지라도 국민의 생산전에 봉공은 국가의 전승을 위한 것이요, 결코 그 지휘하는 기인幾人을 위하는 것이 아님을 생각하여 이때야말로 참으로 지성보국至誠報國의 추秋인 것을 각오하여야 한다.

모든 국민—거듭 강조하지만 방응모와 조광은 자신을 포함해 모든 조선인을 '일본국민'으로 인식했다—은 "성전 완수에 매진"하라는 선동이다. 지원병에서 징병제로 가는 상황에 대한 비판적 인식은 전혀 보이지 않는다. 오히려 "영예의 군문"으로 가라고 미리 재촉한다.

일제는 조선 청년을 육군에 이어 해군으로도 충원했다. 그러자 조광은 1943년 6월호에 "해군지원병제 실시와 반도 청년의 영예" 제하의 글에서 감격을 토로했다.

> **적 미영**은 19세기를 대서양의 시대라고 하고 20세기를 태평양의 시대라 하여 아세아인 10억이 생존을 위하여 활약할 아세아의 전정前庭에 놓인 태평양을 감히 아세아 정복의 무대로 삼으려 하여 금차의 대동아 성전을 도발한 것이다.
>
> 이러한 세기적 아세아 10억의 대對미영전쟁이 진행하는 한가운데 태평양을 중심으로 치열한 결전이 계속되는 중에 반도에 해군지원병제가 실시된 것은 그 의의가 중대한 바이다. … **이제 반도인도 황국 해군의 일원으로 동아 10억인을 대표하여 태평양의 수호자가 된다는 것은 저대著大한 감격에 잠기는 바이다. 이 공포公怖를 보자 반도의 청소년이 다투어 혈서 지원을 함도 격정의 소치로 당연하다** 할 것이나 그보다도 책임의 중대함에 숙연히 자계自戒치 않을 수 없는 바이다… **생生을 이 결전적 시기에 타고나서 동아인의 천년 운명을**

결정하는 태평양전에 나선다는 것은 남아의 본회本懷라 할 것이다.

1943년 9월호에 실린 "1억 국민의 총궐기"는 '성전'에 모두 참여하라고 재차 독촉했다.

> **반도 청년의 황군에의 편입은 말할 것 없고, 노무원으로, 군속으로, 아직껏 펴보지 못한 웅지를 남북으로 떨칠 기회**가 우리에게 주어졌고, 양곡 공출에 힘쓰는 농민의 성한聖汗, 광물 비상 증산운동에 주야 정신挺身하는 광산종업원, 기타 산업전사의 결전적 기개에 맞추어 가정생활에서는 저축 강화, 최저생활 감수의 도도한 결전 생활보를 보여주고 있다. 이 모두가 다 풍부한 인적자원의 유효적절한 활용에 부負함이 큰데 우리는 여기서 일보 전진하여 더욱 더 협력하여 최후의 승리를 하루 바삐 획득토록 노력해야 할 것이다.

결국 지원병제에 이어 징병제가 실시되면서 조선의 청년들은 강제로 일제의 침략전쟁에 끌려갔다. 쌀 공출로 허덕이던 민중들은 장성한 아들을 전장에 보내야 했다. 방응모와 조광은 내내 부추겼다. 정작 일제에 부역하며 친일반민족행위를 자행한 자들의 자식들은 징병을 피해갔다. 제 자식은 보내지 않으면서 남의 자식을 일제의 총알받이로 내 몬 죄는 민족반역죄인 동시에 패륜적 범죄임에 틀림없다.

월간 조광은 1944년 12월호를 마지막으로 종간된 것으로 알려졌지만 사실이 아닌 것으로 확인됐다. 현재까진 1945년 5·6월 합본호가 발견됐다. 일제가 항복하기 직전까지 반민족행위 여론조성에 앞장선 것이다. 냉철히 짚어보기 바라며 물음을 던진다.

"방응모에게 1945년 8월 15일은 어떻게 다가왔을까."

답은 독자들의 몫이다. 여기서는 100주년 기념사설의 한 대목을 되새김질해보자. '진실의 수호자'를 자임한 100주년 사설은 일제강점기를 다음과 같이 자부했다.

"암흑의 시대를 살아가는 민족에게 등불과 같았다."

4

김구와 이승만
사이

방응모와 월간 조광이 해방 직전까지 온갖 찬사로 추앙한 일본 왕 히로히토의 목소리가 1945년 8월 15일 정오에 라디오에서 울려 나오기 시작했다. 일왕은 미·영·중 3개국의 포츠담선언을 수락하겠다고 밝혔다. 일제가 전쟁에서 이기면 전시물자 총동원령도 사라지고 다시 일간지를 복간하리라는 기대로 월간지를 통해 충성을 다한 방응모에겐 발 딛고 서있던 땅이 무너져 내리는 순간이었을 터다.

일본제국의 항복은 조선 독립을 의미했다. 미·영·중 3개국이 포츠담 선언에서 일본의 주권을 "혼슈와 홋카이도, 규슈와 시코쿠, 그리고 우리가 결정하는 섬들로 제한"한 이유는 조선민족의 3·1혁명과 뒤이어 줄기차게 전개된 독립운동이 국제사회에 각인되어 있었기 때문이다. 동아시아 여러 나라를 침탈해 애먼 민중을 마구 학살해온 일본 제국주의자들은 조선을 비롯해 중국과 동남아시아에서 마땅히 쫓겨나야 했다.

1945년 그날, 많은 조선인들이 3·1혁명의 만세운동을 기억했다. 해방은 환희였다. 독립 만세를 불렀던 20대 청년은 40대가 되어 꿈을 이뤘다. 1919년 3월 1일에서 1945년 8월 15일 사이의 26년 5개월은 일본 제국주의에 부닐며 부귀를 누린 자들에겐 호의호식의 세월이었지만, 절대다수의 민중에겐 고통의 시절이었다. 일제와 온몸으로 맞서 싸운 독립운동가 개개인들에겐 한 순간 한 순간이 생사를 가르는 긴 시간이었다.

결례이지만 만일 독자가 일간지에 이어 월간지를 통해 해방 직전까지 극악한 친일 언행을 일삼으며 호의호식해왔다면, 1945년 8월 15일이 어떻게 다가왔을까.

해방으로 밑 구린 조선인들은 방응모만이 아니었다. 일제에 적극 빌붙어 출세를 꾀한 반민족 행위자들은 하나둘이 아니었다. 독립투사와 가족들이 고통을 겪을 때 더러는 일본군 장교로, 더러는 일제 경찰로, 더러는 친일 문인으로 기름진 삶을 살던 자들에게 8월 15일은 악몽이었다.

더구나 방응모는 조광의 발행인이기도 했기에 일제의 동맹국인 독일제국이 프랑스 파리에서 쫓겨난 뒤 일어난 사건들을 모를 리 없었다. 프랑스 밖에서 임시정부를 이끌던 드골은 조국이 나치 치하에 들어가자 영국에서 망명정부 '자유프랑스'를 이끌며 레지스탕스를 지원하고 연합군과 함께 싸웠다. 독일군이 후퇴하기 시작하자 프랑스의 레지스탕스들은 거리로 나와 나치에 협조 또는 찬양한 친독파 수천여 명을 즉결 총살하거나 교수형에 처했다.

방응모가 한창 월간 조광을 통해 친일에 앞장서던 1944년 9월 독일군은 파리에서 쫓겨났다. 프랑스는 나치협력자들을 민족반역자로 처벌하는 법정을 열었다. 조사 대상자가 150만~200만 명에 이르렀고 그 가운데 99만 명을 체포해 감방이 넘쳐났으며 6천 766명에 사형을 선고한 뒤 782명을 전격 처형했다. 군 장교 4만여 명, 관료 2만 8천여 명, 경찰간부 170명, 판검사 334명은 공직에서 내쫓겼다. 군·관·정계의 숙청을 단행한 드골은 나치에 적극 협력하거나 지원한 대기업 사주들도 예외 없이 재산을 몰수하고 기업을 국유화했다. 가령 자동차회사인 르노는 국유화됐고 사주 루이 르노는 옥중에서 사망했다.

일반인들에게도 칼날은 비켜가지 않았다. 독일인을 저녁 식사에 초대했거나 성관계를 가진 사람까지 '국민 부적격자'로 분류해 4만 6천여 명의 공민권과 투표권·선거권·피선거권을 박탈하고 언론인·변호인·교육인·기업대표로 일할 수 없게 했다.

굳이 정치 성향을 가르자면 우익인 장군 드골의 논리는 간결하고 명쾌했다. 모름지기 민족 배반자에겐 벌을 주고 애국자에게 상을 주어야 비로소 국민적 단결이 가능하다는 주장이다. 드골은 나치 협력자들의 범죄와 악행을 국가 전체에 전염하는 흉악한 암으로 비유하며 민족 반역자를 서둘러 숙청해야 프랑스의 위상이 올라가고 국내 질서도 잡을 수 있다면서 독일 남자와 동침한 여성 2만여 명까지 거리로 끌고 나와 공개 삭발했다.

드골은 '위대한 프랑스'의 영혼을 죽인 지식인들에게 더 엄격했다. 특히 언론인을 '도덕의 상징'으로 보고 친독 언론 행위는 반드시 책임을 물었다. 독일 점령군과 그들이 세운 프랑스 괴뢰정부의 지시를 순순히 따른 언론사는 물론 독일이 프랑스를 점령한 뒤 창간된 모든 신문과 잡지를 조사해 소유주를 기소하는 동시에 발행을 정지했고, 실형을 선고받으면 곧바로 폐간했다. 115개 언론사에 유죄를 선고하고 재산을 몰수했다. 전쟁 전부터 발행되던 유력 신문사 가운데 살아남은 신문사는 셋뿐이다. 독일이 파리를 점령하자 다른 지역으로 본사를 옮기고 그곳마저 점령되자 스스로 정간하며 프랑스의 양심을 지킨 신문사들이다.

드골은 사회주의자와 공산주의자들은 자신과 이념이 다르더라도 '나라를 팔아먹은 매국역적'은 아니라고 강조했다. 단지 국가의 관리와 경영을 달리 생각하는 이념의 소유자일 따름이라고 드골은 강조했다. 바로 그 점에서 드골이야말로 전형적인 우파이자 민족주의자다.

1944년 9월 파리가 해방되고 1945년 4월 독일제국이 무너진 뒤 프랑스 임시정부가 민족반역자를 말끔히 청산해간 흐름을 알고 있던 친일반민족행위자들은 1945년 8월 15일에 자칫 목숨을 잃을 수 있다는 공포감을 느꼈을 터다.

그런데 반민족행위자들에게 희망이 구체적으로 나타났다. 프랑스와 달리 한국에선 일제로부터 해방이 곧 독립국가 건설로 이어지지 않았기 때문이다. 독립운동은 이어졌지만, 대한민국 임시정부가 국제적 승인을 받은 것은 아니었다. 원자폭탄 투하로 일본제국의 항복을 받아낸 미국은 소련에게 38도선으로 한국을 분할 점령하자고 제안해 관철시켰다.

미국은 1945년 9월 7일 '태평양방면 미국 육군부대 총사령관 더글러스 맥아더' 이름으로 발표한 포고문을 통해 38선 이남에 미군정을 선포했다. 이어 발표한 포고령 1호는 미군에 희망을 건 친일파의 기대를 충족시켜 주었다. 포고령 1호 제1조는 "북위 38도 이남의 조선영토와 조선민중에 대한 정부의 모든 권한은 당분간 나의 관할을 받는다"고 선언하고 제2조에서 "정부의 전 공공 및 명예 직원과 사용인 및 공공복지와 공공위생을 포함한 전 공공사업 기관의 유급 혹은 무급 직원 및 사용인과 중요한 사업에 종사하는 기타의 모든 사람은 추후 명령이 있을 때까지 종래의 기능 및 의무 수행을 계속하고, 모든 기록과 재산을 보존 보호해야 한다"고 발표했다.

실제로 미군정은 포고령에 근거해 친일파들을 대거 고용했다. 미군이 진주하고 군정이 시작되자 방응모는 1945년 9월 자신이 머물던 의정부 집에서 '조선일보 부활'—사사의 표현—을 위한 첫 모임을 열었다. 과거 편집부문과 인쇄부문에서 일하던 20여명이 참석한 그 자리에서 방응모는 "어떤 어려움이 있더라도 우선 신문부터 복간하겠다"면서 "어떤 비상수단을 쓰더라도 복간은 이루어질 것"이라고 장담했다.

하지만 복간은 쉽지 않았다. 1945년 9월에 이미 숱한 신문사들이 창간되었음에도, 정작 신문 제작의 경험이 풍부한 그도 동아일보도 복간할 수 없었다. 두 신문이 일제 강점기에 내보낸 보도와 논평의 친일반민족 행태를 당대의 민중들이 또렷하게 기억하고 있었기 때문이다.

그는 9월은 물론 10월이 가고 11월 23일이 되어서야 타블로이드판 2개 면으로 복간호를 낼 수 있었다. 1940년 8월 10일에 총독부 기관지로 통폐합되고 5년 3개월만이다. 복간호 1면 머리에 실린 '속간사續刊辭'를 보면, 친일반민족행적이 노골적이던 그가 해방 공간에서 어떻게 복간되었는지 파악할 실마리를 발견할 수 있다. 먼저 전문을 읽어보자. 미국을 격렬해야 마땅한 적으로 몰고 대일본제국의 보도 기관을 자임한 그가 어떻게 해방된 나라에 뿌리내렸는가를 헤아릴 수 있는 글이다.

만천하의 환호와 기대 속에 조선일보가 오늘부터 속간된다. 3천만 동포가 못내 사랑하고 열렬히 지지하는 조선일보가 조선의 자주독립의 큰 물결에 따라 오늘부터 역사적 재출발을 하게 되었다. 1940년 8월 10일 당시 **총독부 측의 횡포 무쌍한 탄압에 의하여 눈물을 머금고 강제폐간을 당한 이래 어언 5개 성상**星霜, 그간 조선에는 참으로 우리 겨레의 복지를 위한 언론은 일언쌍구一言雙句도 있을 수 없었다. …우리는 죽으라면 말없이 죽는 시늉을 하지 않으면 안 될 환경에 놓여 있었다. 굵은 철쇄로 얽매이고 날카로운 총검 밑에 떨어 오직 노예적 굴종을 하지 않으면 안 되었다. 확실히 총독정치 36년간에 이 기간 같이 언론이 구속된 때는 없다고 단언할 수 있다.

그간 5개년 동안 우리 사회가 겪은 풍상은 우리로 하여금 당장에 재기케 하기에는 너무나 가혹하였었다. 동인들도 흩어졌거니와 종이도 없고 기계도 마땅치 않은 상태다. 따라서 우리의 성의를 바로 피력치 못 하고 지금껏 늦어지게 되었음을 3천만 동포에게 깊이 사과하는 바이다.

우리 조선일보는 군정청의 우호적 지지와 이해있는 알선에 의하여 오늘부터 재기한다. 그 전과 같은 형태는 다 못 갖추나마 현하 정세가 용허하는 대로의 최선을 다하려 한다. 그 내용에 있어서는 정의옹호·문화건설·산업발전·불편부당의 그전 그 사시社是를 걸고 웅대한 기우氣宇와 활발한 필치로 국내 사정은 말할 것도 없고 세계의 주요 동향을 그대로 반영하고 또 비판하여, 문자 그대로 안으로는 사회의 목탁이 되며 반사경이 되고 밖으로는 **연합국의 원조에 보답하며 세계 평화 유지와 문화 발전에 기여하려 한다.** 사시는 설명할 것도 없거니와 정의옹호는 여하한 불법한 권력에도 조금도 굴함이 없

김구와 이승만 사이

고 또는 타협이 없이 과감히 길항拮抗하여 어디까지나 정의라고 인정되는 바를 철저히 옹호하려 함으로써 생활에 있어서나 직업에 있어서나 권리 의무에 있어서나 우리 국민은 **기회를 절대 균등히 하여 어떤 부분이고 어떤 당파이고 권세를 농단壟斷하며 경제를 독점함이 없게 하여 국민인 이상 적어도 최저생활은 확보할 수 있도록 하기를 주장한다.** 문화건설은 이제까지 짓밟혔던 우리 전래의 문화를 찾아내어 이를 빛내고 이를 발전 향상시키어 조선의 독특한 문화를 건설하는 동시에 세계문화 발전에도 이바지하기를 기期한다. 산업개발은 우리의 힘 우리의 자력資力으로 온갖 산업을 개발 진흥시키고 **또 중요 산업은 국영으로 하여 국부를 증강시키는 한편, 우리 겨레의 생활수준을 높이려는 것이다.** 불편부당은 어느 일당 일파에 기울어지고 치우침이 없이 지공무사至公無私, 시시비비주의를 견지하여 사실을 사실대로 보도하고 비판함으로써 국민에게 정당한 판단의 자료를 제공하려는 것이다.

…우리 조선일보도 무엇보다 먼저 독립을 완성하기 위하여 **소이小異를 버리고 대동大同에 합류하기를 강조**하는 동시에 대중과 함께 나가는 정당과 정치가를 절대 지지할 것을 자서自誓한다. 비노니 3천만 동포는 배전의 애호와 편달을 아끼지 말지어다.

속간사에는 눈여겨 짚을 대목들이 적잖다. 먼저 "총독부 측의 횡포 무쌍한 탄압에 의하여 눈물을 머금고 강제폐간을 당한"이라는 대목이다. 이 구절만 읽으면 일본제국주의가 저항적인 언론에 총칼을 앞세워 갑자기 폐간시키며 아무런 보상금도 주지 않았다고 오해하는 것이 당연하다. "강제폐간을 당한 이래 어언 5개 성상星

霜, 그간 조선에는 참으로 우리 겨레의 복지를 위한 언론은 일언쌍
구一言雙句도 있을 수 없었다"면서 일간 조선일보를 이은 월간 조광
의 '눈부신 일제 숭배'는 퉁치며 넘어갔다.

더 눈여겨 볼 구절은 그가 늦게나마 복간할 수 있었던 요인이다.
속간사는 "우리 조선일보는 군정청의 우호적 지지와 이해있는 알
선에 의하여 오늘부터 재기한다"고 서술했다. 실제로 미군의 "우호
적 지지와 알선"이 없었다면, 복간이 어려웠다. 친일반민족 행적이
뚜렷한 신문을 복간하는 일에 동참하기를 거부하는 민중이 대다수
였기 때문이다. 물론 기자들은 쉽게 찾을 수 있었다. 가령 조선일보
에서 사회부장·체육부장을 지내다가 통폐합 되고 매일신보에서 사
회부장 겸 정치부장으로 활동한 홍종인은 복간과 함께 사회부장,
정경부장을 거쳐 이듬해 편집국장을 맡았다.

결국 복간호는 미군정의 도움을 받아 옛 총독부 기관지의 윤전
기를 빌려서야 비로소 인쇄할 수 있었다. 1면에 "귀보貴報의 책무중
대. 아놀드 군정장관" 표제도 눈길을 끈다.

속간사의 흥미로운 대목은 더 있다. 그가 생각한 해방된 나라의
방향이다. 정의옹호·문화건설·산업발전·불편부당의 사시를 새삼
강조한 그는 "기회를 절대 균등"히 "경제를 독점함이 없게 하여 국
민인 이상 적어도 최저생활은 확보할 수 있도록 하기"를 주장했다.
더 나아가 "중요 산업은 국영으로 하여 국부를 증강시키는 한편, 우
리 겨레의 생활수준을 높이"자고 강조했다. 친일반민족 언론의 과
거를 민중이 바라는 정의를 약속함으로써 덮으려는 전략이 읽혀진
다. 물론, 그 다짐은 해방 직후 친일파를 청산하자는 민중의 힘이
컸기에 가능했다.

김구와 이승만 사이

속간사에서 "어느 일당 일파에 기울어지고 치우침이 없이 지공무사, 시시비비주의를 견지하여 사실을 사실대로 보도하고 비판함으로써 국민에게 정당한 판단의 자료를 제공"하겠다는 대목은 기실 저널리즘의 기본 임무이다. 속간하며 독자에게 공언한 약속이 이후 지면에서 어떻게 나타났는지 반드시 짚어야 할 사람들은 안티조선운동가들이나 비판적 독자가 아니라 현직 기자들과 애독자들이다.

그의 복간호는 '속간에 제際하여' 제하의 방응모 글도 얼굴 사진과 함께 1면에 실었다.

8월 15일 해방 조선의 위대한 민족적 감격 가운데 불초不肖 방응모는 전 조선일보 사장으로서 우리 광복의 기쁨과 아울러 이에 이바지하여야 할 무한한 책임이 있음을 깨닫지 않을 수 없었던 것입니다. **기미년 독립운동의 값 많은 민족 희생의 피의 대가로 획득하였던 우리 언론기관의 하나로, 일본 탄압 정치 하에 오히려 과감하게 우리 민족운동의 선봉이 되어 싸워 온 20년의 역사를 가진 조선일보**가, 5년 전 8월 10일로써 동업同業 동아일보와 같이 저들의 우리 민족 말살의 잔학한 수단으로 마치 단두대의 희생을 받았던 그것을 생각할 때, 우리 조선일보가 8월 15일로써 복간되어야 할 것은 당연한 권리요 의무일 것임에 틀림없을 것입니다.

생각하면 저들의 손에서 폐간되던 1940년 8월 11일 그날의 조선일보사의 책임자였던 본인으로서는 그날 이래의 **비분을 억제할 길 없었고, 동시에 우리 전 민중 앞에 무엇이라고 형언할 수 없는 죄스러운 느낌을 또한 금할 길이 없었던 것입니다.** 어시호於是乎 맞이한

우리 민족 해방의 8월 15일, 곧 그날은 하늘과 우리 전 민중이 조선일보 재건을 본인에게 다시 엄숙히 명하던 날이 아니었던가 합니다…

방응모의 주장에 우리는 새삼 놀라지 않을 수 없다. 1945년 여름까지 '대일본제국의 국민'을 자처하며 일본 왕에게 손이 오그라들 아첨을 일삼다가 그해 가을에는 "과감하게 우리 민족운동의 선봉이 되어 싸워 온 20년의 역사"를 자랑하는 만용은 대체 어디서 비롯하는 걸까 궁금하다. 방응모는 짧은 글에서 숱한 거짓말을 늘어놓았다. "기미년 독립운동의 값 많은 민족 희생의 피의 대가로 획득하였"다고 주장했으나 진실이 아니다. '기미년 독립운동'을 방해한 친일반민족행위단체인 대정친목회가 창간 주체였다.

물론, 이상재 사장과 신석우 부사장 시절의 그와 뜻있는 기자들은 민족운동을 대변하려고 애면글면 노력한 것도 사실이다. 하지만 창간 100돌을 넘은 지금의 현직 기자들도 독자들도 분명히 마주해야 할 진실이 있다. 방응모가 인수한 1933년 이래 그에겐 "민족운동의 선봉이 되어 싸워 온" 자취가 거의 없다. 개개인 기자들의 반일 의식이 드러난 기사들이 전혀 없었던 것은 아니지만, 전체 논조는 친일언론을 넘어 '일본제국 신문'이었다.

총독부 기관지에 통폐합되던 날, 방응모는 '비분을 억제할 길 없었고' '전 민중 앞에 형언할 수 없는 죄스러움을 금할 수 없었다'고 썼다. 아무도 그의 내면을 들여다보지 못했기에 그랬을 수도 있다. 하지만 그렇다면 방응모가 왜 월간 조광을 통해 일본제국주의 논리를 해방 직전까지 앞장서서 여론화했는지 설명해야 한다. 이미 거액의 보상금을 챙겨 조선의 갑부가 되었기에 조용히 칩거할 수도 있었던 방응모는 일본제국의 전쟁 지원기구인 임전보국단의 이사로 활동하고 군수산업체인 조선항공공업주식회사 설립에 발기인으로 참여해 감사역을 맡기도 했다. 방응모가 8월 15일에 히로히토의 '항복 선언'을 듣는 순간 "하늘과 우리 전 민중이 조선일보 재건을 본인에게 다시 엄숙히 명하던 날이 아니었던가"라는 주장도 신뢰성이 없다. 친일파들, 더구나 방응모처럼 노골적인 친일반민족행위자들에게 만일 "하늘과 우리 전 민중"의 명령이 있었다면 무엇이었을까. 독자의 상상에 맡긴다.

더 큰 문제는 방응모의 거짓말이 이후 조선일보사의 '규범'이 되었다는데 있다. 방응모, 방일영·우영, 방상훈으로 이어지도록 방 씨 후손들은 방응모가 주장했듯이 민족지임을 자부해왔다. 창간100주년 사설도 그 연장선이다. 조선일보, 그와 방 씨 가족은 1933년 이후 '일심동체'였다. 그렇다면 무엇이 방응모를 대담한 '거짓말 공언'으로 이끌었을까.

조광을 통해 1945년 5~6월 합본호까지 미국을 '동양의 원수요 죄인'으로 몰며 격렬하게 '타도'를 부르댄 그였다. 그렇게 일본제국에 충성을 다하다가 석 달도 안 되어 미군의 도움에 감사를 표하며 "독립운동의 피의 대가"라느니 "민족운동의 선봉"이었노라니 감히 자부할 수 있는 '철면'은 아무나 할 수 있는 일이 아니다. 당장 독자라면 그렇게 할 수 있겠는가.

방응모 자신이 털어놓지 않는 한 아무도 그 심리를 정확히 읽을 수 없다. 추정컨대 방응모가 금광으로 벼락부자가 된 사실에서 찾을 수 있지 않을까. 금이 쏟아지며 벼락부자가 되자 지금까지 자신을 무시하고 홀대했던 사람들의 태도가 돌변하는 경험을 잊지 않았을 터다. 어쩌면 신문은 방응모에게 또 다른 '금광'이었을지 모른다. 해방 공간에서도 방응모는 자신의 살 길은 신문이라고 판단했을 법하다. 서둘러 신문을 속간하며 그것으로 누구를 지지해야 확실히 살아남고 누려온 지위도 유지할 수 있을까 고심했으리라 짐작할 수 있다.

독일제국이 패망하면서 프랑스 임시정부를 이끌던 드골이 나치 협력자들을 철저히 응징해간 사실은 방응모에게 공포감을 주었을 가능성이 높다. 방응모가 신문을 복간하면서 대한민국 임시정부 김구를 적극 지지하고 나선 배경도 여기에 있지 않을까. 그렇지 않다면 해방 직전까지 친일반민족의 길로 줄달음쳤던 방응모의 '돌변'을 정상적으로 이해할 길이 없다.

속간 날짜도 시사적이다. 그가 복간된 1945년 11월 23일 바로 그날 오후 대한민국임시정부 주석 김구와 일행 14명이 '개인 자격'으로 귀국했다. 임시정부 요인들이 개인자격으로 귀국한 이유는 미군정이 임시정부를 끝내 인정하지 않아서였다.

그는 다음 날인 24일 1면 머리에 김구의 '금의환국' 기사를 올린데 이어 25일자 신문에서 작심한 듯 대대적으로 김구와 임시정부를 부각했다. 1면에 "환영 임시정부 주석 일행 환국"을 통단에 가까운 큼직한 주제목으로 달고 '3천만 동포의 지지받아/ 자주독립 완성에 매진'을 부제로 머리기사를 편집했다. 1면 제호 바로 옆에는 '김구 선생 일행을 환영함'이라는 사설을 배치했다.

해방의 조선 3천만 민중이 날마다 기다리는 대한임시정부 김구 주석 일행을 이제 맞이하였다. 강토가 일인의 침범으로 짓밟히자 우리의 지사들은 해외로 망명하여 그동안 만리 이역에서 온갖 고난과 형극의 길을 걸어가면서 오직 한 줄기 조국의 해방과 자유독립을 기원하며 싸워오다가 이제야 비로소 정든 이 땅을 밟게 되었다… **해외와 해내가 서로 힘을 합하여 싸웠나니 우리에게는 너무나 거룩하고 엄숙한 사명이 있었기 때문이다**…우리는 우리의 위대한 혁명 지사 김구 선생을 맞이하여 이 땅의 역사가 바르고 정당하게 결실되기를 바라며 해외 해내가 혼연일체가 되어 그 새로운 역사의 첫 장이 바르게 쓰여지기를 열망하는 바 간절하다.

임시정부를 이끌고 항일독립투쟁을 벌여온 김구의 귀국을 말 그대로 '열렬히 환영'함으로써 임시정부 세력에게 자신의 존재를 확실히 각인하고 싶었을 터다. 여기서도 그냥 지나칠 수 없는 대목은 "해외와 해내가 서로 힘을 합하여 싸웠나니 우리에게는 너무나 거룩하고 엄숙한 사명이 있었기 때문"이라는 문장이다.

국내외에서 독립투쟁이 일어난 것은 사실이다. 하지만 방응모가 일간 조선일보와 월간 조광을 통해 극렬한 친일반민족 행위를 벌인 사실과 "너무나 거룩하고 엄숙한 사명"은 어떻게 이어질 수 있을까. 구렁이 담 넘어가듯 임시정부를 환영하며 묻어가려는 의도가 읽힌다.

하지만 설령 피로감을 느끼더라도 그때그때 진실을 수호해야 옳다. 일제가 중국을 침략하자 그는 장개석의 국민정부를 '대일본제국이 섬멸해야 할 적'으로 몰아갔다. 당시 장개석의 국민정부는 대한민국임시정부에 공식적으로 재정을 지원하고 있었다. 재정 지원만도 아니다. 장개석의 국민군이 임시정부의 '광복군'과 손잡은 사실도 모두 공개된 상황이었다.

그럼에도 갑자기 임시정부를 대대적으로 부각한 그는 김구를 찬양하는 기사를 줄을 이어 편집해갔다. 이를테면 11월 26일자에 "새벽 정원을 소요하시며 건국의 고요한 묵상/ 방문객으로 일요日曜의 휴식도 없이 다망/ 김구 선생 환국 제3일" 제하의 기사를 2면 머리로 편집했다.

> 김구 선생 귀국 제3일의 아침은 고요히 밝았다. **진통기에 처한 조선 자주 독립 건국의 새 산파실이라고도 할 수 있는 김구 선생을 비롯하여 대한임시정부 일행의 숙소**인 서울 죽첨정竹添町 최창학 씨 댁에는 첫겨울 이른 아침 약간 추움을 무릅쓰고 모여 싸인 운아 같은 군중이 선생과 그 일행되시는 분들의 얼굴이나마 한 번 보려고 첫새벽부터 사람의 담을 이루고 웅성거린다. 그렇다. 우리의 지도자이시고 너그러우신 어버이를 뵈옵는데 무슨 주저할 일이 있고 거리낄 점이 있으랴. 그립던 얼굴로 그 모습 마음껏 보자. 힘껏 붙들고 가슴 헤치고 하소하여 보자.

찬양 기사도 모자라 "광복에 일체를 바치신 김구 선생" 제하의 기사를 맞물려 편집했다. 같은 날 1면에는 "국민의 시청視聽이 집중되는 김구 선생 숙소" 기사를 실었다. 동아일보에 경쟁의식이 강했던 방응모로선 이미 9월에 한국민주당(한민당)을 결성한 김성수의 행보와 다른 길을 걷고 싶었을 가능성이 높다.

서울에서 '임시정부 봉영奉迎' 행사가 열리자 그는 열광했다. 12월 2일자 1면 "온 서울에 임시정부 환영일색" 기사에 이어 2면에는 "3천만 민중의 지정至情어린 환호와 감격의 파도. 장엄! 임시정부 봉영의 기행렬旗行列" 기사를 내보냈다.

> 감격에 찬 대한민국임시정부 봉영 기행렬은 그칠 줄 모르는 장사진을 지어 동대문으로부터 종로 화신 앞을 지나서 안동 네거리 조선생명 본사 앞에 와서 잠시 멈춘다. 이 빌딩 2층에는 봉영에 열광한 군중에 답례하려고 **김구 선생 리승만 박사 기타 요인**들이 벌써 30분 전부터 서서 기다리고 있다. (…) 행렬이 앞에 와서 소리 높이 만세를 부를 때마다 선생은 감격에 어리운 듯 국기를 흔들면서 만세를 불러준다. **김구 리승만 두 선생 눈에는 무엇이 빛나는 듯! 이때부터 봉영을 축복하는 듯 서설이 휘날린다. 노 선생은 추위도 잊은 듯 닦아세워 놓은 듯 움직일 줄을 모른다. 얼마나 노 지사의 가슴은 감격에 벅찼으랴!**(1945년 12월 2일자)

사진도 임시정부 기행렬을 담았고 "거리에 만세성 진동. 金주석 李承晩박사도 감사의 답례" 표제에서 확인할 수 있듯이 김구에게 '주석'이라는 호칭을 붙이며 이승만보다 앞세워 편집했다. 흥미로운 점은 같은 날 1면에 실은 "일본 학정 36년. 노예교육으로 종시終始. 조선의 얼을 송두리째 말살 계획" 제하의 기사다. 일제가 "조선의 얼을 송두리째 말살 계획"을 했다고 교육계를 비판하며 정작 자신이 언론계에서 저지른 일은 슬그머니 뭉개고 있다. 고도의 '민족지 행세'이며, 이후 그가 즐겨 써온 수법이다.

김구와 임시정부에 대한 그의 '구애'는 끝없이 이어졌다. 사주 방응모는 김구가 귀국하자마자 '생활비'까지 지원했다. 김구에 줄 서면서 자신이 노골적 친일행위를 저지른 과거를 묻으려는 교활함은 그의 지면 곳곳에서 드러났다. 가령 "임시정부 영수 환영하는 날" 제하(12월 19일자)의 사설은 임시정부를 환영하며 느닷없이 "우리들 3천만은 그동안 무슨 일을 소망하고 무엇을 하였는가. 두말 할 것 없이 해외에서나 해내에서나 '독립'을 생각하고 '독립'을 위하여 일하였고 '독립'하기 위하여 죽었고 '독립'하기 위하여 오늘날까지 살아왔다"고 주장했다.

명백한 진실 왜곡이다. 방응모를 비롯한 친일반민족행위자들이 "'독립'을 생각하고 '독립'을 위하여 일하였고 '독립'하기 위하여 죽었고 '독립'하기 위하여 오늘날까지 살아왔다"는 서술은 새빨간 거짓말이다. 독립군을 학살한 간도특설대의 백선엽도, 일본 왕에 혈서를 써서 충성을 맹세한 만주군 장교 박정희도, 악명 높던 고등계 형사 노덕술도 감히 그런 주장까진 하지 않았다. 오직 방응모만이 그렇게 주장했다. 더 큰 문제는 바로 그가 진실이 생명인 신문을 소유하고 있었다는 점이다.

복간 이후 한 달 넘도록 김구와 임시정부를 적극 지지해온 그는 해가 바뀌면서 슬금슬금 뒷걸음질 쳤다. 다름 아닌 사장 방응모가 직접 1946년 1월 4일자 신문 1면에 '연두소감 통일 일로一路' 제하의 글에서 한 발 빼겠다는 생각을 공개적으로 밝혔다.

8월 이래 정정政情이 혼미한 와중에 서서 나는 오로지 일의전심一意專心 민의 반영과 여론 지도라는 신문인 본래의 사명을 다함으로써 건국대업에 이바지할 것을 감히 기하고 그동안 미력이나마 전력을 다해온 바이지만 탁치託治 운운을 전기轉機로 한 정계 작금의 동향에는 진실로 용이치 않은 것이 있음을 통찰하지 않을 수 없다….

솔직히 나 개인의 경우를 말한다면 나는 나 개인으로서는 '대한민국 임시정부'를 지지하는 사람 중의 한 사람이다. 거기에는 물론 이유가 있다. 임시정부는 기미 이래의 면면綿綿한 역사를 가진 정부이기 때문이다.… **나는 이제 당분간 완전 자주독립국가가 설 때까지 나 개인의 고집인 '임정 지지'를 보류하고 오로지 통일국가 건설에 매진할 생각이다.**

여기서 방응모가 8·15 해방 이래 오로지 "민의 반영과 여론 지도라는 신문인 본래의 사명을 다함으로써 건국대업에 이바지"하려고 전력을 다했다는 주장은 접어두자. 학계에선 방응모가 "좌우익 대립의 이념적 혼란기에 민족주주의 노선을 취함으로써 역시 과거를 은폐하면서 이미지를 제고하고 독자를 확보하려고 했다"는 분석이 나와 있지만 그것도 접어두자.

주목할 것은 방응모가 직접 신문에 글을 기고해 임시정부 지지를 보류하겠다고 밝힌 사실이다. 왜일까. 방응모가 스스로 밝혔듯이 "기미 이래의 면면한 역사를 가진 정부이기 때문"에 임정을 지지했다. 그는 프랑스처럼 임시정부가 곧 정권을 잡으리라 예상하지 않았을까.

하지만 미군정은 김구와 임시정부 세력이 개인 자격으로 귀국한 뒤에도 철저히 거리를 두었다. 대조적으로 미국에서 귀국한 이승만을 더 높이 대우했다. 시류에 민감한 방응모가 미군정의 '뜻'을 놓칠 리 없었다.

자신이 지나치게 김구와 임시정부에 줄을 대온 것은 아닌지 조금씩 방응모는 '새해'를 기회로 삼았을 가능성이 높다. 직접 신문에 글을 써서 자신이 줄을 바꿔 섰음을 나름대로 '품격'을 갖춰 알리고 싶었을 터다. 물론, 그러면서도 임시정부와의 선을 완전히 긋지는 않았다. 임시정부 지지를 철회한 것이 아니라 '보류'라고 쓴 것은 나름대로 노회한 전략이었다.

그런데 1946년 6월 3일, 이승만이 전라북도 정읍에서 열린 연설회에서 38선 남쪽이라도 정부를 세우자고 주장했다. 좌우를 막론하고 거의 모든 정치세력이 이승만의 '단독정부론'을 비판했다. 단독정부 수립 주장에 가장 먼저 지지하고 나선 정파는 한민당과 동아일보였다.

동아일보와 달리 그는 이승만의 단독정부론을 바로 지지하지는 않았다. 다만 두 달 뒤인 8월 15일 첫 번째 광복 기념일에 신문을 제작하면서 1면에 이승만의 '소감'을 김구의 '발표'보다 돋보이게 편집했다. 이승만은 "화和하면 만사성취" 제하의 소감에서 8·15 해방이 "미국인들이 자기의 생명을 희생하여" 이룬 업적이라고 씀으로써 친미 성향을 분명히 드러냈다. 국내외에서 줄기차게 벌어진 독립운동은 물론 일본제국의 주력부대였던 '만주관동군'—박정희가 장교로 복무하고 있던 일본군—을 궤멸시킨 소련이 한반도까지 들어오면서 미국이 황급히 38선을 제안한 역사적 사실에는 모르쇠를 놓았다. 이승만 기사를 "희비교착, 연합국에 민족적 경의, 김구 씨 '민족해방일'에 발표" 제목의 기사보다 더 비중 있게 편집한 것은 조선일보의 의도가 담겨 있다고 볼 수 있다.

다만 아직 김구와 이승만 사이를 오간 흔적이 보인다. 이승만이 단독정부 수립을 강하게 추진하던 1946년 10월에 그는 '단독정부 설의 위험성' 제목의 사설을 실었다(10월 4일자).

> 극히 일부이긴 하지만 아직도 남조선 단독정부 수립설이 자취를 감추지 않는 것은 유감이다. 무질서와 파괴에서 오는 혼돈과 절망에 빠진 사회에서 **정치적으로 파쇼가 나타날 가능성**이 양성釀成되고 불운에 부닥친 개인이 왕왕 요행을 바라며 믿지 못할 바를 믿는 것과 마찬가지로 우리의 건국이 지연됨에 따라 민족적 울분은 감정의 방류放流를 이루어가지고 마침내 이런 종류의 건국 방도를 더듬어 보는 그 심정은 서로 이해할 수는 있는 일이다…**우리는 소련에 의존주의를 배격하는 것과 마찬가지로 미국에 의존주의를 또한 맹렬히 반대**하는 바이며 그 문화 수입에 있어서도 어디까지든지 자유 의지에 의할 것이고 강요는 우리의 원하는 바가 아니다. 문제는 오직 자립에 있고 자립은 오직 민족통일에 있음을 이 기회에 다시 한 번 외치는 바이다.

사설은 38선 이남에 단독정부가 들어설 경우 예상되는 '파쇼'를 경계하면서 이승만의 '미국 의존주의'가 자립에 바탕을 둔 민족통일을 가로막는다고 주장했다. 당시 한민당의 동아일보와 확실히 대조적인 논조다. 하지만 논조는 서서히 바뀐다. 해가 바뀌어 1947년 9월 23일 유엔총회는 미국의 의도에 따라 한국 문제를 상정하기로 의결했다. 소련 대표는 한국 문제를 유엔에 제기하는 것은 미국과 소련 사이의 협정을 위반하는 것이라며 상정 자체를 반대했다. 소런은 대안으로 미·소 두 나라 군대가 모두 철수한 뒤 한국인들 자신의 손으로 문제를 해결하는 것이 최선책이라면서 9월 26일 두 나라 군대 동시 철수를 제안했다.

10월 17일 미국은 미·소 점령군 관할 구역에서 유엔감시위원단의 감시 하에 각각 선거를 치르자는 결의안을 유엔총회에 제출했다. 유엔은 미국이 낸 원안대로 한국 임시위원단을 설치하고 신탁통치 과정 없이 유엔 감시 아래 남북 총선거를 통한 정부 수립을 의결했다. 미국의 절대적 영향을 받던 41개국이 찬성하고 반대는 0이었다. 유엔 총회 소식이 전해지자 이승만과 한민당, 동아일보는 환호했다. 주춤하던 그는 11일이나 지나서야 '국련國聯(유엔) 감위안監委案과 장래 전망' 제하의 사설(1947년 11월 10일자)에서 단독정부 수립을 반대하던 지금까지의 논평을 뒤엎고 찬성 쪽으로 방향을 바꿨다. 이어 11월 14일에 미국 국무장관 마샬이 유엔에 제출한 '유엔한국위원회 설립안'이 찬성 43 대 기권 6으로 가결되었다. 소련의 '두 나라 군대 철병 재再제안'은 34 대 7로 부결되었다. 미국의 제안이 통과되자 소련은 '유엔 한국위원회 설립안을 즉각 보이코트하겠다'고 발표했다.

이승만·한민당 계열의 14개 단체는 11월 15일 '유엔 결정 감사 및 총선거 촉진 국민대회'를 열고 '민족의 경사'라고 주장했다. 하지만 소련과 합의 없이 미국이 제출한 안대로 통과됨으로써 '남북 총선거'는 '38선 이남만의 선거'로 귀결되고 말았다.

방응모는 1948년 2월 3일자 1면에 글을 써서 김구와 확실히 결별했다. "김구 선생 의견에 대한 우리의 취할 바 태도"라는 글에서 방응모는 지금껏 칭송해왔던 백범을 '이상론자' '몽상가' '현실을 도외시하는 모험론자'로 몰아붙였다. 그로부터 일주일 뒤인 2월 10일 김구는 남조선만의 단독정부에 반대한다는 '3천만 동포에게 읍고泣告함' 제하의 성명을 발표했다. 김구는 성명에서 "독립이 원칙인 이상 독립이 희망 없다고 자치를 주장할 수 없는 것을 왜정 하에서 충분히 인식한 것과 같이 우리는 통일정부가 가망 없다고 단독정부를 주장할 수 없는 것"이라고 호소했다. 이어 "나는 통일된 조국을 건설하려다가 38선을 베고 쓰러질지언정 일신의 구차한 안일을 취하여 단독정부를 세우는 데는 협력하지 아니하겠다"고 선언했다.

하지만 미국은 아랑곳하지 않았다. 38선 이남만 선거하는 결의안을 2월 19일 열린 유엔 소총회에 제출했다. 소총회는 미국의 제안을 찬성 31, 반대 2, 기권 11로 채택했다. 주한미군사령관 존 하지는 총선거를 5월 10일에 실시한다는 포고를 발표했다. 총선 날짜까지 잡히자 단독정부 수립에 반대하는 사람들은 시위에 나섰다. 친일 경찰들의 행패가 심했던 제주도에선 4월 3일 민중봉기가 일어났다. 미군정과 경비대, 서북청년단의 무자비한 '진압작전'으로 제주도는 피바다로 변했지만, 조선일보는 봉기가 일어난 이유나 참상을 외면한 채 학살당하던 민중을 "폭도"로 보도했다.

1948년 5월 10일로 정해진 총선거를 앞두고 미군정은 선거인 등록을 강요하는 한편 공포 분위기를 조성했다. 유엔임시위원단조차 투표자 등록에서 드러난 부정행위를 지적했지만 총선 기간 내내 그는 소극적 보도로 일관했다.

제헌의원 200명(제주도 2명은 4·3봉기로 유보)을 뽑는 총선거에 김구가 이끄는 한국독립당을 비롯해 여러 정당들이 불참했다. 그 때문에 이승만을 지지해온 한민당이 압도적 우위를 보이리라 예상했다. 그런데 아니었다. 한민당은 91명의 후보를 냈지만 당선자는 겨우 29명이었다. 이승만을 무조건 추종하는 대한독립촉성국민회(독촉)가 55석으로 정치조직으로서는 가장 많은 당선자를 냈다. 눈여겨 볼 대목은 무소속 당선자다. 85명으로 가장 많았다. 5월 31일 의원 198명으로 제헌국회가 구성되었다. 이승만은 7월 20일 오전 10시에 치러진 국회의 대통령 간접선거에서 출석의원 196명 가운데 180명의 압도적 지지로 당선되었다. 오후에 열린 부통령선거에서는 이시영이 2차 투표에서 133표를 얻어 당선되었다.

그는 1948년 7월 21일자 1면 머리에 "대통령에 이승만 박사/ 부통령에 이시영 씨 당선" 제목의 "대한민국 초대 대통령선거" 기사를 내보냈다. 같은 날 "초대 대통령에 이 박사" 제하의 사설에서 "이 박사는 구국혁명의 노 투사의 한 분이다. 어떤 비방과 중상이 있건 이 박사의 과거가 이를 증명하고 있고 민족적 영도자의 지위를 엄연히 가져 왔다"면서 "노 박사의 건강을 축복"했다. 그는 이승만을 무람없이 "구국혁명의 노 투사"라 칭송했다. 이승만 정부가 수립된 다음 달 제헌국회는 '반민족 행위 처벌에 관한 특별법'을 제정하여 친일반민족행위자들 청산에 나섰다. 대한민국 초대국회로선 당연한 행보였다. 그는 지면을 통해 '친일청산'을 적극 주장하고 나섰다.

그는 이승만 정부가 수립되고 일주일 뒤인 8월 22일부터 26일까지 "복면의 친일군상" 제목의 연재기획물을 4회 실었다. 누구보다 방응모 자신이 친일파였음에도 꾸준히 '친일파 청산'을 제기한 그를 어떻게 보아야 할까. 일찍이 복간 직후인 1945년 12월 3일 1면에 실은 "친일파와 민족반역자" 제목의 사설에서 그 답을 찾을 수 있다. 사설은 "우리는 현재의 사회적 역할로서 친일파, 민족반역자를 규정지워야 한다"고 주장했다. 그 시점에 방응모는 김구에게 '생활비'까지 두둑이 건넸고, 그는 지면에서 임시정부을 한껏 추켜세우고 있었다. 사설의 논리대로 따지면 "현재의 사회적 역할"로 볼 때, 방응모는 친일파가 아니고 그도 친일 언론이 아닌 셈이다.

하지만 이승만의 생각은 김구와 달랐다. 자신의 정치적 기반을 스스로 허물 수는 없었다. 이승만은 반공을 내세워 과거를 묻자고 주장했다.

기실 38선 이북과 경쟁하기 위해서라도 친일반민족행위자들의 처벌은 선결 과제였다. 하지만 이승만은 결국 반민족행위특별조사위원회(반민특위)를 해산했다. 이어 '빨갱이 사냥'에 나서면서 틈날 때마다 '북진 통일'을 내걸었다. 미국에 무기 원조를 요구하면서 3일이면 평양을 점령할 수 있다고 호언했다. 1949년 6월 26일 김구는 집무실에서 대낮에 현역 육군 소위의 총을 맞고 숨졌다. 그는 6월 27일자 신문 1면에 "김구 씨 피습 절명" 제목으로 보도했다. 머리기사였지만 4단이었다. 복간 뒤 대대적으로 김구를 떠받들던 보도와 대조적이었다.

친일반민족행위를 내놓고 벌였음에도 김구를 지지하다가 이승만에게 '전향'하며 건재를 과시한 방응모는 해방 직후부터 열망했던 정계에 마침내 뛰어들었다. 1950년 5월에 치른 제 2대 총선에 경기도 양주의 무소속 후보로 출마했다. 방응모는 공무국 직원들

조선 평전

의 월급을 석 달이나 체불하며 선거에 돈을 쏟아 부었지만 낙선했다. 이승만 지지자들의 당선이 크게 줄어들며 무소속이 국회 전체 의석의 60%를 차지할 만큼 바람을 일으킨 선거였다. 국회의원을 열망한 방응모를 꺾은 조시원은 독립운동가였다. 방응모는 6월 3일자 조선일보 광고란을 통해 선거 지역구민들에게 띄우는 감사문을 게재했다. "금후에도 변함없이 지원 편달해주시기를" 간곡히 당부했다. 다음 선거에 출마하겠다는 의지가 묻어난다.

그런데 한 달 뒤 6·25 전쟁이 일어났다. 대통령 이승만은 일찌감치 도망가며 하나뿐인 한강다리를 폭파했다. 1950년 7월 6일 방응모의 집으로 동네사람들을 앞세운 사람들이 찾아왔다. "당신이 조선일보 사장이오?"라고 물은 그들은 방응모를 성동내무서(경찰서)로 연행해갔다. 손자며느리의 증언에 따르면, 성동내무서로 찾아갔을 때 방응모의 눈은 "독기 같은 것을 뿜고 있었다." 9월 28일 트럭을 타고 북송되던 중에 개성 북쪽에서 미군기의 공습을 받아 사망했다. 예순여섯 살이었다.

5

자유민주주의와
독재

그는 자신이 자유민주주의와 시장경제를 추구해왔다고 주장한다. 자유민주주의와 시장경제는 그에게 '대한민국의 국가 정체성'이다. 문제는 그 다음이다. 그가 생각하는 '자유민주주의'나 '시장경제' 개념에 동의하지 않는다는 이유만으로 상대를 '친북'이나 '좌경', 최근에는 '종북 좌파'로 몰아가는 보도와 논평을 일삼아왔다.

우리는 여기서 다시 '진실 수호'에 나서야 한다. 과연 그는 스스로 대한민국의 국가정체성이라 못박은 자유민주주의와 시장경제를 추구해왔는가. 먼저 그가 추구했다는 자유민주주의 길을 톺아보고, 다음 장에서 시장경제의 길을 짚어보자.

그는 1948년 8월 대한민국 정부가 수립된 이래 이승만 정부를 지지하거나 '중립'을 표방해왔다. 이승만 정부를 세울 때까지 적극 지지하다가 논공행상에서 만족하지 못해 '야당 노선'을 걷기 시작한 김성수의 동아일보나 천주교재단이 운영하던 경향신문과는 사뭇 달랐다. 그때마다 불편부당의 사시와 중립지라는 '자부'는 그의 선택을 정당화해주었다. 그만큼 신문시장에서 그의 위치는 동아일보에 크게 뒤처졌다.

사장 방응모가 거주해온 지역구에서 총선에 직접 출마했지만 낙선할 만큼 민중들로부터 신망을 얻지 못했다. 방응모는 6·25가 일어난 직후에 피랍되어 갑작스레 죽음을 맞았다. 방응모를 잃은 그도 경영이 흔들렸다. 전쟁 중이던 1952년 4월, 한국은행부총재 장기영이 사장으로 취임했다. 장기영은 신문사를 안정시키며 괄목할 성장을 이뤘다. 휴전이 되고 이듬해인 1954년 5월에 방응모의 혈육이 전면에 나섰다. 신문사 안에서 장기영의 힘이 커져가던 상황이었다. 방응모의 장손 방일영이 서른한 살 나이에 조선일보의 '발행인 겸 편집인'을 맡았다. 장기영은 물러나 곧장 한국일보를 창간했다.

발행인을 이어받은 방일영의 아버지는 방응모의 양자다. 방응모가 아들이 없어 친형의 둘째 아들 재윤을 아들로 받아들였다. 일제강점기에 평북에서 교사 생활을 하던 방재윤은 1936년 조선일보에 입사해 사업부장으로 일하다가 1940년 4월 식중독으로 사망했다. 방일영과 방우영은 방재윤의 아들이다. 그런데 방응모는 늘그막에 친아들을 얻었다. 환갑을 넘어 세 번째 아내가 낳은 어린 아들이 방재선이다. 한국전쟁이 일어나 방응모가 사망하면서 조선일보사의 경영은 양아들의 가계로 이어졌고 어린 친아들은 이미 성인이 된 조카들로부터 철저히 배제됐다. 친아들이 커서 뒤늦게 '조선일보사 상속권' 다툼을 벌였지만, 이미 방일영 체제가 확고히 뿌리내리며 상속의 법적 서류를 다 갖춰놓은 상태였다. 만일 방응모가 갑작스레 사망하지 않았다면, 누구에게 물려주었을까는 독자들의 짐작에 맡긴다.

방일영은 아우 방우영과 함께 오늘날의 그를 만들었다. 창간 100년 기념식을 주재한 사장 방상훈이 방일영의 맏아들이다. 방상훈의 두 아들 방준오와 방정오도 일찌감치 신문사 경영에 합류했다.

조선일보사사社史는 방일영이 신문을 맡은 뒤 이승만 정권의 비민주적인 행태를 과감하게 비판했다고 주장하지만 동아일보나 경향신문에 견줄 바는 아니었다.

가령 그가 1956년 5월의 대통령선거를 어떻게 보도했는지 들여다보자. 이승만 정권의 8년에 걸친 악정과 실정으로 유권자 다수가 정권교체를 열망하던 상황에서 민주당은 대통령후보에 신익희, 부통령후보에 장면을 지명하고 "못살겠다 갈아보자"를 내걸었다. 자유당은 민주당 당사 맞은편에 대형 확성기를 걸고 "갈아봤자 소용없다. 구관이 명관이다"라고 맞받았다. 진보당 조봉암은 "이것저것 다 보았다, 혁신밖에 살 길 없다"고 나섰다.

대통령선거는 이승만과 신익희, 진보계열의 조봉암 3파전이었다. 신익희의 유세는 5월 3일 서울 한강 백사장에 30만 명이 몰려 절정을 이루었다. 당시 서울 인구 150만 명을 감안하고 투표권 없는 어린이들을 빼면 서울 시민 네 명 가운데 한 명이 신익희의 연설을 들으러 온 셈이다.

그런데 그는 한국정치사에 남은 '한강 백사장 유세'를 마치 대수롭지 않다는 듯이 보도했다. 1956년 5월 4일자 2면에 "인도교 근방은 교통 차단"을 주제목으로 "어제 민주당 정견 발표에 시민 운집"을 부제목으로 편집한 기사는 민주당 대통령후보의 연설 내용이나 유세장에 몰려든 청중의 반응은 전하지 않으면서 '교통 혼잡'을 부각했다. 반면에 이승만 후보의 유세는 "친일 친공親共을 엄계"라는 큰 제목 아래 "이 대통령, 3일 7개 역두서 연설"을 부제목으로 같은 날 1면 상단에 크게 부각했다.

그는 1960년 4월 혁명의 출발점이 된 '2·28 대구 고교생 데모'도

소극적으로 보도했다. 하지만 민심은 점점 폭발해가고 있었다. 그로선 종래와 같은 편집 방향을 고수하자니 어딘가 불안했다.

사사를 들춰보면 1960년 3월 16일에 고위 간부들이 앞으로의 편집 방향을 놓고 회의를 열었다. 강경론과 온건론이 맞서 결론이 나지 않았지만 논설위원들이 중심을 잡으면서 그날 이후 부정선거 양상을 적극적으로 보도해갔다.

이윽고 그는 4월 19일자 석간 1면 머리로 "전 대학생이 총궐기/ 열띤 데모의 홍수 장안을 휩쓸다"라는 큼직한 제목 아래 기사를 편집했다. 청와대(당시 이름은 경무대) 앞에 바리케이드를 치고 총을 겨누고 있는 경찰의 사진을 맞물렸다. 부제목도 "도처에서 유혈난투의 참극/ 학생 측 사상자만 수십 명/ 경무대로 밀고 가며 일시 중앙청 점거"라고 달았다.

대통령 이승만이 하야 성명을 발표한 4월 26일, 그는 석간 1면 머리를 환호하는 민중들의 사진과 함께 큼직하게 "만세! 민권은 이겼다!" 제목으로 편집했다. 부제는 "이 대통령 드디어 사임/ 부정선거 무효화도 지시"로 달았다. 이날 편집은 두고두고 그가 자유민주주의를 위해 '필봉'을 휘둘렀다는 자료로 등장했다.

물론, 그가 3·15 부정선거 이후 이승만 정권에 비판적 보도를 한 사실을 굳이 외면할 이유는 없다. 늦게나마 저널리즘의 옳은 길을 걷는 것은 끝내 그 길을 걷지 않는 것보다 훨씬 좋은 일이다.

그로부터 1년 뒤에 자유민주주의 헌법은 물론 국민이 선거로 선출한 정부를 총칼로 뒤엎은 쿠데타가 일어났다. 그런데 그는 쿠데타를 일으킨 군부에 너무 쉽게 손을 내밀었다.

어떻게 그런 일이 가능했을까. 4월 혁명에서 5·16쿠데타에 이르는 13개월을 들여다보면 충분히 헤아릴 수 있다. 4월 혁명이 일어난 시점에 장관 12명 가운데 독립운동 출신은 단 한 명도 없었다. 절반인 6명의 장관이 일본 제국주의에 부닐던 관료 출신이었다. 그 시점까지 대한민국 역대 육군참모총장 8명은 전원이 일본군 장교 출신이었다. 경찰 간부도 80퍼센트 이상이 일제 순사였다. 반민족 정권이라는 비판이 얼마든지 가능한 인적 구조였다.

이승만 정권에 맞서 민중들이 들고 일어서자 무엇보다 미국이 민감하게 반응했다. 그들에게 대한민국은 동북아시아에서 미국의 이익을 지킬 '반공 보루'였다. 소련이 1957년 대륙간 탄도미사일 ICBM 실험에 성공한 직후 미국은 한국에 핵무기를 배치해 주한미군을 핵무장함으로써 "한반도 분단체제 유지의 중요성을 소련에 인식시켰다"고 자체 평가하고 있었다. 더구나 미소 냉전체제에서 한국은 미국이 주도하는 자본주의 체제의 '진열장'이었다. 미국은 '쇼 윈도우 관리'에 드는 비용을 일본과 분담하려 했다. 미국이 한일 국교정상화를 두 나라 정부에 요구한 이유다. 종종 일본을 비난하는 언행으로 누추한 권력을 그나마 유지해온 이승만은 대일관계에 적극적이지 않았다.

미국은 한국의 정·부통령 선거가 부정으로 얼룩진 사실을 이미 파악했다. 그것을 이승만에게 한일 국교 정상화를 압박하는 수단으로 '이용'하려 했다. 하지만 학생들과 민중들이 힘을 모아 민주주의 진전을 요구하고 그것이 날로 확산되는 과정을 지켜보면서 미국은 자신들의 이익, 곧 '정치적으로 안정되고 군사적으로 강력한 친미반공국가'로서 한국의 전략적 목표가 위협받는다고 판단했다.

1960년 4월 2일 주한 미국대사 매카나기는 국무부에 보낸 전문에서 미국인들의 '피와 돈'이 많이 투자된 한국은 미국의 평판과 안보가 심각하게 걸려 있는 곳이라며 세계 다른 어느 곳보다 능동적으로 대처해야 한다고 건의했다. 한국의 관리들과 '군부인사들' 사이에도 이승만의 권력유지와 일본에 대한 비현실적 대외정책에 불만이 높아간다고 강조했다.

보름 뒤인 4월 17일에 보낸 대사의 전문은 급박했다. 미국 대통령에게 강력한 비상수단을 취해야 한다고 건의했다. 무장 커가는 민중의 분노가 공공연한 폭력으로 발전함으로써 공산주의자들에게 이용당할 수 있는 "가장 위험한 추세"로 급변할 수 있다고 분석했다.

4월 19일의 발포 사태에 미국 대사가 움직였다. 대통령 이승만을 찾아갔다. 매카나기는 아직 공산주의자들이 가담하고 있지 않지만 신속한 대응책이 취해지지 않는다면 그들이 폭발적인 현 상황을 이용할 위험이 있으며, 한국에 "안전하고 안정된 작전기지를 유지하는 미국의 중대한 이익"이 위험에 빠져 있다고 압박했다.

미국은 그 시점에 쿠데타를 검토했다. 동시에 그런 '검토' 사실을 한국의 "각계각층 지도자들"에게 알렸다. 이승만의 측근이나 이범석과 같은 인물에 의한 쿠데타, 또는 국방부장관이나 육군참모총장의 비호 아래 군부의 정권인수 가능성을 슬금슬금 흘리며 불특정다수에게 '신호'를 보냈다.

4월 26일 아침에 5만여 명의 시위대가 서울 도심을 행진했다. 이승만은 "국민이 원한다면 사임하겠다"고 발표했다. 4월 27일 이승만이 사직서를 국회에 제출하고 하야 성명을 발표하자 미 국무부

는 주한 미국대사관에 전문을 보냈다. '과도 정부'로 하여금 일본과
관계 개선을 추진하도록 압박하는 한편, 대학교수들에게는 학생들
의 '데모방지'를 위해 힘쓰도록 당부하라고 명했다.

미국이 노골적으로 개입한 명분은 "미국과 전반적인 자유세계의
안보이익을 위해서"였다. 미국은 한국의 현 상태를 유지하고, "좌익
분자들이나 진보세력"의 집권을 방지하기 위해 자유공정선거를 최
대한 늦춰야 한다고 주장했다.

미국의 내정간섭은 갈수록 깊어 갔다. 이승만을 하와이로 보내
고, 내각제를 권했다. 이승만이 하야한 뒤 미국의 의도대로 선거를
"최대한 늦춰" 석 달이 흐른 7월 29일에서야 총선거가 치러졌다. 민
주당이 절대 과반 의석을 확보했다. 이승만 정권이 무너지기 9개월
전에 조봉암을 '북괴와 접선했다"는 간첩 혐의로 처형한 탓에 구심
점을 잃은 진보세력은 지리멸렬 쪼개져 후보들이 난립하며 총선에
서 참패했다. 8월 13일 윤보선의 대통령 취임, 8월 19일 총리에 민
주당 신파 출신 장면이 인준되면서 정국은 상대적으로 '안정'을 찾
았다.

하지만 불씨는 살아 있었다. 민주주의를 한 단계 더 높여 가자는
운동으로 타올랐다. 먼저 2·28 학생 시위가 일어난 대구에서 교사
들이 1960년 5월 7일 노동조합을 결성하자 전국의 주요 도시로 퍼
져가 7월 17일 '교원노조총연합회'가 출범했다. 교원노조는 교육의
독립, 학교 민주화를 내걸었다. 교원노조 출범은 노동운동의 활성
화를 선구했다. 노동인들은 정당한 권리와 부익부빈익빈을 해결할
복지정책을 요구하며 힘 있게 움직였다. 진보적 정당과 사회단체

들은 1960년 9월 '민족자주통일중앙협의회'를 구성했다. 자주 평화 민주의 3대 원칙을 고갱이로 한 통일 방안을 발표했다. 남북 대화를 촉구하는 민중운동의 등장은 진보당 조봉암이 주창한 '평화통일론'을 이어받은 셈이다.

이승만 정권 아래서 민중학살이 일어난 거창, 산청, 문경, 영덕, 남원, 순창, 함평, 영암에서 유족들이 진실 규명과 정부의 책임 있는 해명을 요구하고 나섰다. 학살에 직간접적으로 연루되어 있는 친일 기득권세력은 위기를 느꼈다.

미국의 불안감도 커져갔다. 가령 연세대 학생들이 1960년 11월 16일 미국인 이사장과 총장서리의 본국 소환을 외치며 미국 대사관 앞에서 시위를 벌이자 예민하게 반응했다. 미 중앙정보부CIA가 국무부·육군·해군·공군·합동참모본부 정보기관들과 공동으로 작성한 보고서는 한국에서 진보세력이 커질 가능성이 높다고 우려했다. 미국은 결단력 부족한 장면이 한국의 정치 안정과 미국의 안보 이익을 지켜줄 수 있는 적합한 인물이 아니라고 판단했다.

미국이 정권 교체를 탐색하던 상황에서 1961년 5월 16일 쿠데타가 일어났다. 육군소장 박정희가 주도한 쿠데타군은 한강대교에서 총격전을 벌이며 새벽 4시를 조금 넘은 시각에 서울 중심가로 진입했다.

5월 16일 오전에 그는 '호외'를 발행했다. "오늘 새벽 군부 쿠데타"라고 표현했다. 그날 석간 1면 머리기사 제목은 "군부 쿠데타 군사혁명위 조직을 발표/16일 새벽 돌연 행동"이라 달았고 "부패 무능한 장면정권 불신"을 부제로 편집했다. "쿠데타 지휘한 박정희 소장 일본 육사출신·강직한 성품" 제목도 눈에 띈다. 2면 머리기사 제목은 "군사혁명 하의 서울"로 '혁명'과 '쿠데타'가 같은 지면에 섞였다. "미의회 '쿠데타'에 큰 관심/ 질서있는 해결희망/ 미국의 개입엔 신중성 강조"를 제목으로 부각해 미국이 쿠데타에 반대하지 않을 것임을 암시했다.

다음 날인 17일 1면은 주먹만 한 크기로 "군부 무혈 쿠데타 완전 성공" 제목을 내보냈다. "미군불개입 확약, 일본 관방장관 언명" 기사도 1면에 배치했다. 18일자 조간부터 그의 지면에서 '쿠데타' 용어는 자취를 감췄다. "장면정권의 부패를 일소. 미지美紙 군혁명 평" 기사에선 미국 언론을 통해 쿠데타의 정당성을 부여하고 있다. 사회면에는 어김없이 "혼란 틈타 남침한 간첩 검거/계엄고등군법회의에 회부" 기사가 자리했다.

5월 19일부터 '군사혁명'을 노골적으로 미화하는 사설들이 등장했다. 먼저 "제2단계로 진입한 혁명과업의 완수를 위하여" 제목의 사설에서 그는 "혁명이 있은 지 3일 만인 작昨 18일로써 대업의 제1단계는 끝났다"며 서슴없이 '대업'이라는 표현을 썼다.

더구나 "우리는 제1단계로서의 정권 장악이 군부에 의하여 무혈 평온리에 행하여진 것은 비단 혁명 주체세력인 군부를 위하여서 다행한 일일 뿐 아니라 잠시 동안이나마 질서와 체제가 바뀌는 과도기를 당하여 지향할 바를 몰라 방황할 뻔하였던 대다수 국민에게도 극히 축복스러운 일이었다"고 썼다. 또 다른 사설 "혁명의 공약과 국내외의 기대"는 제목 그대로 '쿠데타 찬가'이다.

군사혁명이 완전히 성공함에 즈음하여 우리는 세 가지 점에서 그를 높이 평가하지 않을 수가 없다. 그 첫째는 군사혁명이 무혈혁명의 전격적이었다는 것이요, 둘째로는 군사혁명위원회가 발표한 혁명공약에서 발견할 수 있고, 셋째로는 국내외적인 지지를 받았다는 것이다.

그런데 그가 쿠데타 찬가를 쓸 시점에 계엄사령부는 민족일보사 사장 조용수와 논설위원 송지영을 비롯한 간부 10명을 구속했다. 그는 닷새나 지난 5월 23일에 "조총련서 2억 투입/ 이영근(조봉암 비서) 지령 하 발간" 제하의 기사를 싣고 경찰이 발표한 그대로 이른바 '민족일보 배후'를 보도했다.

4월혁명 공간에서 창간된 민족일보는 독자들의 사랑을 받으며 그의 발행부수를 추격할 정도로 빠르게 성장하던 상황이었다. 민족일보 폐간과 함께 사장 조용수를 '사법 살인'한 사건은 5·16 쿠데타를 일으킨 군부가 언론계를 상대로 저지른 가장 잔혹하고 반인간적인 범죄였다.

쿠데타 엿새 뒤인 5월 23일 국가재건최고회의는 '포고 제11호'를 통해 인쇄 시설과 통신 발행에 필요한 송수신 시설을 명분으로 신문사와 통신사의 발행을 정지시키고, 등록 사항을 위반했다며 간행물 등록을 취소하는 따위의 탄압으로 전국의 912개 보도기관 가운데 830개를 없앴다.

그는 자유민주주의와 언론을 마구 짓밟은 쿠데타 세력의 폭압적 조치에 비판적 기사나 논설을 단 한 줄도 쓰지 않았다. 1961년 5월 16일부터 이듬해 6월 22일까지 기자의 신분으로 체포되거나 혹은 재판에 회부된 인원은 960명에 이르렀다. 1961년 8월 4일자 미국 〈타임〉지는 한국 언론을 가리켜 '벙어리 신문'이라고 평하였다. 알릴 것을 못 알리고 평할 것을 평하지 못했기 때문이다. 총칼로 정부를 뒤엎은 박정희는 기자회견 자리에서 서슴지 않고 "언론인은 기개가 부족하다"고 조롱했다.

1962년 12월에 대통령중심제 헌법 개정안이 국민투표에 회부되어 통과되었다. 박정희가 마련한 헌법에서 대통령 임기는 4년으로 1차에 한하여 중임할 수 있도록 했다. 헌법이 국민투표로 확정되자 군정은 자신들에 대한 신임으로 간주했지만, 야당은 조속한 민정 복귀의 열망으로 해석했다. 12월 19일자 신문에서 그는 "국민투표에서 얻은 자신으로 신뢰에 보답하여야 한다" 제하의 사설을 통해 "역사적인 국민투표의 성공을 혁명정부와 더불어 경하해 마지않는"다며 권력에 박수를 보냈다.

이미 계엄령이 해제된 상황이었기에 쿠데타 직후처럼 검열의 서슬이 시퍼렇지 않았음에도 권력 감시라는 저널리즘의 생명을 지키기는커녕 "경하" 따위의 글로 아부를 늘어놓은 사설은 자발적이었다고 평가할 수밖에 없다. 일제 강점기에 제호까지 내리며 일장기를 올려 충성했던 '전통'이 자연스레 연상된다. 이후 보도와 논평을 보면 더 그렇다.

1962년 12월 27일에 3군 참모총장과 해병대사령관을 제외한 최고위원 전원이 군복을 벗고 민정 참여를 결정하면서 박정희 자신도 대통령 출마를 정식 표명했을 때, "박 의장의 기자회견담을 보고" 제하의 사설(12월 28일자)에서 그는 "최고위원도 군복을 벗으면 일반 민간인과 마찬가지며 일반 민간인이라면 누구나 민정에 참여할 수 있는 자격을 갖는 것"으로 결론을 내린 "혁명당사자들의 거취를 우리는 현실적으로 받아들일 수밖에 없"다고 정당화했다.

마침내 1963년 10월 15일 제5대 대통령 선거 개표가 시작되었다. 개표 초반에 박정희보다 앞서 나가던 윤보선은 한때 23만여 표차이의 우세를 보였고 16일 새벽 3시까지도 2만여 표를 앞서 있었으나 16일 오후부터 역전당하기 시작했다. 17일 오후에 끝난 개표결과 박정희는 유효투표의 46.6%인 472만여 표를, 윤보선은 45.1%인 454만여 표를 얻었다. 차이는 겨우 15만여 표였다.

관권 선거 의혹이 빠르게 퍼졌지만 그는 바로 다음 날 "박정희 씨의 대통령 당선에 대한 축하와 기대" 제하의 사설에서 "혁명정부가 최초 확언한 그대로 공명선거를 보장한 그 훌륭한 태도를 여기서 재확인하게 된 것은 더 할 수 없이 기쁜 일"이라며 공명선거였음을 강조하고 "뜻 깊은 선거를 통해 당선된 박정희 후보의 건강과 함께 이 나라 민주정치의 굳건한 발전을 소원하는 바"라고 밝혔다.

박정희는 1967년 대통령에 재선되면서 자신이 만든 헌법의 4년 중임제에 따라 더는 출마할 수 없었다. 그런데 1968년이 저물어가면서 정가에는 박정희가 3선 개헌을 준비하고 있다는 '유언비어'가 나돌았다.

야당인 신민당은 1969년에 '3선 개헌저지 범국민투쟁위원회 준비위원회'를 발족시켰다. 대학에서도 학생들의 시위가 점점 커져갔다. 서울법대생 60여 명도 9월 1일 오후부터 도서관 2층을 점거하고 "개헌을 하려거든 우리가 다 굶어죽은 다음에 하라"는 '단식 선언문'을 발표하고 농성에 들어갔지만 75시간 만에 강제해산 당

자유민주주의와 독재

했다. 그는 농성학생들의 강제해산 과정을 보도조차 하지 않다가 닷새가 지나서야 "왜 이래야만 하는가" 제하의 사설(1969년 9월 6일자)을 내보냈다,

…그렇지만 오늘날 학생들의 학생운동관에 대해서는 기성세대로서 몇 마디 할 말이 있다. 첫째로, 학생들은 그들의 지성과 신념에 따라 그들의 **의사를 명백하게 표시하는 것만으로 충분하다**는 것이다. 지난 4·19의 감격과 기억이 아직도 새로워 그럴지는 몰라도, 사회가 학생들의 마음대로 좌지우지된다는 생각은 지양해야 할 줄 안다. 적대관계가 아닌 공동연대 사회에서 학생들이 행사하여야 하는 힘은 물리적인 힘이 아니라 도덕적 힘인 것이다. 그리고 그 도덕적 힘은 학생들의 명백하고 결연한 의견 표명으로 족히 행사했다고 할 수 있을 것이다. 그러기에 그들의 주장이 당장 관철될 것 같지 않다고 자포자기에 빠지는 것은 좋게 말해 성급하고, 나쁘게 말해 과대 망상이라고까지도 할 수 있을 것이다. 둘째로, 오늘이 마지막이 아니며 내일이 있다는 것을 믿어야 할 것이다. 역사란 연면한 것이며, 지금의 학생운동은 내일을 위한 오늘의 축적이라고도 할 수 있을 것이다. 학생들은 내일을 사는 세대다. 오늘 이 시점에서 누구에게도 굽힘이 없이, 두려움이 없이, 그들의 양심에 따른 주장을 명쾌히 하였다면 그것으로 그들의 사명을 다한 것이며 젊은 세대에게 내일을 기대할 수 있음을 입증한 것이다.

학생으로서 대통령 3선 개헌에 반대 뜻을 발표했으면 그것으로 충분하지 농성은 안 된다는 주장이다. 하지만 대학생들은 엄연히

투표권을 지닌 주권자이기도 하다. 더구나 이승만 독재에 맞서 젊은이들이 피를 흘린 지 10년도 지나지 않아 또 다시 독재정권이 등장하려는 상황에서 권력 감시가 본령인 언론사로서 그의 주장은 한가함을 넘어 명백히 권력에 줄 선 논리였다.

중립을 내세운 그가 권력 친화적 사설을 쓴 이면에는 방일영·우영 형제는 물론 서서히 권력과 유착해가던 주필 최석채가 자리하고 있었다. 주필이 청와대와 가깝게 지내고 있음을 꿰뚫은 논설위원 송건호는 이미 사표를 던진 상태였다.

김두한이 삼성의 사카린 밀수를 정부가 옹호한다며 국회에서 오물을 뿌렸을 때다. 주필 최석채는 논설위원 회의에서 김두한의 전적인 잘못으로 사설을 쓰자고 방향을 정했다. 사회 담당 논설위원으로 그 사설을 써야 했던 송건호는 오물을 던진 김두한 못지않게 밀수를 눈감아준 정부의 잘못도 있으니 둘 다 비판해야 옳다는 의견을 냈다. 하지만 최석채는 정부에겐 잘못이 없다며 김두한만 비판하라고 요구했다. 논설위원 송건호는 주필에게 그렇게 일방적으로 쓰지는 못하겠다며 사설 집필을 거부하고 조선일보사를 떠났다.

박정희가 장기집권을 노골적으로 꾀하고 나섰음에도 언론이 본령인 '권력 감시'에 소홀하자 해방 뒤 조선일보 편집국장, 주필, 회장을 지낸 홍종인조차 1969년 1월 기자협회보에 한국 언론이 '언론자유를 죽이느냐 살리느냐 하는 중대한 위기에 빠져 있다'고 경고했다. 홍종인은 "한국의 언론을 대표한다는 서울의 소위 '대신문'이란 신문들은 자살·자멸의 길을 스스로 택하고" 있다고 비판했다.

"있는 것을 없는 것같이 만드는 사람들이, 없는 일을 있는 것같이, 또 있어서는 아니될 일을 있을 수 있는 것처럼 아니 말하리라고 누가 보장하겠는가"라고 경계했다.

흥미롭게도 조선일보 안에서 반박문이 나왔다. 편집국장 선우휘는 기자협회보 다다음호에 기고한 "진짜 책임자가 누구냐, 홍종인 선생님에게" 제하의 답글에서 "오늘날 언론이 왜 그렇게 됐는지 그것은 뻔한 것이 아닙니까? 비굴이 좋아서 비굴할 언론인이 어디 있겠으며, 타락하고 싶어 스스로 타락하는 신문이 또 어디 있겠습니까"라고 되물었다. 선우휘는 대선배 홍종인에게 "과연 언론의 자유란 언론인이 싸우면 얻어질 수 있는 것인지" 가르쳐 달라면서 지금 언론인들에게 필요한 것은 "언론이 그토록 약하다는 인식을 투철히 하는 것"이라고 주장했다. 이어 "후진과는 달리 선생님은 그럴 수도 있고 그래도 될 입장"에 있으니 "선생님께서 화살을 밖으로 돌려 권력에 대해 과감한, 그리고 강력하게 발언"해 달라며 공개서한 형식의 반론을 폈다. 왜 '존경하는 언론인'이 화살을 안으로 돌리느냐, 외부 압력에 맞서 싸워달라는 주문이다.

하지만 조선일보 편집국장도 싸우지 않는데 이미 '전직 기자'가 무엇으로 싸울 수 있는가는 접어두자. 선우휘가 성찰은 없이 되받는 이유는 홍종인이 총독부 기관지 출신임을 인지하고 있어서가 아닐까. 어쨌든 "소위 '대신문'이란 신문들은 자살·자멸의 길을 스스로 택하고" 있다는 홍종인의 경고는 그에게 전혀 소용이 없었다.

이윽고 박정희 정권은 1969년 9월 14일 새벽 2시 50분에 국회 별관으로 소속 의원들을 몰래 소집해서 단 몇 분 만에 3선 개헌안을 변칙 처리했다. 그 헌법에 따라 1971년 4월 27일에 치러진 제7

대 대통령선거는 군사쿠데타로 헌정을 뒤엎고 권력을 잡은 박정희가 '3선 대통령'이 되어 장기집권 또는 종신집권으로 가느냐, 아니면 야당 후보인 김대중이 대한민국 역사상 처음으로 평화적 정권교체를 이루느냐를 판가름하는 중요한 정치적 분기점이었다.

투표일을 열흘 앞둔 4월 17일 전주 유세부터 김대중은 "박 정권이 종신 총통제를 획책하고 있다"고 주장하며 3선을 막아달라고 호소했다. 조선일보는 선거 이틀 전인 25일자 1면에 큼직하게 "한 번 더 뽑아주면 부정 일소하고 물러나겠다, 박 후보" 제하의 기사를 내보냈다. 박정희의 '연설 요지'도 지면에 담으며 "과업 위한 마지막 출마/ 국민 단결 위해 재야인사 기용"이라는 제목을 붙였다.

눈여겨 볼 것은 '이번이 마지막 출마'라는 박정희의 주장이 다름 아닌 조선일보가 제안한 선거 전술이었다는 점이다. 방우영은 훗날 자신의 자서전 『조선일보와 45년』에서 다음과 같이 밝혔다.

> 박 대통령의 부산 유세를 앞두고 이후락 실장이 본사를 찾아와 환담 중에 '결정적 묘안이 없느냐'고 물었다. 이때 최석채 주필이 '3선만 하고 더 이상 안 하겠다고 국민 앞에 공약을 하라'고 말해주었다. 그래서인지 박 대통령은 부산 유세에서 처음으로 국민 앞에서 '이번만 하고 다시는 여러분께 표를 달라고 하지 않겠다'고 말했다.

이후락이 찾아와 '결정적 묘안'을 묻는 상황은 이미 조선일보가 권력의 '선거 참모' 구실을 하고 있다는 증거일 텐데 자서전에 과시하듯 밝힌 사주 방우영에게 그런 문제 의식은 아예 보이지 않는다. 박정희는 4월 24일 부산 유세에 이어 25일 서울 유세에서 눈물까지 흘려가며 "더 이상 여러분들에게 표를 달라고 하지 않겠다"라고 호소했다. 조선일보는 자신이 낸 아이디어를 다시 지면에 담아 여론을 호도했다.

박정희 당선이 확정되자 그는 "박 대통령의 3선 확정" 제하의 사설에서 기쁨을 노골적으로 드러냈다.

먼저 우리는 **민주주의의 원칙에 의해서 떳떳이 투표를 통하여 국민 절대 다수의 신임을 획득한 박정희 대통령에게 아낌없는 축하**를 보내려 한다. 당선의 기쁨은 앉아서 수월하게 얻은 것이 아니라, 지난 10년간의 집권 실적을 엄숙히 심판 받는 치열한 선거전을 치렀고 전국을 누비면서 마지막 임기가 될 4년간의 집정공약을 되풀이 다짐한 끝에 안겨진 승리의 영광이란 데서 더욱이 보람 있는 순간의 감격은 값있는 것이다.… **이 중대한 민주과업에 유종의 미를 거두게 한 대다수 유권자들의 현명한 주권의식과 올바른 주권 행사를 찬양해 마지않는 바이다.**

야당은 관권 개입과 '개표 부정'을 구체적 사례를 들어 비판했지만 자칭 '중립지'의 사설은 박정희 찬양 일색이었다. 3선 개헌으로 장기집권에 들어선 권력자에게 "민주주의의 원칙에 의해서 떳떳이 투표를 통하여 국민 절대 다수의 신임을 획득"했다며 "아낌없는 축하"를 보내거나 "민주과업에 유종의 미를 거두게 한 대다수 유권자들의 현명한 주권의식과 올바른 주권 행사를 찬양"하는 언술들은 출처가 '선거 캠프'인지 신문인지 의문마저 들 정도다.

그가 사설로 "유종의 미"를 언급했지만 박정희의 권력욕은 마침

표를 찍을 줄 몰랐다. 3선에 성공한 대통령 박정희는 그해 12월 6일 느닷없이 '국가비상사태'를 선언했다.

박정희는 현재 대한민국의 안보는 중대한 시점에 처해 있다며 중국의 유엔 가입을 비롯한 국제 정세가 급변하는 틈을 타고 '북괴'가 '남침'할 수 있다고 주장했다. 미국과 중국 사이에 화해가 이뤄지고 주한미군까지 주둔하고 있는 상황에서 '북괴의 남침'은 뜬금없는 논리였다. 무엇보다 국가비상사태 선포는 아무런 법적 근거도 없었다. 집권 공화당은 서둘러 법적 근거를 마련하려고 대통령에게 '비상대권'을 주는 '국가보위에 관한 특별법'을 날치기로 통과시켰다.

자유민주주의와 법치주의를 내놓고 유린하는 박정희에게 명색이 신문사인 그는 적극 찬동하는 사설을 내보냈다. 야당과 학생운동의 우려대로 강화된 대통령의 권력은 유신체제 수립의 기반이 되었다.

박정희는 1972년 10월 17일 전국에 비상계엄령을 선포한 뒤 '대통령 특별선언'을 발표했다. 서울시내 여러 곳에 군 병력이 배치되고 광화문에는 탱크가 배치됐다. 특별선언은 그날 '오후 7시를 기해 국회를 해산하고 정당 및 정치 활동의 중지 등 현행 헌법의 일부 조항 효력을 정지시킨다'며 자신이 만들고 개정한 헌법을 또 유린했다.

박정희 정권은 자신들이 저지른 헌정 유린에 '10월 유신'이라는 이름을 붙였다. 자유민주주의의 근간을 뒤흔드는 권력자의 '친위 쿠데타'마저 그는 전적으로 지지하는 사설을 내보냈다. "평화통일을 위한 신체제" 제하의 10월 18일자 사설을 읽어보자.

비상한 경우에는 비상한 조치를 필요로 한다. 어제 17일 19시를 기하여 이 나라는 비상조치를 선포하였다… 우리는 이 사태에 직면하여 오늘 우리에게 부닥친 안팎의 모든 정세를 살펴보며 **조국의 앞날의 걸어가는 길을 내다볼 때 가장 적절한 시기에 가장 알맞은 조치로서 이를 환영하지 않을 수 없다**…박 대통령의 특별선언에서 명확히 소시昭示된 바와 같이 "결코 한낱 정권의 입장에서가 아니라 국권을 수호하고 영광스러운 통일과 중흥을 이룩하려는 이 민족의 운명과 직결되는 조치"로 받아들이기에 조금도 주저치 않는 것이다. **기존의 헌정질서만을 고집하거나 그것만이 오직 자유민주의 길이 아니요** 오히려 이대로 방임하면 우리 민족의 염원인 평화통일에 가시덤불을 걸쳐놓을 뿐만 아니라 모처럼 역사적인 남북대화의 길을 마련한 그것마저도 일부 몰지각한 정상배들의 철없는 언동으로 말미암아 찬물을 끼얹는 듯한 사례가 없지 않았음을 볼 때 우리는 소위 정치가도의 일각에서 국민들의 이목을 어지럽히며 사리私利에만 탐닉한 무리들이 그대로 존립하는 한 우리의 정계는 그야말로 백년하청격임을 뜻있는 이 누구나 통감하여 온 것이 사실이다. 이제 짧은 시일의 기한을 정하여 **헌법기능의 일부 정지와 아울러 이에 따르는 몇 가지 조치가 선포된 것은 새로운 헌정질서의 정립을 위하여 만부득이 한 조치**였음은 말할 것 없고 특히 박 대통령은 이러한 사태의 선포와 함께 여섯 가지 항목에 걸쳐 모든 국민이 알 수 있도록 정책의 지표를 밝힌 것을 재삼 음미해 볼 때 우리는 오늘의 이 사태를 내 자신의 앞으로의 보다 보람되고 영광스러운 삶을 얻기 위하여 진정 알맞은 조치임을 기쁘게 생각하며 따라서 이러한 비상사태는 민주제도의 향상과 발전을 위하여 하나의 탈각脫殼이요 시련이요 진보의

조선 평전

표현임을 믿어 의심치 않는 바이다… 끝으로 이번 비상조치에 의하여 많은 국민들은 충격도 없지 않았을 것이지만, 정부가 국민의 명랑한 생활과 경제활동의 자유 보장, 사회질서 확립을 다짐하고 있는 만큼, 이것을 굳게 믿고 **각자의 직책에 더욱 충실**하며 민족적 대의에 기여하기를 권고해 마지않는다.

사설은 박정희의 헌법 유린을 적극 지지하고 정당화하며 갖은 찬사를 보냈다. 정부가 유신 헌법안을 발표하자 "유신적 개혁의 기초 – 민주주의의 안정과 번영을 위한 헌법" 제목의 사설(10월 28일자)을 통해 찬양에 나섰다.

이번 개헌안의 특징은 무어니 무어니 해도 첫째 조국의 평화통일을 달성하려는 강력한 의지와 그것을 뒷받침할 수 있는 헌법장치를 마련하고, 둘째로 **대통령의 권한을 대폭 강화하여 국력과 국가기능을 능률적으로 강화함과 동시에 미숙한 정당정치적 낭비를 극소화함으로써 자유민주주의의 안정과 번영을 공고하게 하려는 지향으로 두드러지게 나타나고 있다.** 지난 24년간의 헌정을 통하여 전후 6차에 걸친 개헌을 경험했지만 솔직히 말해서 이번 개헌안처럼 발의 측의 문제의식이 이렇듯 왕성하고 과감한 개혁이 담긴 개헌안을 우리는 일찍이 본 적이 없다. 물론 이렇게 과단성 있는 개혁을 시도하지 않을 수 없게 된 데에는 그럴만한 까닭이 있는 줄 안다. 최근 몇 년 동안 급진전을 보이고 있는 열강들 간의 해빙 추세와 새로운 국제질서의 재편성이 우리에게 어떤 희생을 강요하는 도전적 시련으로 되어 올지도 모른다는 인식이 그 하나다. 그리고 다른 하나는 그 연장

선상에 떠오르고 있는 민족통일 대업에의 접근을 위한 남북대화 과정에서 노정되고 있는 우리 자유민주체제의 상대적 비능률과 낭비성이 그것이다.… 결론적으로 말해서 이번 개헌안은 여러 가지 의미에서 우리 헌정사에 일대 전기를 예견케 하고 있다. 구미에서 무비판적으로 수입해 온 자유민주주의체제를 의복에 비유하여 우리들에게 안 맞기 때문에 **우리 식의 자유민주체제로 개조하여, 그것을 이 땅에 토착화시킬 필요가 있다**고 하는 설명도 있고, 아스팔트 포장이 잘 되어 있는 구미 제국의 도로와는 달리 포장도 잘 안 되고 굴곡과 경사가 심한 우리나라 도로를 달리자면 자동차도 달라야 하고 주행 속도도 달라야 하는 것과 마찬가지로 정치제도도 다르게 해야 옳다고 하는 이도 있는 것 같다. 강남의 귤을 강북에 심었더니 탱자가 되더라는 고사가 있거니와 모든 법제가 우리의 이상 현실을 위한 도구요 수단이라 하면 오늘과 내일의 우리에게 맞추어서 갈 수 있어야 한다. 정치는 어렵고 인간의 능력에도 한계가 있다. 그럴수록 우리는 오늘의 시국과 거기서 잉태되는 내일의 도전에 더욱 더 대비해야 하지 않겠는가. 모든 국민들이 주권자로서의 긍정적인 판단을 내려 주리라는 것이 우리의 의견이다.

사설은 개헌안의 특징으로 "조국의 평화통일을 달성하려는 강력한 의지와 그것을 뒷받침할 수 있는 헌법 장치"와 "자유민주주의의 안정과 번영을 공고하게 하려는 지향"을 들고 있다. 3권 분립조차 부정하며 국회와 사법부를 대통령의 시녀로 만들겠다는 개헌안이 자유민주주의의 안정과 번영을 굳힐 수 있다는 발상은 어떻게 가능한가.

조선 평전

이미 독재자로 군림하던 박정희가 권력을 영구화하려는 의도가 분명했다. 하지만 그는 사설을 통해 '우리 헌정사상 일대 전기'라며 그것을 '자유민주주의의 토착화'라는 말로 정당화했다. 그와 방송사들의 대대적인 홍보 아래 11월 21일 개헌안에 대한 국민투표가 실시되었다. 투표자 1,440만여 명(투표율 91.8%) 가운데 찬성이 1,317만여 표(투표자의 91.48%)로 '유신헌법'은 통과되었다. 중앙선거관리위원회의 공식발표다.

계엄령 아래서 모든 정치활동이 금지되고 개헌안에 대한 찬반토론이 봉쇄된 상황에서 국민투표가 강행되었음에도 그의 지면에서 저널리즘의 생명인 '권력 감시'를 찾아볼 수 없다. 11월 25일 비상국무회의는 유신헌법에 따라 통일주체국민회의 대의원선거법과 시행령을 공포했다.

박정희는 12월 13일 자정을 기해 비상계엄령을 해제한 뒤 "유신 과업을 더욱 과감히 수행하겠다"면서 "국민은 이념 구현에 협조해달라"는 내용의 특별담화를 발표했다(조선일보 12월 14일자 1면). 12월 22일 오전 10시 통일주체국민회의 대의원들의 추천으로 제8대 대통령선거에 단독으로 출마했다. 12월 23일 통일주체국민회의는 서울 장충체육관에서 유신헌법에 따른 대통령선거를 실시했다. 재적대의원 2,359명 전원이 참가한 투표에서 박정희는 찬성 2,357표, 무효 2표라는 '압도적 지지'로 당선되었다.

박정희는 '당선 소감'에서 "오늘 유신헌법의 절차에 따라 이 사람을 대통령으로 선출한 통일주체국민회의 결정을 역사와 민족의 엄숙한 명령으로 믿고 이를 겸허하게 받아들이고자 한다"고 말한 뒤 "이 중대한 결정을 받아들이면서 나는 먼저 구국의 활로를 찾는 유신 과업에 적극 참여하고 있는 국민과 대의원 여러분의 헌신적인 노고에 대해 진심으로 치하와 격려의 뜻을 보낸다"고 했다(조선일보 12월 24일자 1면).

박정희가 1972년 12월 27일 유신헌법의 '총통적 대통령'으로 취임하자 다음 날 그가 내보낸 "새 역사의 전개/ 제8대 박정희 대통령의 취임을 경하한다"(12월 28일자) 사설은 '박정희 찬가'의 결정판이다.

박정희 대통령은 어제 27일 유신헌법의 공포에 이어 우리나라 제8대 대통령으로 정식 취임했다. 이로써 **우렁찬 새 민족사의 창조를 위한 제4공화국의 첫 장이 열린 것이다. 우선 우리는 국민적인 입장에서 박 대통령의 대통령 취임을 진심으로 축하한다**…지난 4반세기에 걸쳐 지속되어온 냉전 속에서의 동족상잔과 남북 결원結怨의 민족사에 10·17 구국영단으로 종지부를 찍고 평화통일의 새 역사를 위하여 정초(定礎)한 박정희 대통령을 다시 대통령으로 선출, 취임토록 하게 되었다는 것을 우리는 미덥고 다행스럽게 생각한다.…무엇 때문에 지난 10년 동안 5, 6, 7대나 대통령을 역임한 그를 또 다시 대통령으로 맞고 거듭 환영하는 것인가. 한마디로 말해서 그것은 **그의 영도력 때문이다. 그의 높은 사명감과 뛰어난 능력과 역사의식의 정당성 때문이다.**…

이제 우리는 창조적 새 역사의 문을 열고 유신행진의 힘찬 거보를 내딛었다. 정체도 후퇴도 이젠 우리의 것일 수 없다. 오직 전진이 있을 뿐이다. 모든 시련과 안팎으로부터의 도전은 전체 국민의 슬기로움과 단결된 힘이 뒷받침하는 영도자의 헌신으로 잘 극복·타개해

나가야 하는 것이다. 끝으로 우리는 **전체 국민과 모든 공직자들의 유신적 자각과 분발을 고무하면서 그 선두에 선 박 대통령에게 뜨거운 격려와 성원을 보내는 것이다.**

박정희 찬가를 늘어놓은 사설은 권력의 홍보지로 전락한 그의 몰골을 생생히 보여준다. 언론사로서 '자멸의 길'로 걸어가고 있다는 홍종인의 경고에도 아랑곳없이 그의 지면이 독재 권력에 용춤추는 배경에는 '사주' 방일영이 자리하고 있었다.

방일영은 대통령 박정희와의 술자리를 즐겼다. 현대사를 연구한 한홍구는 그 술자리를 다음과 같이 기록했다.

잘 알려진 것처럼 방일영은 박정희의 가까운 술동무였다. 군사반란으로 갑자기 정권을 잡은 박정희가 요정에 가보면 방일영은 화술로나 주량으로나 늘 좌중을 휘어잡았다. 박정희가 보기에 자기에 대한 마담이나 기생들의 대접은 깍듯하기는 해도 거리감이 있었지만, 방일영에 대해서는 대접이 극진하면서도 정감이 넘쳐났다. 하긴 방일영은 술이 거나해지면 동석자들의 지갑까지 털어 기생들에게 듬뿍 돈을 쥐어주었다니 누군들 마다했을까? 나이는 박정희가 다섯 살 위였지만 술집 출입의 경력으로 보나 여자들 다루는 솜씨로 보나 방일영은 "촌놈" 박정희보다 한참 위였다. 박정희는 자신을 "대통령 형님"이라 부르는 방일영을 "우리나라에서 제일 팔자가 좋은 사람"이라며 부러워했다. 그러면서 하는 말이 "낮에는 내가 대통령이지만 밤에는 임자가 대통령이구먼"이라는 것이었다고 한다… 조선일보사가 펴낸 방일영의 전기에 "권번券番 출신 기생의 머리를 제일 많이 얹어준" 사람이 바로 방일영이란 이야기까지 버젓이 나오는 것을 보면 박정희가 방일영을 그렇게 부른 것도 무리가 아니다(한겨레 21, 2001년 7월 4일).

한홍구가 밝힌 '술자리 비화'에 따르면, 박정희가 '밤의 대통령'이라 부른 것은 다분히 조선일보를 구슬려 삶으려는 의도가 냉소와 더불어 읽힌다. 그럼에도 조선일보의 고위간부가 공식 자리에서 방일영 회장을 '밤의 대통령'이라고 추어올리는 풍경은 안쓰럽기조차 하다.

실제로 어떤가. 창간 100돌을 맞은 조선일보사의 현직 기자들 가운데 박정희의 '유신 체제'를 "우렁찬 새 민족사의 창조를 위한 제4공화국의 첫 장이 열린 것"으로 생각하거나 그렇게 글을 쓸 기자가 과연 있을까.

그는 박정희가 술자리 밀실에서 암살된 뒤에도 틈날 때마다 높이 평가해왔지만 적어도 유신 체제까지 내놓고 두남두는 보도나 논평을 내보내진 않았다. 전두환 집권 이후부터 그랬다. 그런데 바로 그 유신체제가 출범할 때, 학생운동이 거세게 맞서고 야당과 재야도 비판하던 상황이었는데도 그의 사설은 '용비어천가'를 마구 읊어댔다. 권력 감시라는 저널리즘의 기본 가치는 물론 자신들이 '전가의 보검'처럼 내건 '불편부당'이나 '자유민주주의'와도 정면으로 충돌한다.

'권력의 나팔수'였음에도 그는 자신들이 유신체제에 정면으로 맞서 싸웠다고 내내 선전해왔다. 가령 창간 100년 사설의 다음 대목이 그렇다.

김대중 씨가 일본에서 납치됐다. 수사는 한 달 넘게 겉돌았다. 당시 주필은 한밤중 윤전기를 세우고 '이 사건은 국민에게는 어이없고 견딜 수 없는 횡액橫厄'이라며 진상을 밝히라는 사설을 실었다. 서슬 퍼런 유신 체제에 정면으로 이의를 제기한 보도였다.

그가 사뭇 당당하게 "서슬 퍼런 유신 체제에 정면으로 이의를 제기"했다고 주장한 근거를 좀 더 자세히 들여다보자. 1973년 8월 8일 김대중이 도쿄에서 '실종'된 뒤 8월 12일 중앙정보부원들과 함께 서울 동교동 집 앞에 나타나자 일본과 미국에서는 "한국의 정보기관이 김대중 납치사건을 주동했다"는 사실이 공공연히 퍼지고 있었다. 일본 정부는 "한국이 일본의 주권을 침해했다"면서 박정희 정권의 공식 사과를 요구했다. 일본 정부의 요구에 박정희 정부는 "정보기관의 김대중 납치 개입은 사실무근"이라고 부인했다. 이에 대해 그는 9월 7일자 사설 "당국에 바라는 우리의 충정/ 결단은 빠르면 빠를수록 좋다"를 내보냈다.

들려오는 일본의 여론 동향에는 우리로서 어딘지 못마땅하게 느껴지는 점이 없지 않은 것도 사실이다. 그러나 지금 그 말부터 내세울 수는 없는 일이다. 조금만 생각해 보아도 어느 나라가 그런 종류의 사건이 일어났을 때 개의치 않을 것이며 어느 국민이 대범하게 그것을 웃어넘길 수 있겠는가. 그런 불쾌한 반응을 탓하기보다 서둘러야 할 것은 실로 석연한 사건의 해결이다. 모멸적이어서 불쾌한 반응에 대하여 섭섭하다고 말하는 것은 사건 해결 연후에라도 조금도 늦을 것이 없다. …**일본과 일본인을 고깝게 생각하기에는 그 사건**

이 일본과 일본인에게 뒤집어씌운 오욕의 굴레는 우리에게 비길 것 이 아니다. 감정으로서 감정에 대하기에는 김대중 사건은 무리하기 가 이만저만이 아닌 만큼, 누가 저질렀던 간에 우리에게는 명예롭지 못하며 또한 그런 대립감정은, 일본인에게 한국인인 우리가 너무나 큰 핸디를 요구하는 것으로서 김대중 사건 못지않게 얼굴이 붉어지 는 일이란 말이다.

사설 제목 그대로 '충정'이다. 논조 또한 일본의 시각에서 생각해 보자는 수준이다. 과연 이 사설이 창간 100년 사설이 자랑하듯이 "서슬 퍼런 유신 체제에 정면으로 이의를 제기한 보도"인가?

사사는 주필 선우휘가 무슨 거사로 한 듯이 배경 설명을 늘어놓 았다. 주필이 한밤중에 윤전기를 세우고 발행인에게도 보여주지 않 은 채 갈아 끼운 사설이라는 것이다. 사사에 따르면 중앙정보부가 총동원돼 조선일보 회수에 착수했으나 이미 신문은 독자들 손에 다 들어간 후였으며, 선우휘는 간결한 글귀와 함께 사장에게 사직 서를 내고 몸을 피했다.

"일생일대의 과오를 저질렀습니다. 국가의 체면과 조선일보의 명예를 위하여 어쩔 수 없는 일인 줄 알면서도 독단 전횡한 소생을 용서해주십시오."

사사는 "결국 10여 일 간에 걸친 중앙정보부와의 교섭 끝에 방 사장 명의의 편지가 이후락에게 전달되면서 사태는 일단락됐다"고 적었다. 얼마나 큰일을 했다고 주필과 발행인이 권력과 '은밀한 교 섭'을 벌인 건지 쓴웃음마저 나오는 대목이다. 주필이 사주에게 '소 생을 용서해 달라'고 적은 대목은 기막히기도 하다. 그 민망한 소동을 사사에서 자랑할 만큼, 그가 유신체제에 비판의 목소리를 담아내지 못했다는 자기고백에 지나지 않는다.

그럼에도 인정해줄 수 있다. 다만 그가 "서슬 퍼런 유신 체제에 정면으로 이의를 제기한 보도"는 그것뿐이다. 그가 두 손 들어 유신체제를 찬양했음에도 대학가와 재야에서 비판 여론이 높아가자 박정희는 1975년 5월 13일 긴급조치 9호를 선포했다. 긴급조치 9호는 유신헌법을 반대하거나 '비방'하는 행위를 금지하고, 대학생의 '사전 허가 없는 집회와 시위 및 정치 관여'를 모두 틀어막았다. 자유민주주의를 유린한 유신헌법조차 명문화 해놓은 국민의 기본권을 아예 박탈한 초헌법적 조치였다.

그럼에도 그는 "새 질서 확립의 이정里程/ 긴급조치 선포를 보고" 제하의 사설(5월 15일자)을 통해 긴급조치 9호를 적극 지지했다. "우리의 입지조건을 지양하는 날을 가져온다는 이념과 결의에서 유신을 지향한 헌법이 마련됐고, 그 헌법이 우리에게 요청한 새로운 생활질서를 외면하고 우리가 달리 갈 길이 없음을 이 시점에서 거듭 확인하는 것"라고 옹호했다.

유신체제와 철저히 손잡은 그는 상업적으로 몸을 부풀렸다. 1979년 3월에 '1백만 부 목표를 달성'했노라고 자랑했다. 유신 독재체제를 내놓고 홍보하는 신문이 1백만 부 발행된다면, 그것은 자유민주주의를 위해 바람직한 일인가, 아니면 해악인가.

그가 자신의 사세를 과시한 바로 그해에 박정희는 연예인을 불러 술판을 차려놓고 즐기다가 중앙정보부장의 총에 맞아 죽었다. 그는 다음 날인 10월 27일자 1면부터 대대적으로 특집기사를 내보냈다. 10월 28일자는 1면부터 7면까지 모두 박정희에 관한 기사로 가득 채웠다. 그의 박정희 영웅화는 11월 3일에 치러진 '국장國葬'에서 절정에 이르렀다. 국장 당일 낸 "박정희 대통령을 보내며" 제하의 사설은 심지어 경어체로 썼다.

오늘 3천 6백만 국민은 국장으로 고 박정희 대통령을 국립묘지에 모십니다. 옷깃을 여미고 경건한 마음으로 애도 드리며 삼가 명복을 비는 바입니다. 1917년에 태어나 62세를 일기로 세상을 떠나는 고인은 실로 '운명의 인人'입니다. 그 전반생前半生은 나라 잃은 백성의 한 사람으로 살아야 하였고, 그 후 반생은 분단된 국토에서 살아야 하였습니다.

5·16으로 '불행한 군인'을 자처하며 국정의 책임을 한 몸에 지님으로써 '운명의 인'이 되었습니다. 그리고 '운명의 인'으로서 살아온 이 20년을 우리의 유구한 역사 속의 '운명의 시대'로 만들었습니다⋯ 이제 고인은 3천 6백만 국민과 유명을 달리함으로써 역사 속의 '추억의 인'이 되었습니다. 그러나 역사는 이어져야 합니다. 현재를 살며 미래를 향하여 그것을 밀고 나가야 하는 것이 3천 6백만 국민입니다⋯ 고인의 서거는 우리 국민이 얼마나 정이 깊고 착한 백성인가를 새삼스럽게 깨우쳐 주었습니다⋯ 정이 깊은 국민은 착한 국민입니다. 착한 국민은 이제 강한 국민이 될 것입니다. 그것이 바로 가신 고인이 3천 6백만 국민에게 바라는 것이 아니겠습니까. 그래도 유가족을 생각하면 또 한 번 애달픈 슬픔에 빠집니다. 그러나 착한 국민의 깊은 정으로 뿌려지는 눈물로 하여, 결코 유가족은 외롭지 않으리라는 생각에서 유가족의 슬픔을 위로하는 동시에, 저마다의 슬픔을 달래야 할 것입니다. 박정희 대통령 각하, 고이 가십시오.

조선 평전

방일영 – 우영 형제로선 온갖 특혜를 준 "대통령 형님"의 죽음이 몹시 아쉬웠을 터다. 하지만 박정희는 자유민주주의를 총칼로 뒤엎고 쿠데타를 일으킨 뒤 자신의 독재정권을 유지하려고 3선 개헌과 유신 개헌, 긴급조치를 선포했으며 민주화운동가들을 사법 살인한 독재자였다.

박정희가 '영구 집권'에 나서자 '우리 헌정사상 일대 전기'를 이루리라며 사설로 찬양했지만, 1979년 10월 26일 중앙정보부장 김재규의 총탄에 맞아 대통령이 비명횡사하기까지 유신체제의 전개 과정은 문제의 사설이 민주주의를 짓밟은 독재자에 대한 아부와 허무맹랑한 선동이었음을 입증해주었다.

그럼에도 박정희를 21세기에 들어서서도 틈날 때마다 영웅화하면서 창간 100주년 사설에서 다음과 같이 언죽번죽 주장한다.

"어려운 시기 조선일보는 자유민주주의와 시장경제를 골간으로 한 대한민국의 건국과 발전을 일관되게 지지하며 함께했다."

더 큰 문제는 군부독재가 물러난 뒤에도 자신과 생각이 다른 사람들을 모두 틀린 사람으로 몰아세우며 '빨간 색깔'을 칠해온데 있다. 사상과 표현의 다양성, 다름과 틀림을 구분할 줄 모르는 군사 문화적 사고가 뼛속까지 스며들어서이다. 그런 사고를 소유한 자가 '자유민주주의'를 신봉 내지 수호한다고 자처하는 지면은 얼마나 살풍경인가. 아니, 우스개인가.

자유민주주의와 독재

6

시장과 독과점

자유민주주의를 일관되게 지지해왔다는 그의 주장이 얼마나 진실에 가까운가를 살펴보았다. 그렇다면 시장경제는 어떨까. 그는 2020년 창간 100돌 사설만이 아니라 틈날 때마다 자유민주주의와 시장경제를 강조하며 대한민국 국가 정체성의 '바이블'로 삼아왔다.

먼저 그가 언제나 부르대온 시장경제의 개념부터 짚어보자. 시장경제에 대한 가장 보편적인 합의는 국어사전 뜻 그대로 '자유로운 경쟁 속에서 수요와 공급을 통해 상품의 가격이 형성되는 경제'이다. 여기서 유의할 것은 '자유로운 경쟁'이다. 이미 이승만 정부와 박정희 정부가 어떻게 자유민주주의를 유린했는가를, 그럼에도 그가 얼마나 지지했는가를 살펴보았지만, 두 정부의 경제 정책 또한 시장경제가 아니었다. 이승만 정부에서도 박정희에서도 시장의 자유로운 경쟁은 없었다. 이승만 정부는 일제가 쫓겨 간 뒤 적산불하와 무상원조의 배분 권한을 거머쥐었고, 박정희 정부는 경제개발계획을 본격적으로 추진했을 뿐만 아니라 차관 도입을 비롯한 특혜와 정경 유착으로 사실상 시장을 통제했다.

이승만과 박정희만이 아니라 전두환의 경제정책도 시장경제가 아니었다. 시장에 정부의 영향력은 막강했다. 따라서 한국의 경제 성장을 시장주의에서 찾는 주장은 학문적으로도 근거가 약하다. 심지어 그는 박정희 시대 이룩한 경제 성장 덕분에 오늘날의 자유민

조선 평전

주주의가 가능했다는 주장까지 서슴지 않는다. 하지만 학계의 시각은 다르다. 설령 박정희 시대에 이룬 경제 성장이 자유민주주의를 가져왔다고 하더라도, 그것은 '의도하지 않은 결과'이거나 '부산물'에 지나지 않는다고 보아야 설득력이 있다.

인간 박정희는 일생을 통해 민주주의에 대한 신념을 가져본 적이 없었다. 경제성장 이후에나 생각할 수 있다며 주장한 '한국적 민주주의'는 설령 박정희가 1979년에 숨지지 않았더라도 구현되지 못했으리라는 분석이 더 논리적이다. 박정희가 1960년대보다 경제성장이 더 진전된 70년대에 되레 더 억압적인 정치체제를 만들었기 때문이다.

더러는 박정희 정부가 기업들에게 '선별적 유인' 정책을 폈다는 점에서 시장을 중시했다고 주장하지만, 그보다 더 중요한 것은 그 '선별'을 다름 아닌 권력이 했다는 사실이다. 경제개발계획을 세워 밀어붙인 박정희 정부도 뒤이은 전두환 정부도 '자본가에 대한 규율'의 끈을 놓지 않았기에 그들을 시장주의자로 이해하는 것은 도무지 현실과 부합하지 않는다.

정치권력이 인위적으로 만들어놓은 시장의 틀 안에서 경제성장을 이루는 형태는 언론시장에서도 그대로 관철되었다. 말 그대로 신문시장에서 자유경쟁이 이뤄졌다면, 원천적으로 그의 복간이 불가능했거나 더 늦춰졌을 가능성이 높다. 스스로 밝혔듯이 미군정의 도움으로 복간할 수 있었기 때문이다. 그럼에도 신문시장에서 그의 점유율은 1970년대까지 내내 높지 않았고 그만큼 영향력도 동아일보와는 견줄 수 없었다.

그가 신문시장에서 처음으로 발행부수 1위가 된 시점은 1945년 11월에 복간한 이래 반세기 가까이 지난 1990년대에 접어들면서였다. 그렇다면 마침내 그가 시장의 자유경쟁에서 이긴 것일까. 신문시장에서 그가 가장 많은 발행부수를 기록하며 독과점에 이르는 과정, 그 진실을 찬찬히 톺아보자.

1962년 6월 박정희의 군정은 '언론정책 25개항'을 발표했다. 조·석간으로 하루 두 차례 발행되던 신문을 조간지와 석간지로 나누되 증면하고, 통신사는 1~2개로 자진 통합하는 한편 신문용지, 원목의 수입관세를 인하했다. 쿠데타 군부가 발표한 언론정책에는 '신문용지와 원목의 관세 인하'는 물론 '기자의 취재 편익 제공'이라는 당근도 들어 있었다. 게다가 '시행 세칙'에는 신문 발행 요건을 까다롭게 함으로써 새 언론사 등록을 사실상 불가능하게 만들었다. 이미 민중의 사랑을 받으며 빠르게 성장했던 민족일보는 폐간되고 사장 조용수는 처형된 상황이었다. 그를 비롯해 주요 일간지들은 독과점을 누릴 기회를 맞았다.

그는 1면에 "언론에 대한 최고회의의 정책 발표를 보고" 제목의 사설(6월 29일자)을 싣고 군정의 '언론정책'을 높이 평가했다.

박 의장의 최종정책을 바탕으로 한 것이며 관찰에 따라서는 **한국 언론사상의 획기적인 신기원을 이룩하려는 야심작**이라고 할 만한 것이다. 정치, 경제, 문화, 사회의 각 분야에 긍프하여 주저 없이 소신껏 개혁을 속단 즉결해온 혁명당국이 이렇듯 언론부문에 관해서는 **신중에 신중을 거듭했다**는 것은 그것이 곧 민주국가에 있어서의 언론의 기능을 중대시하고 **언론인을 존중했다는 양식의 증좌**인 것으로 보아 마지않는 것이다. 그와 함께 이번의 언론정책 공표를 계기로 '정책' 중 기본 방침 제5로 명시한 **"언론인의 과거는 일체 불문에 부附함"을 원칙으로 하는 공약의 첫 실천**으로서 현재 필화사건으로 구속 중에 있는 전 언론인의 석방을 박 의장이 지시한 데 대하여 우리는 깊은 감회를 느낀다. 법률적인 견지에서 여러 가지로 음미할 만한 문제이긴 하나 대담솔직하게 **언론계의 새출발을 고무해준 훌륭한 선물**로 받아들이는 동시에 '언론정책'에 표현된 혁명당국의 의도를 정당하게 평가하는 좋은 계제가 될 것이다.

박정희가 설정한 신문시장 진입 장벽으로 독과점을 형성한 신문사들은 1960년대 후반 들어 '기업형 언론'으로 변질되기 시작했고 그만큼 권력과 유착해갔다. 특히 그는 한일국교정상화 이후 처음으로 일본의 민간차관 400만 달러를 연리 6%에 들여와 코리아나 호텔을 지었다. 신문사가 서울 도심에 호텔을 짓는 행태도 이해하기 어려운 일이거니와 무엇보다 은행 금리가 연 25%를 넘던 시절에 연 6%의 차관은 엄청난 특혜였다.

1968년 3월 15일, 발행인 방우영은 〈기자협회보〉와 가진 인터뷰에서 "코리아나호텔이 완성될 예정인 1970년을 '조선일보 비약의 해'로 설정했다"고 밝혔다. 3선 개헌은 바로 그 '비약의 해'를 앞두고 일어났다.

여기서 코리아나 호텔과 관련한 비화를 소개한다. 조선일보 워싱턴특파원으로 일했던 문명자는 1999년에 출간한 회고록 『내가 본 박정희와 김대중』에서 코리아나 호텔 배경에 '황태성 사건'이 있다고 기록했다. 문명자는 유신체제 때 미국으로 망명해 백악관을 30여 년 출입한 기자다.

황태성은 1961년 9월 1일 남쪽으로 잠입하기 직전까지 이북 정권의 무역성 부상(차관)으로 일했다. 1930년대에 황태성은 박정희의 친형 박상희와 가까운 친구였다. 박상희는 미군정 시기에 일어난 대구항쟁의 주모자로 피살된 사람이다. 박정희가 쿠데타로 정권을 장악하자 황태성은 자신을 형처럼 따르던 박정희를 만나러 휴전선을 넘어왔다.

그 상황을 당시 서울에서 CIA 비노출 요원으로 일하던 래리 베이커가 파악했다. 베이커가 사건의 진상을 정리하며 박정희와 주변 인물들의 사상적 경향을 분석했다. 박정희는 황태성을 처형하고 민간인 신분이던 베이커를 미국으로 추방했다. 1963년 10월 9일 대통령 선거를 일주일 앞둔 상황에서 야당 후보 윤보선은 '황태성 사건'의 의문점을 강력히 제기하고 박정희의 사상문제를 선거 쟁점화했다. 그 시점에 문명자는 미국에 돌아와 있던 베이커의 분석보고서를 입수했다. 다음은 회고록에 나오는 대목이다.

나는 래리 베이커의 증언을 즉시 기사화해서 조선일보로 타전했다. 그런데 웬일인지 이 특종성 기사가 보도되지 않았다. 실망이 컸지만 그 무렵 내가 보낸 기사 중 상당수가 휴지통으로 들어가고 있었기 때문에 대통령 선거를 코앞에 둔 군사정권의 압력 때문에 그렇게 됐겠거니 짐작했을 뿐이다…그런데 그로부터 거의 10년이 지난 1971년 나는 뜻밖에도 김형욱의 입에서 내가 보낸 래리 베이커 서면 인터뷰 기사가 조선일보에 실리지 못하게 된 이유를 듣게 되

조선 평전

었다. 당시, 김형욱은 중앙정보부장에서 밀려나 공화당 전국구 의원으로 있으면서 중앙정보부장 이후락의 위협과 견제로 전전긍긍하던 처지였다. 그는 멕시코를 방문하고 오다가 뉴욕에 들렀는데 역시 유엔 취재를 위해 뉴욕에 있던 나와 '우리하우스'라는 한국 음식점에서 식사를 같이 하게 되었다. 이 자리에는 동아일보 기자로서 당시 컬럼비아 대학에서 1년 연수 과정을 밟고 있던 이웅희도 함께 있었다. 김형욱은 이런저런 얘기를 늘어놓았는데… 갑자기 내가 옛날에 썼던 황태성 기사 얘기를 꺼냈다.

"문 기자가 보낸 황태성 관련 기사 말이요. 그거 보고 나는 사실 문 기자가 굉장히 무섭게 생긴 여성인 줄 알았소."

"래리 베이커가 증언한 기사 말이죠? 그런데 황태성이를 진짜 죽이기는 죽였습니까?"

"63년 대통령 선거를 앞두고 미국에서는 계속 황태성이를 넘기라는데 박 의장은 계속 미루지, 참 혼났습니다. 그래서 내가 이래가지고는 선거 못 한다고 밀어 붙여서 CIA에다 넘겼지요. 사형 판결 뒤에도 박 의장이 굉장히 아쉬워하면서 사형 집행 결재를 계속 지연시키는 거요. 결국 내가 다시 밀어붙여 받아냈지요. 그런데 문 기자가 보낸 기사 말이요. 그거 사실은 내가 가지고 있었지."

나는 깜짝 놀라 되물었다.

"그게 왜 김 부장한테 갔습니까?"

"방일영 씨가 그 기사 가지고 나한테 왔습디다. 받아서 읽어 보니 등에 식은땀이 나더구먼. 얼른 비서실장 불러 금고에 넣으라고 하고 '뭘 도와 드릴까요' 했지요."

"그래서요?"

"방일영 씨가 '융자 좀 해 달라'고 합디다. 그래서 결국 한 2~3억 해줬지 아마."

"뭐라구요?"

나는 분통이 터져서 견딜 수가 없었다. 박정희의 집권과 함께 한국 언론도 권력의 시녀 꼴로 전락해 버렸지만 그래도 60년대 초반까지는 언론으로서 기백이 살아 있었다고 할 수 있다. 그런데 그 당시에 이미 자사 기자의 기사를 중앙정보부장에게 갖다 바치고 돈을 얻어 쓴 언론사 사주가 있었다니, 나는 분노를 삭일 수가 없었다… 방일영은 김형욱 하고만 거래했던 것이 아니었다. 69년 김형욱과 같은 시기에 비서실장에서 물러났던 이후락이 당시 김학렬 경제기획원 장관에게 "이것만은 꼭 해줘야 한다"고 신신당부한 것이 바로 코리아나 호텔 건설 자금이었다고 한다.

당시 2~3억은 쌀 한가마니 값 비율로 환산하면 지금 수백억 원이다. 더구나 국내에 유통되는 자금 규모가 지금과는 비교할 수 없을 만큼 작았다. 문명자의 회고록은 구체적이어서 그녀가 조작해서 거짓말을 늘어놓을 이유는 없어 보인다. 당시 방일영이 "대통령 형님"과 술자리 동무였던 "밤의 대통령"이었다는 증언과도 이어진다. 권력 감시가 본령인 언론사의 최고 책임자가 민중들로부터 3선 개헌 따위로 독재정권이라는 비판을 받던 권력자와 '술자리 동무'로 지내며 권언유착을 내놓고 벌였던 사실은 고스란히 지면으로 나타났다.

'중립지'를 자임한 그는 박정희의 3선 개헌공작을 적극 돕는 과정에서 서울 한복판에 코리아나호텔을 세웠고 신문시장에서 점유

율을 높여 갔다. 시장의 자유로운 경쟁과는 거리가 한참 멀었다. 하지만 유착의 막바지인 1979년 10월 26일 밤에 대통령 박정희는 사망했고, 그와 방일영은 큰 충격을 받았다. 이미 유신독재에 순치될 대로 된 언론인들에게 새로운 상황은 위기로 다가올 수밖에 없었다. 특히 유신독재를 미화하고 찬양해온 그는 더 그랬다. 10·26 정변이 일어나자 그는 박정희를 추모하며 유신체제를 비판하는 목소리들을 '유언비어'로 몰아갔다. 때마침 국군보안사령관 전두환 소장이 합동수사본부(합수부) 본부장 자격으로 언론에 처음 등장했다. 전두환은 군내 사조직인 '하나회의 리더'였다.

하나회는 1963년 전두환 노태우 정호용을 중심으로 육군사관학교 11기생들이 비밀리에 결성했다. 고위 장성들을 견제하기 위해 박정희는 군내 사조직인 하나회를 묵인하고 '총애'했다. 박정희 체제에서 출세 가도를 달리며 친위세력으로 커간 하나회는 10·26 사건 이후 권력 공백기에 가장 눈여겨볼 세력이었다.

일본의 마이니치신문은 이미 1979년 11월 1일에 "전두환 계엄사 합수본부장, 한국의 실권을 잡다" 제하의 기사에서 일본 외무성의 소식통을 인용해 "한국은 현재 군부가 국정과 치안의 전반을 책임지고 있다"고 보도했다. 추정컨대 미국과 일본 정보기관으로부터 정보를 받았을 기사는 육사 11기가 전후방 사단장을 맡고 있으며 합수부가 10·26 사건의 수사 책임을 지고 있어 전두환 소장이 실권자가 될 것이라고 내다봤다.

같은 시기에 그는 박정희에 대한 대대적 '추모 보도'와 함께 군부에 대한 '찬사 사설'을 지속적으로 내보냈다. 물론, 마이니치 기사는 편집국 안에 공유되고 있었을 터다. 그는 사설을 통해 "지금 국군은 실로 막중한 책임을 수행하고 있다"(11월 1일자)거나 "우리가 증오하는 것은 몰지각한 탈법행위이며 안정을 뒤흔드는 파괴 행위일 뿐이다. 우리는 60만 우리 군을 절대 신뢰하고 그들을 지원하고 그들을 고무하자. 그들의 엄존으로 1백 55마일 모든 전선에 미동도 이상도 없음을 확인했다. 오히려 후방을 염려하는 우리 국군이었다"(11월 4일자)고 강조했다.

11월 10일 '시국에 관한 대통령 권한대행의 특별담화'를 통해 최규하 총리는 1980년 1월 25일에 끝나는 권한대행의 잔여 임기 이전에 대통령선거를 실시해 새로 선출되는 대통령에게 정부를 이양하겠다고 밝혔다. 새로 선출되는 대통령은 전임 대통령의 임기를 채우지 않고, 현실적으로 가능한 빠른 기간 내에 헌법을 개정한 뒤 그 헌법에 따라 선출하자는 의견을 덧붙였다.

최규하의 담화는 유신체제의 틀로 새 대통령을 선출한다는 점에서 유신헌법 철폐와 민주화를 열망하는 사람들의 기대와 어긋났다. 재야 민주화운동 세력은 크게 반발했다. '민주통일국민연합' 공동의장단은 성명서를 통해 유신헌법에 따라 통일주체국민회의를 통해 대통령을 선출하겠다는 최규하의 특별담화문을 비판하고, 민주화를 위해 민주헌법을 3개월 이내에 제정할 것, 최규하 대행의 즉각 사퇴와 과도정부로서 거국민주내각 구성, 민주화 인사들 석방과 복권 복직, 계엄령 해제를 요구했다.

담화 발표 다음 날 그는 큼직한 통단 사설 "질서 있는 민주발전의 길"을 통해 대통령권한대행 최규하가 밝힌 정치일정을 적극 지지하고 나섰다. 그 시점에 외국 언론들은 이른바 '신군부'의 야심을 보도해가고 있었기에 조선일보 기자들 또한 모를 리 없었을 터인데 그랬다.

최규하는 담화대로 유신헌법에 따라 치러진 대통령 선거에서 당선됐다. 그는 사설을 통해 큰 의미를 부여했다. 최규하 당선 다음 날인 12월 7일 국무회의 의결을 거쳐 긴급조치 9호를 해제했다.

그는 바로 다음 날(12월 8일자) 사설에서 "그런 조치가 뒤늦게나마 해제된 것을 우리는 이 나라의 민주 발전을 위해 크게 환영하며 극히 다행한 일이라고 생각한다"면서도 생뚱맞게 피해자들의 신중함을 요구했다. "이 기회에 당부하고자 하는 것은 이들이 전면 복권과 복교를 기다리면서, 대국적 견지에서 극기하고, 행동을 신중히 하여 인격적으로 존경을 받도록 해주었으면 하는 것"이라고 도덕적 잣대를 들이댔다. 같은 날 2면에 실린 '정치부기자 방담' 기사를 보면, 조선일보 정치부 기자들은 긴급조치 "해제의 발표를 듣고 보니 북괴의 침략 야욕은 여전한데 어떻게 풀릴 수 있을까 하는 점을 생각지 않을 수 없"다거나 "10·26 사태로 긴급조치가 풀릴 수 있다는 것은 상황과의 관계가 아니라 통치권과의 관계라는 결론이 나올 것"이라고 말했다.

10·26 정변으로 대통령 박정희가 갑자기 사망한 뒤 정국은 유신독재 세력과 민주화운동 세력의 대결 구도로 전개되고 있었다. 두 세력 안에서도 각각 정국 대처 방안을 놓고 분화가 진행됐다.

유신독재 세력 내부의 온건파는 계엄사령관 겸 육군참모총장 정승화 대장을 비롯한 공식 지휘계통이었다. 온건파는 새 헌법을 만들어 민간정부를 수립하는 일정을 지지했다. 강경파는 군내 사조직 하나회를 중심으로 한 소장파들이었다. 전두환 소장은 합동수 사본부장을 겸하며 10·26 사건 이후 정보를 독점한 채 막강한 영향력을 행사하고 있었다. 박정희의 총애를 받아온 그들은 10·26 사건 이후 자신들이 곧 제거될 가능성이 높다고 판단했다. 하나회를 탐탁치 않게 여겨온 장성들이 핵심 보직에 임명되거나 전두환이 동해경비사령관으로 좌천된다는 정보들이 나돌았기 때문이다. 결국 대립했던 두 세력 사이에서 육군 대장·중장들은 방심했고 그 틈을 타 소장 중심의 하나회가 '선수'를 치며 12월 12일 하극상의 군사반란을 일으켰다.

군부 강경파는 12·12 군사반란을 통해 군권을 장악하면서 최규하 정권의 실세로 등장했다. 그 이전부터 '신군부'에 주목한 외국 언론들은 상황의 심각성을 잇달아 보도했다. 미국 또한 12·12 군사반란 이후의 한국 상황이 최규하를 수반으로 하는 형식적 정부와 신군부의 실질적 권력이 작동하는 이중권력 구조라고 판단했다.

그럼에도 그는 사실 뒤에 숨어 있는 진실을 전혀 보도하지 않았다. 12·12 군사반란에 단순히 침묵만 한 것도 아니다. 그는 12월 16일자 신문의 1면 머리기사에 정부 고위 소식통의 말을 인용해 "12·12 사건으로 정부의 정치발전 스케줄에 전혀 차질이 없을 것"임을 부각해 편집했다.

비록 유신헌법에 근거했지만 엄연히 대통령으로 선출된 최규하의 재가도 없이 무장한 군인들이 육군참모총장 공관에 난입해 계엄사령관을 멋대로 연행하는 희대의 하극상을 저질렀는데도, 그는 정치발전 일정에 차질이 없을 것이라는 반란자들의 발표를 그대로 또박또박 받아 적기만 했다. '전두환 군부'의 이어지는 연막전술에 그는 보도와 논평으로 적극 동조했다. 그는 "이후 계엄사령관의 담화문" 제하의 사설(12월 20일자)에서 아예 "군의 입장이 전 국민의 공감과 지지를 받아 마땅하다"고 주장했다.

숨겨진 사실을 드러내는 진실 보도의 의미를 되새기기도 민망할 정도다. '진실의 수호자'를 자처하는 2020년대의 조선일보 기자들 가운데 감히 전두환을 내놓고 두남둘 언론인이 지금 있을까. 없으리라 믿는다. 만일 그렇다면, 진실의 수호자를 자처하기에 앞서 자신이 몸담고 있는 신문이 어떻게 신문시장에서 독과점업체가 되었는가를 차분히 성찰하길 권한다.

그는 1979년 12월 30일자 사설 "격동의 70년대를 보낸다"에서 지난 10년을 되돌아보며 거듭 군부에 대한 지지 이상의 낯 뜨거운 '아첨'을 담았다.

79년과 그리고 70년대를 함께 보내면서 우리는 그렇게 기도하고 싶은 심정으로 우리의 이제부터를 생각해본다. 그러면서 이 순간에도 전방의 촉각으로 이어지는 우리의 신경임을 자의식 한다. 그래서 군에 당부한다. **분단의 비극이 해소되는 날까지 현실적으로 이곳, 이 땅의 궁극적 운명은 군의 어깨에 달려 있다. 어떤 논리에도 불구하고 그것이 우리의 오늘의 생존의 조건이고 상황이다.** 더 보탤 말이 있겠는가. 제대로 한 가닥 감상도 만만하게 가지지 못한 채 우리는 79년 – 70년대 마지막 세모를 보낸다.

그는 물론 대다수 신문과 방송이 전두환 군부의 연막전술에 동조하면서 대다수 국민은 12·12 군사반란을 심각하게 받아들이지 않았다. 정치권도 단순히 군 내부의 강·온파 충돌로 보고 싶어 했다. 그 틈을 타고 전두환 군부는 자신들의 계획을 하나둘 밀어붙였다. 먼저 국군보안사령부 내부의 정보처를 대폭 확대한 뒤 정치는 물론 경제·사회·언론·종교 영역까지 치밀한 공작을 전개했다. 가령 정보처는 1980년 2월에 언론 업무를 담당하는 언론계를 두는 한편 언론사 간부들의 성향 파악과 회유에 나섰다. 언론의 도움을 받아 '국정 안정론'을 여론화 하면서 김영삼 김대중 김종필 3김과 달리 군부를 '안정 구축세력'으로 이미지화 해갔다.

보안사령부의 '언론 공작 효과'는 컸다. 고위 언론인들을 회유하고 포섭함으로써 학생운동과 노동운동에 대한 여론을 악화시키고, 김영삼 김대중 김종필의 경쟁을 '구태 정치의 파벌 싸움'으로 몰아갔다. 특히 'K-공작계획'에 따르면, 언론사의 간부들을 회유 대상자로 선정하고 적극 활용하는 세부계획을 만들어 실천에 옮겼다. 비단 언론인들만이 아니었다. 학자·평론가들의 기고를 조종하는 방안과 신문의 독자란을 활용하는 방안까지 입안해 실행에 옮겼다

그 과정에서 자발적으로 전두환 군부의 집권을 돕는 언론인도 있었다. 다름 아닌 선우휘 주필이다. 1980년 1월 30일 일본 극우 신문 산케이와의 회견에서 선우휘는 사뭇 정직한 사람이라도 되는 듯이 말했다.

언론규제는 없는 것이 낫다. 하지만 **한국에서 언론의 제약이 가해져도 하는 수 없는 상황이 있다.** 4.19에서 5.16까지의 1년은 어떠했

는가. 언론의 자유와 책임이 전혀 양립되어 있지를 않았다. 하룻밤
새 모든 신문이 정부에 대해 비판적으로 나서게 되고 1년 내내 연일
조석간을 통틀어 정부를 두들겨 팼다… 그 사태를 한국의 언론이 심
각하게 반성하지 않고 5.16에 의해 언론규제를 받게 되자 이번에는
언론의 자유를 붙잡고 '슬픈 노래'를 부른다는 것은 너무도 감상적
인 처사이다.

군부의 언론 통제를 정당화하는 '감상적 망언'이었다. 하지만 당
시 모든 언론인이 선우휘 같지는 않았다. 경향신문과 한국일보 기
자들은 언론 자유의 신장을 요구하는 성명을 발표했다. 아직 신문
사나 방송사에 노동조합이 없던 시절이었기에 한국기자협회가 중
심이 되었다. 하지만 그는 박정희가 틀 지워놓은 언론시장에서 독
과점의 특혜를 누구보다 톡톡히 누려왔기에, 더구나 방일영은 대
통령 박정희가 술자리에서 붙여준 '밤의 대통령'이란 말을 은근히
즐겨왔기에, 언론계 안팎에서 불어오는 민주화 바람이 여러모로 불
편할 수밖에 없었다. 그는 기사는 물론 '독자 논단'까지 활용해서
정치 발전이나 학생운동에 부정적 시각을 덧칠해갔다.
　'서울의 봄'이 익어가던 4월 11일, 그는 미국의 시사주간지 〈뉴
스위크〉가 보도한 "한국의 변화 바람"이라는 정치 분석 기사를 어
느 언론보다 부각해서 보도했다. 뉴스위크는 4월 3일자로 박정희
사후 한국의 정치상황을 분석한 기사를 내보냈다. 이미 열흘 전에
나온 기사이기에 뒤늦게 그가 뉴스위크 기사를 실은 배경에 의구
심을 품을 수밖에 없었다. 문제의 기사에는 3김에 대한 비판이 다
음과 같이 담겨 있어 더 그랬다.

비록 세 김 씨가 지도적인 대통령 후보이긴 하지만 이 중 어느 누구도 이상적인 인물로 나타나지 않고 있다. 한 노련한 외교관은 "**김영삼 씨는 능력이 좀 모자라며, 김대중 씨는 너무 과격한 것으로 생각되어 있고, 김종필 씨는 너무 때 묻어 있다**"고 말했다. 많은 분석가들은 만약 신민당이 양분되어 야당표가 분산될 경우에만 김종필 씨가 승리할 수 있을 것으로 생각한다. 이런 목적을 위하여 김종필 씨를 밀고 있는 경제인들은 정치자금을 김영삼 씨 돈궤에도 넣어주고 있으며, 군부는 김대중 씨를 그들이 결코 받아들일 수 없는 '좌익'이라고 사적으로 불신하고 있다.

그가 미국 시사주간지를 인용해 부각한 "김영삼 씨는 능력이 좀 모자라며, 김대중 씨는 너무 과격한 것으로 생각되어 있고, 김종필 씨는 너무 때 묻어 있다"는 서술이 두고두고 한국 정계 안팎에서 무슨 '지침'처럼 나돈 세태에선 사대주의를 엿볼 수 있어 서글프기도 하다.

같은 날 그가 실은 두 편의 사설은 확연히 대조적이다. 먼저 "시급한 대학 소란의 수습" 제하의 사설은 대학들이 학내외 문제로 큰 진통을 겪고 있으며 "대학 내의 진통과 동요가 크다는 것은 침통하고 불행한 일"이라고 썼다. 이에 반해 "제군의 영광과 책무/ 3군 사관학교 졸업생에게" 제목의 사설은 육·해·공 3군 사관학교 졸업생들에게 "조국에 대한 제군의 충성과 그 의지에 나라의 명운이 달려 있다"고 당부했다. 누가 보더라도 대학생과 사관생도를 대비한 의도적 사설이다.

'서울의 봄'이 '안개 정국'으로 표현되기 시작할 무렵에 보안사령관 전두환은 중앙정보부장을 겸임한다고 발표했다. 막강한 두 정보기관을 한 사람이 틀어쥐는 것은, 더욱이 군사반란을 주도한 현역 장성이 중앙정보부까지 맡은 것은 우려할만한 권력 집중이 아닐 수 없었다.

그럼에도 그의 보도와 논평에서 '권력 감시'는 전혀 찾을 수 없다. 오히려 그는 4월 15일자 1면에 전두환의 프로필까지 비중 있게 보도했다. 프로필 기사는 전두환이 "12·12 사태를 거치면서 군의 핵심적인 리더로 부상했으며 중앙정보부장 서리로 발탁된 것으로 보아 그의 위치는 더욱 강화될 것으로 보인다"고 썼다. 이어 "그가 박정희 대통령 시절에도 소장파의 심벌로 박 대통령의 촉망을 받았으며 선후배의 선망의 대상이 되기도 했다"고 추켜세웠다.

그가 전두환을 전적으로 부각한 배경에는 1964년부터 79년까지 조선일보 기자로 재직하다가 주일대사관 공보관으로 들어간 허문도의 정보가 한 몫을 했다고 추정할 수 있다. 그는 마이니치 보도는 물론 일본 정가와 정보기관에서 전두환을 실세로 바라보고 있음을 방일영·우영 형제나 고위 간부에게 전해주었을 가능성이 높다. 허문도는 이미 1980년 2월초에 보안사령관실에서 전두환을 만났고, 4월 16일 중앙정보부장 비서실장에 기용됐다. 기자였던 그가 주일대사관 공보관으로, 다시 중앙정보부장 비서실장으로 자리를 옮기면서 조선일보와 전두환 군부 사이에 '창구'가 되었을 것은 충분히 짐작할 수 있는 일이다.

전두환으로 권력 집중에 자극받은 대학생들은 학원민주화를 넘어 계엄 철폐를 요구하며 교문 밖으로 나왔다. 그러자 그는 5월 15

일자 1면에 "학원으로 돌아가자" 제목의 사설을 싣고 "학생들이 더이상 가두로 나온다든가 더욱이 폭력적 행동에 호소하는 사태가 벌어진다면 민심으로 보아 사회로부터의 고립을 면치 못할 것"이라고 경고했다. 사설과 맞물린 1면 머리기사 제목도 큼직하게 "학원사태 연쇄 대책회의/ 신현확 총리 총학장에 1차 수습 노력 당부 / 김옥길 문교, 현 사태는 자율화 한계 넘어"로 달았다.

서울을 비롯해 전국 50여개 대학 총학생회장들은 자칫 전두환에게 빌미를 줄 수 있다고 판단해 회의를 통해 가두시위를 중지하고 정상수업을 받으면서 사태의 추이를 관망하기로 했다. 전두환 군부로선 학생시위가 줄어들 때 정치판을 뒤엎을 기회가 사라질 가능성을 우려했을 터다. 더구나 한국기자협회가 5월 20일 자정부터 계엄사령부의 검열을 거부하고 여의치 않을 경우 제작거부에 들어간다고 결의했다. 기자협회의 분위기와 달리 그는 5월 17일자에 "가두시위 일단 중지 정상수업" 제하의 기사를 사회면 머리로 올리고 그 기사와 맞물려 더 큰 제목으로 "국민 반응 차갑다 대학가 자성론"을 큼직하게 편집했다.

군부는 5월 17일 밤 24시를 기해 비상계엄을 전국으로 확대했다. 명백한 쿠데타였다. 계엄사령관 이희성은 곧바로 18일 새벽 1시를 기해 계엄령 포고 제10호를 발표하면서 모든 정당의 정치활동 중지, 정치목적의 옥내외 집회 및 시위 금지, 각 대학의 휴교령을 선포했다. 5월 18일 일요일 아침에 시민들은 조간신문과 TV뉴스 등을 통해 5·17 쿠데타 소식을 접했다. 계엄포고 내용은 살벌했다.

비상계엄 확대와 함께 언론검열 거부를 결의한 기자협회 지도부를 체포하고 수배했다. 검은 베레모를 쓴 공수부대가 M16 총을 들고 대학 정문을 가로막았다. 계엄군의 서슬에 대부분 움츠러들었지만 광주는 달랐다. 유난히 광주에서 공수부대가 잔인한 진압을 벌인 탓이기도 했다.

5월 18일 오전 10시, 전남대 학생들이 교문 앞에 모였다. 학생들은 "계엄 해제" 구호를 외치기 시작했다. 교문을 봉쇄하고 있던 공수부대 지휘자가 곧 '공격' 명령을 내렸다. 공수부대는 대학생들에게 달려들어 살상용 진압봉을 닥치는 대로 휘둘렀다. 몇몇 학생들이 피를 흘리며 쓰러졌다. 학생들이 교문 앞에서 시내로 옮겨가자 뒤따라간 공수부대는 진압봉과 소총 개머리판을 휘두르고 착검한 대검으로 내리치기도 했다. 학생뿐만 아니라 눈에 띄는 사람이면 남녀노소를 불문하고 피투성이가 되도록 패고 군용차량에 집어던지다시피 해서 끌어갔다. 5월 18일 '피의 일요일'은 광주를 붉게 물들였다.

이튿날 19일부터 20일에 걸쳐 진압군의 살육은 극으로 치달았다. 20일에는 금남로에서 2백여 대의 택시들이 차량시위를 벌였고 진압군과 시민들은 전쟁 상태로 들어갔다.

그러나 언론은 광주 항쟁 3일째인 20일에도 학살의 참상을 보도하지 않았다. 처음 보도하면서 철저히 계엄군의 입장만 대변한 광주 MBC와 KBS에 분노한 민중들은 불을 질렀다.

그도 광주에서 벌어진 학살에 모르쇠를 놓았다. 5월 21일은 시민군이 광주에서 계엄군을 몰아낸 날이었다. 그럼에도 보도하지 않았다. 1면 머리기사로 "신현확 국무총리를 비롯한 전 국무위원들이 20일 오후 최근 국내 소요사태에 인책, 최규하 대통령에게 일괄 사퇴서를 제출했다"고 보도했을 뿐이다. 당시 동아일보는 19일부터 5일 동안 사설을 뺀 채 신문을 발행했다. 군부의 검열로 언론사의 주장을 온전히 펼 수 없는 상황에서 언론으로서 최소한의 양심을 지키겠다는 의지였다.

5월 22일이 되어서야 그는 '광주사태'를 처음 보도했다. 1면에 편집한 "광주 일원 소요 사태" 제하의 기사를 비롯해 관련 기사들 모두 왜곡 날조된 계엄사의 발표로 가득했다. 학살 현장의 소식과 상황은 '행간 읽기'라도 찾을 수 없었다. 최소한의 사실 확인조차 하지 않은 채 계엄사의 주장을 앵무새처럼 그대로 전했다. 심지어 그의 지면에 실린 기사들은 마치 광주의 민중들이 일방적으로 군경을 공격한 듯 착각마저 일으키게 했다. 서울에서 내려온 '학생시위 주동 학생들과 깡패들이 유언비어를 날조하여 광주시민들을 날뛰도록 했다'는 기사도 나왔다. 게다가 계엄사령관은 간첩과 불순 인물들이 광주 항쟁의 배후인 듯이 말을 흘렸다.

그는 늦게나마 5월 23일부터 '광주 임시취재반'의 이름으로 기사를 보도하기 시작했다. 광주 민중들의 저항을 '폭동'으로, 진압군의 잔악행위는 '유언비어'로 보도했다. 5월 23일자 신문에서도 1면에서 3면에 걸쳐 부각한 기사는 계엄사의 '김대중 씨 수사 중간발표'와 장문의 계엄사 발표문이었다. 광주의 민중들을 학살하던 시점에 내놓은 계엄사의 발표문은 '김대중이 대중선동 → 민중봉기 → 정부전복을 위해 광주사태를 배후 조종했다'로 몰아갔다. 광주와 전라남도 바깥의 민중들에게 박정희가 조장한 지역감정의 틀로 상황을 인식케 하려는 계엄사의 의도를 충분히 전달한 셈이다.

그는 5월 25일자 1면에 "총기 널린 폐허의 광주"라는 제목의 사진을 게재하면서 "신분을 감추기 위해 헬멧에 복면까지 한 한 난동자가 무기 회수 광경을 보고 있다"는 설명을 달았다.

같은 날 지면에서 가장 눈길을 끈 것은 "도덕성을 회복하자 – 진정 우리에게 너무한 경험 앞에"라는 제목의 통단 사설이다.

> 우리는 지금 국가와 민족의 생존을 위협하는 위험을 직접 피부로 느끼고 있다⋯ 사회혼란의 틈바구니에서 또는 격앙된 **군중 속에서 간첩이나 오열이 선동하고 파괴와 방화 살상의 선봉적 역할을 하리라는 것은 쉽사리 짐작할 수 있는 일이고 실제로 그런 증거가 포착되기도 했으며, 서울에서는 남파간첩이 체포되기도 했다. 이들이 지역감정을 촉발시키는 등 갖은 유언비어를 퍼뜨려 민심을 흉흉케 함으로써 사태를 격화**시켰으리라는 것도 십분 짐작이 가기도 한다. 피 흘림을 보고 불길이 솟고 군중의 격앙된 심리상태에서 이성을 잃게 되면 냉철한 판단이 요구되는 분별력을 가질 수 없는 법이다. 57년 전 일본 관동대지진 때 조선인 학살의 역사가 반교사적으로 우리에게 쓰라린 교훈을 주고 있다.

학살당하는 광주의 민중들에게 "도덕성을 회복하라"고 훈계한 사설이다. 그는 전두환 군부의 쿠데타에 맞서 민주주의를 지키려고 일어선 민중을 '분별력 없는 군중'으로 몰아세웠다. 심지어 "관동 대지진 때 조선인 학살의 역사가 반교사적으로 우리에게 쓰라린 교훈을 주고 있다"며 광주 민중을 광기의 일본인들에 견주었다.

문제의 사설을 읽은 독자들은 광주에서 간첩들이 선동하고 선봉에 서서 파괴와 방화에 살상까지 벌인다고 인식하기 십상이다. 지역감정을 자극하는 간첩들의 유언비어에 자극받아 이성을 잃고 격화된 광란극은 하루빨리 진압되기를 바라게 된다.

마침내 그는 5월 28일 "계엄군 광주 장악" 제하의 1면 머리기사에서 "27일 새벽 계엄군이 일제히 광주시에 진입, 도청 도경을 비롯한 주요 건물과 전 시가지를 완전 장악했다. 이로써 지난 18일에 발생, 유혈사태까지 빚었던 광주 사태는 10일 만에 일단 수습됐다"고 보도했다.

같은 날 사설 "악몽을 씻고 일어서자"에선 "광주 시민 여러분은 이제 아무런 위협도, 공포도, 불안도 느끼지 않아도 된다"며 다음과 같이 주장했다.

> 광주사태를 진정시킨 군의 어려웠던 사정을 우리는 알고도 있다. **비상계엄군으로서의 군이 자제에 자제를 거듭했던 사실을 우리는 알고 있다.** 군, 곧 국군은 광주시민을 포함한 온 국민의 아들이고 동생들이며, 그래서 국민의 국군이며, 국민으로 구성된 국가의 국군이다. 그러한 국군이 선량한 절대다수 광주시민, 곧 국민의 일부를 보호하기 위해 취한 이번 행동에 어려움이 따를 수밖에 없었음은 당연한 일이었을 것이다. 때문에 **신중을 거듭했던 군의 노고를 우리는 잊지 않는다.** 계엄군은 일반이 상상했던 것보다 훨씬 극소화한 희생만으로 사태를 진정시키는 데 성공했다.

전남도청을 피로 물들인 쿠데타군에게 "신중을 거듭했던 군의 노고를 우리는 잊지 않는다"며 찬사를 늘어놓고도 아무런 성찰 없이 언죽번죽 "진실의 수호자"를 자처해도 과연 괜찮은가. 창간 100년을 자축하는 현직 기자들과 여전한 애독자들에게 진지하게 묻고 싶다.

대한민국 국민을 상대로 열흘에 걸쳐 살육전을 벌인 '전두환 군부'는 5월 31일 계엄사령부를 통해 이른바 '광주사태의 전모'를 발표하고 국가보위비상대책위원회(국보위)를 발족시켰다. 국보위는 박정희가 쿠데타를 일으킨 뒤 만든 '국가재건최고회의'를 본 딴 조직이다. 무소불위의 권력을 휘두를 국보위 의장은 대통령 최규하였지만 상임위원장 전두환이 최고 집행자였다.

대통령 아닌 국보위상임위원장이 사실상 권력을 인수하는 형태였음에도 그는 6월 1일자 1면 머리기사 "국가보위비상대책위 설치"와 통단 사설 "나라의 중대한 국면"으로 국보위 발족을 정당화하며 부푼 기대감을 적었다.

국보위가 출범하고 10일 만인 6월 9일 계엄사령부는 유언비어 유포 혐의로 언론인 8명을 연행해 조사 중이라고 발표했다. 광주항쟁의 진실을 가로막은 계엄당국에 맞서 검열 거부에 나선 기자들이었다. 그는 계엄사 발표를 다음 날 1면에 주요 기사로 편집하며 연행된 기자들 가운데 동아일보—창간 이후 내내 콤플렉스를 지닌 채 예민하게 의식해온 '경쟁지'—기자는 이름까지 밝혔다.

그 어느 때보다도 어려운 난국에 처하여 정부와 국민 모두가 일치단결, 국가보위와 난국 타개에 정진하고 있는 이 때 **확고한 시국관을 가지고 국민을 올바로 계도해야 할 언론인이 자신들의 신성한 사명과 책무를 망각하고 도리어 악성적 유언비어를 날조 유포시켜 사**

회 민심을 자극 현혹시키는 행태를 계속하여왔다… 이들 8명의 현직 언론인들은 놀랍게도 1) 고려연방제는 통일을 위한 밑거름이다 2) 김일성 치하에서 살아보았느냐, 현 통치보다는 김일성 치하가 나을 것이다 3) 광주 사태는 권력에 짓눌려온 민중의 의거이며 민중의 의거가 전국에 확산된다면 궁극적으로 통일이 될 수도 있다 4) 월남이 망했다고 하나 분명히 분단월남은 통일되지 않았는가(이상 경향신문 - 문화방송 간부 및 기자들) 5) 계엄군이 여학생의 유방을 도려냈으며 광주시민을 대검으로 무수히 찔렀다 6) 계엄군에게 환각제를 먹여 얼굴이 벌겋게 된 군인이 광주시내를 누볐다 7) 모 운전사가 부상자 4명을 병원에 싣고 갔는데 계엄군이 이 운전사를 공개 처형했다(이상 동아일보 심송무 기자) 등의 발언과 주장을 서슴지 않았으며 이를 행동화하려는 선동과 유포행위를 자행하여 왔다.

계엄사령부가 광주학살의 진실을 보도해야 옳다고 주장한 기자들을 '빨갱이'로 몰아가려는 의도적 발표를 대단히 충실하게 받아쓴 기사다. 기실 언론인 8명 구속은 대대적 언론인 숙청의 신호탄이었다. 오월 항쟁의 진실 보도를 주장하며 검열과 제작 거부에 참여했던 기자들에 대해 군부는 대규모 보복을 계획하고 있었다. 실제로 곧이어 대량 해직이 일어났다.

언론인 해직사태는 국보위의 지시에 따라 보안사령부의 '언론대책반'이 주도했다. 보안사가 작성한 강제 해직 대상자는 모두 3백 36명이었다. 그런데 언론사에서 실제로 해직된 사람은 9백 33명에 이르렀다. 대상자 명단의 2배에 이르는 6백 35명이 언론사 자체의 '끼워 넣기'로 해직되었다. 물론, 끼워 넣기의 최종 결정자는 사주였다.

국보위의 행보에 발맞춘 그는 8월 9일자 신문에 "미국이 전두환 장군을 지지할 것"이라는 미국 AP통신의 기사를 1면 머리로 큼직하게 올리며 '전두환 대통령 만들기'에 나섰다. 미국 고위 군사관리를 인용해서 "전두환 한국 국보위 상임위원장이 최근 주도한 일련의 숙정작업으로 국민의 광범한 지지를 획득하고 있으므로 미국은 전두환 장군을 지지할 것"이라는 보도였다. 다음 날(8월 10일자) 1면에도 미국 로스앤젤레스타임스의 보도를 인용해 AP통신 보도와 유사한 내용을 주요 기사로 다루었다. 같은 날짜 "우리의 역사 우리의 현실" 제하의 사설을 통해선 전두환의 집권을 기정사실화했다.

드디어 그는 8월 12일자 1면 머리기사에 국보위 상임위원장 전두환을 일러 '새 시대를 영도할 지도인물로 국민적 기대와 관심을 모으고 있는 전 위원장'이라고 보도했다. 대통령 최규하가 청와대 집무실에서 일하고 있는 상황에서 불어댄 나팔이었다. "민주 복지 정의사회 구현" 제하의 이 기사는 전두환이 "새 시대의 국가지표는 민주복지국가 건설에 둬야 하며, 그 구체적 방향은 민주정치의 토착화, 복지국가의 건설, 정의사회 구현"이라고 언죽번죽 내놓은 말을 큼직하게 부각했다.

결국 대통령 최규하는 8월 16일 하야 성명을 발표했다. 다음 날 그는 1면 머리기사로 보도하고 미국 언론을 인용해서 "전두환 장군 새 대통령 되면/ 미, 지지키로 결정" 제목의 기사를 맞물려 편집했다. 같은 1면의 고정란 '팔면봉'을 통해선 "정치일정 급속히 앞당겨질 듯. 새로 덮는 지붕 빠를수록 안도감"이라는 반응을 내놓는가

하면 "새 역사의 장, 새 지도자상은… 민주·복지·정의사회 이룩할 사람으로"라며 노골적으로 '전두환 대통령 만들기'에 나섰다. "최대통령의 하야성명" 제하의 2면 통단사설에서도 '새로운 시대를 이끌 지도자'로 전두환을 노골적으로 상정했다.

그는 8월 21일자 신문에선 아예 '전두환의 혁명적 시대'를 갈망하는 사설을 실었다. 사설은 생게망게 하게도 '전두환 시대'의 정신이 '반민특위'에서 비롯됐다고 주장했다.

우리 주변에 꾸준히 변혁이 계속되고 있으며, 명백히 우리는 한 시대의 전환을 목격하고 있다. 그리고 그것이 어떤 의도적·물리적 작용에 의한 것이라는 데서 변혁과 전환은 분명히 혁명적인 것이 되고 있다. 이 작용이 민중적·사회적 배경과 그것의 호응을 얻고서의 것일 때 혁명적 성격은 더욱 뚜렷해진다. **우리는 지금 그와 같은 변혁과 전환의 시점을 통과하고 있다. 이념적으로 '혁명'은 광범한 사회적 체제의 개혁을 필요로 하고 수반한다. 우리는 '5.17' 이후 그와 같은 것을 체험하고 있는 것이다.** 돌아다보면 1948년 건국에서부터 시작해서 몇 차례의 국가적 격변을 치렀다. 그러나 격변의 수습 담당 주체와 세대가 그것을 광범하게 혁명적 차원으로 전진·확산시켜 신생국에 새로운 가치의식과 질서가 뿌리박게 하는 시대적·민중적 욕구와 책무는 절실하게 다하지를 못했다. 한마디로 오늘 우리가 새로운 변혁과 전환을 체험하는 인자因子가 거기 있으며, 그것은 이를테면 신생 민중의 민족의식 회복과 그 발양의 각성제였어야 **할 48년의 '반민특위' 활동의 좌절이라는 사건에서 이미 상징적으로 시발됐었다**고도 할 수 있을 것 같다.

조선 평전

박정희 시대 내내 모르쇠를 놓아온 '민중적 요구'를 새삼 군사반란과 광주학살의 주모자인 전두환에게 투영하는 모습은 인지부조화의 극치를 이룬다. 이윽고 전군 지휘관들까지 '전두환 대통령 만들기'에 나섰다. 그는 다음 날(8월 22일) 1면 머리로 전군 지휘관들의 '전두환 대통령 추대 결의' 기사를 올리며 "최규하 전 대통령의 성명" 제하의 사설에서 전두환이 '새 지도자'임을 거듭 주장했다.

> 문제는 어떤 인물이 새 정치지도자가 되어야 하는가인데, 최 전 대통령은 사심이 없고 특히 우리나라와 같은 특수한 안보상황에서는 국민의 전폭적 지지는 물론 국가보위의 주체인 **군의 폭넓은 지지를 받을 수 있는 사람이 새 지도자가 되어야**겠다는 소신을 천명한 것이다. 이러한 견해는 비단 최 전 대통령 한 분만의 생각이 아니라 많은 사람들이 공통으로 생각하고 판단해 왔던 바다.… 이 성명은 전두환 국보위 상임위원장을 염두에 두고 지지하고 있음을 명백히 하고 있다고 할 것이다.

무엇보다 압권은 1980년 8월 22일 육군대장―열 달 사이에 별 둘에서 별 넷이 된―전두환이 전역한 다음 날 보도다. 그는 23일자 1면 머리에 "새 역사 창조에 신명 바치겠다"라는 제목으로 전두환의 발언 내용을 담았고, 2면에는 전두환의 전역사轉役辭 전문과 "3군 지휘관 결의" 사설을 함께 게재했다. 3군 지휘관들의 결의로 "국민의 기대와 신뢰를 한층 더 공고히 뒷받침했다"고 주장한 그는 3면 전체를 털어 전두환 특집을 내보냈다.

"인간 전두환"이라는 큰 제목 아래 "육사의 혼이 키워낸 신념과 의지의 행동/ 사私에 앞서 공公…나보다 국가 앞세워/ 자신에게 엄격하고 책임 회피 안해/ 이해관계 얽매이지 않고, 남에게 주기 좋아하는 성격"을 주렁주렁 부제목으로 달았다. '기사'라고 하기에는 낯 뜨거울 정도의 아부로 점철되었다.

그의 투철한 국가관과 불굴의 의지, 비리를 보고선 잠시도 참지를 못하는 불 같은 성품과 책임감, 그러면서도 **아랫사람에겐 한없이 자상한 오늘의 '지도자적 자질'**은 수도생활보다도 엄격하고 규칙적인 육군사관학교 4년 생활에서 갈고 닦아 더욱 살찌운 것인 듯하다. 그가 육사를 지망한 것은 적의 군화에 짓밟힌 나라를 위하는 길은 내 한 몸 나라에 던져 총칼을 들고 싸우는 길밖에 없다는 일념 때문이었다.… 육사 4년 기간을 거치는 사이 그는 어느 누구보다 국가관이 투철하고 용기와 책임감이 강하며, 자기에게 가혹하리만큼 엄격한 지휘관으로 성장해 있었고, 몸 바쳐 나라에 충성한다는 것은 그의 신앙이 되어 있었다.…그에게서 높이 사야할 점은 아무래도 **수도승에게서나 엿볼 수 있는 청렴과 극기의 자세**일 듯하다. 지난 날 권력 주위에 머물 수 있었던 사람치고 거의 대개가 부패에 물들었지만 그는 항상 예외였다. 서울 서대문구 연희동 302의 3 그의 자택에선 요즘 흔한 족자 한 폭, 값나가는 골동품을 찾아볼 수 없고, 팔목에 차고 있는 투박한 미국 특수부대용 시계도 월남 연대장 시절부터 애용하고 있는 싸구려다.… 이런 성실한 삶의 자세와 불굴의 투지로 그는 이미 오래 전부터 군내부에서는 널리 알려진 인물이었다. 다만 그의 이름이 국민 사이에 알려진 것은 10·26 사태 후 계엄사 합동수사본부장으로서 김재규 일당의 범죄사실을 공표하기 위해 매스컴에 이름이 오르내리면서였다. 대통령 시해라는 생각지도 못할 끔찍한 국가위기에 처했을 때 그는 싫더라도 이미 국민 앞에 나서지 않을 수 없게 된, 피할 수 없는 운명에 처해 있었다. 그가 국가원수 시해 사건에서 보여준 집요하고 철두철미한 사건 규명으로, 그의 당당함은 자신도 모르게 이미 군의 의지를 결집시키는 촉매제가 되었고, **불의를 보고 참지 못하는 천성적인 결단은 그를 군의 지도자가 아니라 온 국민의 지도자상으로 클로즈업시키기에 부족함이 없었다.** 그의 오늘은 주어진 자리에서 늘 그가 그래오듯 최선을 다해온 결과일 뿐이다.

다음 날(8월 24일) 신문에서 그는 "길 – 새로운 길잡이가 나타나는데 붙여"라는 사뭇 감성적 제하의 통단 사설에서 대학생 시위와 광주항쟁을 비난하며 자유민주주의에서 군의 정치개입을 정당화하는 기상천외한 논리를 전개했다.

우리는 냉철한 이성으로 조용히 생각해볼 일이 있다. 그것은 **자유민주주의를 너무 쉽게 받아들이고** 거기 더하여 군의 정치적 중립을 지나치게 통념적으로 받아들인 것이 아닌가 하는 점이다. 우리는 이제까지 정치참여의 원칙을 시민적인 범주 안에서만 생각해온 흠이 없지 않다… 어떠한 국민도 정치에 참여할 수 있다면서 어떤 일이 일어나더라도 **군인만은 절대적인 중립을 지키고 오로지 군사적인 임무에만 전념하여야 한다고 생각한 데는 분명히 인식의 맹점이 있다.** 대한민국의 군대는 단순한 용병집단인 외국의 외인부대가 아닌 것이다.

전두환은 결국 8월 27일 단일후보로 서울 장충체육관에서 제11대 대통령에 당선되었다. 시장의 자유경쟁과는 전혀 무관한 당선이었다. 기실 유권자들은 '서울의 봄'에 대통령 후보들로 물망에 오른 김영삼 김대중 김종필의 자유로운 경쟁을 통해 새 대통령을 뽑으리라 기대했다. 하지만 3김 씨를 모두 정계에서 강제로 퇴출시키고 '정치 시장'을 독점한 전두환의 간접선거를 통한 대통령 당선에 유권자들은 침묵을 강요당했다.

그럼에도 그는 8월 28일자 신문 1면 머리로 "전두환 대통령 집무 시작" 제하의 기사를 올리고 사설과 관련 기사들을 가득 채웠다. "새 시대의 개막" 제하의 사설은 자유경쟁은커녕 학살극을 벌이며 대통령에 당선된 전두환에 찬가를 불러댔다.

> 통일주체국민회의는 최규하 전 대통령의 사임으로 궐위 중에 있는 대통령에 새로 전두환 장군을 선출했다… 우리는 우선 전두환 대통령의 당선을 온 국민과 더불어 축하하며 그 전도에 영광이 있기를 희원해 마지않는다.…**전 대통령의 대통령 당선은 개인으로서는 그지없는 인간적 영광인 동시에 국가적 민족적으로는 무겁고도 고달픈 짐을 지는 것이다**… 이에 우리는 전 대통령의 탁월한 경륜과 실천력을 거듭 기대하는 동시에 국민들의 민족적·사회적 자각을 이 기회에 거듭 촉구하는 바이다.

군사반란을 주도하고 권력을 거머쥐려고 광주를 피로 물들인 정치장성에게 "국가적 민족적으로는 무겁고도 고달픈 짐을 지는 것"이라고 서술하는 사설의 논리는 어디서 비롯하는 건지 궁금하다.

게다가 49세의 정치군인에게 "탁월한 경륜"을 들먹이는 사설은 읽기 민망하다.

결국 전두환은 1979년 12·12 군사반란을 일으키고 1백 60여일 만에 대통령이 되었다. '세계에서 가장 오래 걸린 쿠데타' 과정에서 가장 큰 공은 언론, 그 중에서도 통단사설로 전두환을 "새로운 길잡이"라 선동한 그가 단연 제일의 앞잡이였다.

청와대에 들어간 전두환은 9월 29일 선거인단 선거에 의한 대통령 간선제와 7년 단임제를 뼈대로 한 헌법개정안을 내놓았고 10월 22일 국민투표를 통해 확정했다. 이어 발효된 개정헌법에 따라 국회를 해산했다. 국가보위비상대책위원회의 후신으로 '국가보위입법회의'를 만들어 과도적으로 국회의 입법 기능을 맡게 했다. 국가보위입법회의 위원 81명 전원을 전두환이 임명했다. 흥미롭게도 그를 소유한 사주 방우영과 편집국 간부 출신인 송지영, 김윤환, 남재희가 입법회의 위원으로 활동했다. 전두환도 가장 긴 쿠데타 과정에서 조선일보의 공로를 잊지 않은 셈이다.

곧이어 11월 14일 전두환 정권은 신문협회와 방송협회를 압박해 마치 자율적으로 언론 통폐합에 나선 듯이 '건전언론 육성과 창달을 위한 결의문'을 발표케 했다. 조선일보 출신 허문도가 기획해 주도했고 구체적 실행은 국군보안사령부가 맡았다.

중앙 언론사의 사주들은 보안사 대공처가 소환했고, 지방언론사의 사주들은 보안사 정보처가 담당해 지방의 각 지역보안부대가 불러냈다. 보안사는 사주들에게 통폐합 조치에 이의가 없다는 내용의 각서를 받고 신문 28개, 방송 29개, 통신 7개 등 64개 매체를 신문 14개, 방송 3개, 통신 1개등 18개 매체로 통폐합했다.

보안사령부 군인들이 나서서 신문사 사주를 불러내 사실상 강제로 추진한 언론 통폐합은 적어도 그에겐 강압이 아니었다. 통폐합의 주도자가 조선일보 출신 허문도였기 때문만은 아니다. 언론 통폐합으로 신문시장에서 30여년 내내 부동의 1위였던 동아일보는 동아방송을 잃었다.

그는 11월 15일자 1, 2, 7면에 언론 통폐합 관련 뉴스를 대대적으로 보도했다. 1면에는 "언론기관 통폐합 개편" 머리기사와 함께 '건전언론 육성과 창달을 위한 결의문'을 실었다. 해설 기사에서 언론통폐합이 '혁명적인 조치'라며 적극 지지했다.

한국 신문협회와 방송협회의 이번 결정은 **한국 언론사상 일대 혁명적인 조처**로 받아들여지고 있다. 이는 비록 자율적인 개혁의 형태이긴 하지만, 그 대상의 규모가 일천한 우리 언론사에 일찍이 유례가 없었던 방대한 것인데다가 내용과 방향 또한 새롭기 때문인 것으로 지적되고 있다… 일제 하에서 민족문화 보존과 독립정신 고취 등 국민의 정신적인 지주 역할을 해온 점에서 높이 평가되어온 우리 언론은 사회 각계의 개혁 작업에 발맞추고, 또 80년대를 맞는 현 시점을 계기로 불가피하게 이번과 같은 대대적이고도 구조적인 수술을 받게 됐다. 여기에는 언론기관이 국민에게 각종 지식과 고도의 정보를 전달하는 등의 올바른 기능을 충실히 수행해왔으나 이런 과정에서 공익성 우선이라는 세계적인 추세를 뒤따르지 못하고, 지나치게 상업주의적 경향을 띠어왔다는 점이 그동안 크게 논란이 되어왔었다.

그는 다음 날인 11월 16일자 신문에서도 언론 통폐합을 여전히 '혁명적인 것'으로, '언론계 개혁'으로 보도했다. 각계의 반응을 담은 기사에선 공무원 회사원 학생 주부들이 한목소리로 찬성하는 내용을 편집했다.

전두환 군부는 언론 통폐합과 강제해직을 통해 언론의 자발적 충성을 유도했다. 전두환의 뜻에 따라 언론사가 하루아침에 사라지고 기자가 실직하는 '시장 상황'은 신문과 방송사로 하여금 전두환 찬양에 앞 다퉈 나서게 했다. 그 과정에서 전두환 군부가 가장 공이 컸다고 본 조선일보는 1980년대 내내 신문시장에서 고속 성장했다.

가장 긴 쿠데타 이후 처음 맞는 새해에 그는 대통령 전두환의 신년사를 1월 1일자 1면에 편집했다. "국민 총 참여로 새 시대 이룩" 제목으로 신년사를 소개하고 전두환 일가의 사진을 1면 한복판에 큼직이 편집했다. 전두환은 신년사에서 "우리가 추구하는 제5공화국은 제6, 제7의 공화국이 또다시 탄생되어서는 안 될 영구한 공화국이며, 세계사의 당당한 주체로서 활약할 자주 민족국가"라고 밝혔다.

같은 날 그도 1면에 '연두사'를 실었다. 그는 새해 주제를 '솔직'으로 선정했다. 연두사는 "솔직은 일단 거짓 없고 꾸밈없고 또 부당하게 구애받지 않고, 그리고 진실하고 활달하게 스스로의 언동을 행하는 인간상을 말하는 것"이라며 "우리의 새해 주제 선정은 바로 어제까지의 우리의 경험의 소산"이라고 설명했다. 그런데 그 경험의 바탕을 대학가에서 찾으며 대학가의 흐름이 '솔직' 아닌 '이중성의 대표적 표본'이라고 몰아쳤다.

…이중성의 또 하나의 예증은 대학가에서도 찾아볼 수 있었다. 최근 그것이 사회적 인식사항으로 되고 있지만, 그 이전에 극소수라 할지라도 사상 경향에 위험스런 경사를 보이는 학생서클이 있다는 사실이 교수사회에서는 공지의 비밀이었던 것 같다. 그럼에도 그 처방을 위해 그것이 '솔직'히 제기된 일이 거의 없었다. 지성사회의 대표그룹에 있어서 이러했다…

이윽고 1981년 2월 25일 대통령 선거인단의 간접선거를 통해 전두환이 제12대 대통령에 당선됐다. 그는 보도와 논평을 통해 전두환과 5공화국이 '국민의 전폭적 지지'를 받고 출범했으며 '개인의 자유와 이익이 보장되는 자유민주주의를 지향하는' 정부라고 찬양했다. 전두환과 그의 독특한 '자유민주주의관'은 닮은꼴이다. 김대중·노무현 정부가 들어서면서부터 '복지'라는 말에 대뜸 '포퓰리즘'을 들씌우며 '시장경제'를 부르댄 그가 전두환이 국정지표로 내세운 '복지국가 건설'에는 적극 찬가를 불렀던 사실도 기억해두자.

전두환 정권과의 유착으로 독과점업체를 넘어 발행부수 1위를 목표로 성장해가던 그는 바로 그만큼 권력을 비호했다. 요컨대 1980년대 초·중반 내내 대한민국은 정치에서도 시장에서도 자유경쟁이라곤 없었다.

권언유착은 정경유착과 동전의 양면이었다. 정당성 없는 전두환 정권은 시장과 자본의 '규율'을 세우며 그를 비롯한 언론의 '자발적 도움'으로 권력을 유지해갔다.

군부는 신문시장 독과점을 제도화함으로써 언론에 보답했다. 권력과 결탁한 언론, 특히 그가 거대 기업화에 앞장섰다. 그 과정은 통상 재벌로 불리는 대기업들이 권력과의 유착과 특혜 정책—시장경제와 정면으로 충돌하는 독과점—으로 성장한 것과 똑같다. 재벌이 군부에게 돈을 주고 이익을 얻었다면, 언론은 '마취제' 또는 이데올로기'를 주고 이권을 챙겼다.

따라서 그가 신문지면을 통해 틈날 때마다 '시장경제'를 강조하는 것은 아무리 좋게 말해도 '사다리 걷어차기'이다. 진실을 알면서도 시장경제의 수호자를 자처해왔다면 사기 또는 위선이고, 진실을 모르면서 그렇게 해왔다면 무지 또는 성찰 부족이다. 독과점 기업이, 그것도 상품의 품질보다 정치권력과 유착해 독과점을 이룬 기업이 시장주의를 역설하는 풍경은 안쓰러움을 넘어 살천스럽다.

7

남북 관계와
인권

남북 관계는 그에게 언제나 민감한 문제였다. 창간 100년을 맞아서도 '진실의 수호자들' 이름 아래 편집한 "3·1운동으로 태어나, 불의한 시대에 저항했다" 제하의 특집 기사(2020년 2월 29일)에서도 "독립정신"과 "北독재 비판"을 부제목으로 달았다. "북한의 세습 독재와 맞서 싸웠다"고 당당히 자부했다.

'북한의 세습독재'와 맞서 싸웠다는 그의 자부는 100년을 맞은 그해에도 틈날 때마다 기사로 나타났다. 이를테면 6·15 남북공동선언 20주년을 앞두고 그는 "'민주' '인권'은 운동권에 몇 번째 가치인가" 제하의 '만물상' 칼럼(2020년 6월 13일자)에서 문재인 정부와 학생운동 출신 정치인들을 정조준 한다. 칼럼을 쓴 논설위원은 "그토록 민주·인권을 부르짖어온 사람들이 이상하게도 북한에 대해선 '민주와 인권의 예외 지대'로 인정해준다. '좋은 남북 관계'를 지키기 위해서라고 한다. 남북 관계가 '민주' '인권'보다 우선한다는 것"이라며 마치 핵심을 찌르기라도 하는 듯이 묻는다.

"이들에게 민주주의와 인권은 정말 최고의 가치였을까. 아니면 권력을 잡기 위한 도구에 불과했던 것일까."

6·25 발발 70년을 맞아서는 사설 "오늘의 대한민국은 70년 전 비극을 기억하고 있는가"(2020년 6월 25일자)에서 "대한민국을 세계지도에서 지우려 했던 그 전쟁에서 패배했다면 한강의 기적도 없었을 것이다. 그리고 지금 우리는 김 씨 왕조의 폭정 아래서 자유도 인

조선 평전

권도 없이 살고 있을 것이다. 상상만 해도 소름 끼치는 일"이라며 "김 씨 왕조의 폭정"을 비판했다. 아울러 사뭇 줄기차게 '북한 인권'을 제기한다. 그에게 '북한의 인권'은 양날의 칼이다. "김 씨 왕조"에 대한 공세가 한쪽 칼날이라면, 다른 칼날은 남쪽의 민주·진보세력을 겨눈다. 실제로 후자의 칼날을 더 자주 휘두른다.

가령 2020년 8월만 해도 미국에 있는 두 특파원 칼럼이 잇따라 남쪽의 민주세력을 '위선'의 이름으로 고발한다. 뉴욕특파원이 쓴 "위선 면허증"(2020년 8월 20일) 제하의 칼럼을 보자.

권력자의 이중 잣대와 위선, 내로남불은 세계적 현상인지 각국에서 학문적 연구도 많이 한다. 2000년대 이후 영미 학계에서 위선의 심리를 가장 설득력 있게 설명한 학설은 '도덕 면허moral self-licensing' 이론이다. 미 스탠퍼드대·보스턴대 등이 확립한 이 이론은 사람들이 남보다 윤리적 우위에 있음을 증명하고 나면 스스로에게 '도덕 면허'를 발급, 이후 비윤리적 행동을 해도 괜찮다고 자위하는 보상 기제로 이용한다는 이론이다. 이는 살을 빼려 운동한 뒤 아이스크림을 퍼먹는 행동, 친환경 제품을 산 소비자가 오염 물질을 더 많이 배출하는 행위, 성차별 철폐 운동에 기부한 기업이 내부 여성의 승진을 막는 일, 민주주의를 내건 정부가 반대파를 가혹하게 틀어막는 현상 등 여러 층위의 모순과 위선을 명쾌하게 설명한다···. '반일 도덕 면허'로 독재 정권을 연명시키는 나라는 북한이 유일했다. **수백만 명을 굶겨 죽이고 정치 수용소에서 세계사에 남을 인권 말살 행위를 저지르고도, 그들은 확인되지 않는 100년 전 김일성의 항일 유적을 내세워 '친일 원죄 없는 청정 민족국가'의 환상을 주입한다. 한국**

여당은 이 사기극을 배워온 것인가.

열흘 뒤엔 워싱턴특파원이 나선다. "정부만 모르는 북한?"(8월 31일자) 제하의 칼럼은 "세계에서 열 손가락 안에 꼽히는 핵 능력과 최첨단 사이버 작전 능력을 가진 나라. 이것이 국제사회가 보는 북한"이라며 "요즘 통일부가 하는 일들을 보면 뭔가 시대착오적이란 인상을 지울 수 없다. 2020년의 북한은 1980년대의 북한과 달라졌고, 한국이 북한 핵·인권 문제와 관련해 국제사회에 지켜야 할 의무도 달라졌다"고 주장한다.

일주일도 안 되어 북의 인권을 국내 정치와 연관하는 보도들이 잇따랐다. "인권없는 평화는 무의미"하다는 표제 아래 유엔 인권 보고관이 "문재인 정부가 유념해야 한다"고 말했다는 기사(9월 6일자), 다음 날에는 "北동포들, 인권외면 文에 원망 배신감 불길처럼 퍼져"(9월 7일자) 제목이 나타났다.

기실 남쪽의 정치와 북쪽을 연계한 그의 보도나 논평은 남과 북이 38선으로 갈라졌을 때부터 시작됐다. 톺아보면 1945년 11월에 복간한 그가 영웅화 했던 김구와 결별한 계기도 '38선 이북'을 명분으로 삼았다. 방응모는 단독정부가 수립되기 전인 1948년 2월 3일자 1면에 쓴 "김구 선생 의견에 대한 우리의 취할 바 태도" 제하의 글에서 미군과 소련의 동시 철군을 주장한 김구와 선을 그었다.

하지만 서울과 평양에서 24일 간격을 두고 각각 단독정부를 수립한 결과는 참담했다. 백범이 예언한대로 수백만 명이 죽음을 맞은 '동족상잔'의 처참한 비극을 낳았다. 다름아닌 방응모 자신도 그 비극 속에서 피랍되어 생을 마쳤다.

전쟁이 끝나고 장기집권에 들어간 이승만은 1956년 대선에서 위협적인 득표—당시 대대적인 개표 부정이 있었기에 조봉암 후보 측은 '선거에서 이기고 개표에서 졌다'고 논평했다—를 한 조봉암을 객관적 증거도 없이 '북괴와 내통한 간첩'으로 몰아갔다. 당을 해체한데 이어 기어이 조봉암을 처형하는 야만을 저질렀다. 권력 감시가 언론의 생명인데도 그는 이승만의 정적 '사법 살인' 과정에 제 구실을 다하지 않았다. 그나마 8월 1일자 "조봉암 사형을 집행" 제하의 사회면 머리기사에서 조봉암 유족이 "당신네들은 언론계에 있으면서 무엇을 했단 말요?"라고 호통 친 사실을 기사에 담아 취재기자의 의지를 '행간'에서 읽을 수 있을 뿐이다.

사월혁명으로 등장한 민주정부를 뒤엎은 군사쿠데타를 그가 노골적으로 찬양한 명분도 마찬가지였다. "공산 적敵과 직접적으로 대치해서 부단히 그들의 침략 위협을 받고 있다"는 데서 찾았다. 그의 사설 "혁명의 공약과 국내외의 기대"(5월 19일자) 또한 "공산 적에 이길 수 있는 처지를 마련하기 위하여 궐기한 국군의 정신적인 기본자세"를 높이 평가했다.

쿠데타 직후 박정희 소장이 민족일보를 폐간하고 '북괴에 동조했다'며 발행인 조용수를 처형할 때도 그는 냉정했다. 다 알다시피 2008년 1월 법원은 조용수 사장에게 무죄를 선고했고, 2011년 1월에는 조봉암 당수에 무죄를 선고했다. 이승만과 박정희가 각각 유력 대통령 후보와 비중 있는 신문사 사장을 확실한 증거도 없이 사형시켰고 결국 무죄로 판명 날 때, 당시 언론은 '권력 감시'를 제대로 못한 사실을 부끄러워해야 옳지 않을까.

그는 3선에 성공한 대통령 박정희가 1971년 12월 6일 '중공'의 유엔 가입을 비롯한 국제정세의 급변과 그 틈을 탄 '북괴의 남침 위험'을 들어 느닷없이 법적 근거도 없는 국가비상사태를 선언했을 때도 "북괴의 전쟁 준비 광분"을 들먹이며 적극 지지했다. "국가비상사태의 선언/ 국민의 정신적 총무장으로 난국을 극복해내자" 제하의 사설(12월 7일자)을 보자.

…그동안 정부 측에서 여러 기회를 통해, 일반에게 최근의 북괴 동향을 알리고, 국민들의 경각심을 높여 왔지만 우리가 생각하는 이상으로 급변하는 국제정세의 흐름을 악용하는 **북괴가 전쟁 준비에 광분하고 있다는 냉엄한 현실**을 이번 '비상사태 선언'에 의해서 이제는 더욱 선열鮮烈히 파악해야 할 때가 온 것이다. 물론 이러한 **상황 판단은 정보기관의 세밀한 분석과 군사당국의 철저한 검토 끝에 이루어진 것인즉 국민들로서는 오직 박 대통령이 내린 '선언'의 뜻에 좇아 이에 적극 협력해야 할 도덕적 의무**가 가해졌으며, 법률적 차원에서의 어떤 특별한 규제란, 이 '선언'만으로서의 효과로써는 있지 않다. 보는 각도에 따라서는 전 국민의 정신적 총무장을 촉구한 **박 대통령의 '대호령'**이라 할 수 있고 이러한 '대호령'에 의해서 북괴의 야욕을 견제하는 쐐기를 박았다고 할 수 있다면 이번 '선언'의 정치적 의의는 실로 막중한 것이다.

박정희가 '국가비상사태'를 선언하면서 주장한 주요 원인은 '국제정세의 급변'과 '북괴의 남침 준비 양상'이었다. 하지만 우리가 앞에서 살펴보았듯이 당시 국제정세는 '데탕트(화해)'가 대세를 이루고 있었다. 그럼에도 사설은 박정희의 주장보다 더 나가서 "우리가 생각하는 이상으로 급변하는 국제정세의 흐름을 악용하는 북괴가 전쟁 준비에 광분하고 있다는 냉엄한 현실"은 "정보기관의 세밀한 분석과 군사당국의 철저한 검토 끝에 이루어진 것"이라고 단정했다.

그가 독재정권에 부닐며 동조한 '북괴 광분'의 근거는 지극히 표피적이었다. 미국이 베트남에서 철수하는 상황을 곧장 한국에 직결시켰기 때문이다. 하지만 미군이 명분 없는 전쟁으로 수렁에 빠진 베트남과 한국의 상황이 같을 수 없었다. 한국과 대한해협을 사이에 둔 일본의 '안보'를 미국이 중시하고 있어서만도 아니다. 북이 남침을 계획한다면 중국의 동의가 필수인데 유엔에 뒤늦게 들어가며 '국제 평화'를 내건 중국이 동조할 가능성은 없었다.

흥미로운 것은 사설이 국가비상사태 선언을 '박 대통령의 대호령'이라고 표현한 대목이다. 그 사설을 쓴 논설위원과 사설을 내보낸 주필의 의식구조가 궁금할 정도다.

이듬해인 1972년 7월 4일에는 갑작스레 남북공동성명이 서울과 평양에서 동시에 발표됐다. 그는 자신이 발행하는 하루치 8개 면 가운데 맨 뒷면만 빼고 7개 면을 남북공동성명 기사로 채웠다. "민족·자주·평화/ 7·4 남북공동성명을 보고" 제목의 사설은 "이것은 한마디로 충격적이며 깊은 감명을 주는 사건"이라고 평가했다.

하지만 공동성명 발표 이후 남과 북의 집권세력은 '남북조절위원회' 회의를 한차례 열더니 곧장 자신들의 권력을 강화하는 정치체제 전환에 나섰다. 서울의 박정희 정권은 10월 17일 계엄령을 선포해 국회를 해산하고 "평화통일이라는 민족의 염원을 구현하기 위해 역사적 과업을 강력히 뒷받침"하겠다는 명분으로 유신헌법 제정에, 평양의 김일성 정권은 그로부터 열흘 뒤에 국가주석제를 신설하고 주체사상을 내건 새로운 헌법 제정에 나섰다.

그때서야 학계 일각에서 남과 북이 각각 1인 체제 강화를 위해 남북공동성명을 발표했다고 분석했지만, 민주화운동 단체들은 이미 성명 발표 당시에 박 정권의 의도를 비판했다. 민주수호국민협의회는 7·4 남북공동성명에 남북 사이의 긴장완화를 위한 교류는 지지하지만 조국통일을 위해서는 민족의 실체인 민중의 참여가 보장되어야 한다고 강조했다. 아울러 71년 12월에 공포한 국가비상사태 선언의 철회를 요구했다.

하지만 명색이 언론사인 그는 민주화운동 단체들의 적실한 주장에 모르쇠를 놓았다. 결국 그의 지면은 '북괴 적대의식'에서 '남북대화'로, 다시 '북괴 위협에 맞선 유신'으로 시계추처럼 오갔다.

'북괴의 위협'을 내세워 인권을 유린한 군사독재와 손잡은 그의 보도와 논평은 '인혁당 사건'에서 극한까지 이르렀다. 1975년 4월 8일 대법원은 '인혁당 재건 혐의'로 구속한 서도원, 도예종, 하재완, 송상진, 이수병, 우홍선, 김용원, 여정남에게 원심대로 사형을 확정했다. 이튿날 아침 서울구치소로 면회를 간 가족과 친지들은 마른하늘 날벼락 같은 비보를 듣고 구치소 정문과 담장을 치며 통곡했다. 마지막 면회조차 못한 남편, 아버지, 형이 이미 싸늘한 주검으로 변했거나 교수대에 오르고 있었기 때문이다. 전시가 아닌 평상시에 사형이 확정된 피고인들을 만 24시간도 지나기 전에 전격 처형하는 행태는 일찍이 없던 야만이었다.

그날 오후 법무부 직원들과 정보기관원들이 그들의 주검을 버스에 싣고 화장장으로 가려고 한다는 소식을 들은 천주교 신부 문정현 등 재야인사들과 유족은 서울 응암동 네거리에서 버스를 가로막았다. 그러나 폭력으로 유족들과 재야인사들을 뿌리친 그들은 8명의 주검을 곧장 화장했다. 시신에서 고문의 흔적이 발견되는 것을 원천적으로 막으려는 의도였음이 분명했다. 스위스 제네바에 본부를 둔 국제법학자협회는 그날을 '사법사상 암흑의 날'이라고 선포했다.

그런데 그가 4월 11일자 1면에 큼직하게 편집한 "인혁당 관련 8명 사형 집행/ 대법 형 확정 하루 만에/ 서울구치소서 교수형으로" 제목의 기사는 '관계관'의 말을 빌려 다음과 같이 보도했다.

도예종은 **조국이 공산주의 아래 통일되기를 바란다는 말을 남겼고 다른 7명도 자신의 사상적 신념과 연관된 것이거나 가족 문제 등에 관한 유언을 했다**고 관계관은 전했다. 이들 8명은 작년 4월 27일 긴급조치 1·4호와 국가보안법, 반공법 위반 및 내란예비음모, 내란선동 등 혐의로 기소되어 작년 7월 8일과 9월 7일 비상 보통군재와 비상고등군재에서 사형을 선고 받았었다.

이 기사를 읽은 독자들은 "조국이 공산주의 아래 통일되기를 바란다는 말을 남겼고 다른 7명도 자신의 사상적 신념과 연관된" 유언을 남겼다는 대목을 읽으며, '빨갱이'라는 이미지가 앞서서 사형 집행의 야만성은 지나쳤을 가능성이 높다.

하지만 '관계관'의 말을 보도한 그 내용은 얼마나 진실일까. 나중에 사실무근의 '작문'으로 판명되었다. 2005년 12월 7일, 국가정보원 과거사위원회는 "인혁당 사건은 조작"이라는 조사결과를 발표했다. 2007년 1월 23일 서울중앙지법은 인혁당 사건 피고인 8명에 대한 재심에서 무죄를 선고했다. 같은 해 8월 21일 서울민사지방법원은 유족들이 국가를 상대로 제기한 손해배상청구소송에 대해 국가의 불법행위를 인정하면서 637억 원을 지급하라고 판결했다.

결국 정보기관의 조작으로 판명된 인혁당 사건 보도에서 그가 고 도예종에게 들씌운 '공산주의 통일'은 유족들에게 두고두고 큰 고통을 주었다.

'북괴의 위협'을 들어 반민주적 쿠데타와 사법살인의 인권 유린까지 정당화 해온 그의 추한 '전통'은 1980년 5월의 학살극 앞에서 다시 도드라졌다. '전두환 군부'가 학살극을 벌이고 있던 5월 20일에 그는 계엄군의 만행엔 눈감고 "한국 실정 맞는 정치제도 필요" 제하의 1면 기사에서 보안사령관 전두환이 미국 타임지와 가진 단독회견 내용을 보도했다.

보안사령관 겸 중앙정보부장 서리인 전두환 장군은 18일 공개된 타임지와의 단독회견에서 한국은 한국 자체의 조건에 부합되는 정치제도를 개발해야 하며, 민주주의가 서방식이건 다른 방식이건 한국 자체의 국가발전에 기여할 민주주의를 건설하는 것이 긴요하다고 말했다. 전 부장서리는 계엄령 확대조치가 있기 직전 타임지 도쿄지국장 에드언 라인골드 기자와의 인터뷰에서 **한국이 지정학적 위치로 인해 끊임없이 침략의 위험에 직면해왔으며, 현재도 전쟁의 위협에 노출되는 등 지극히 어려운 상태에 놓여 있음**을 지적하고 한편으로 적과 대치하고, 또 한편으로 경제건설을 해야 하는 한국으로서는 스스로의 상태에 적합한 정치제도를 개발해야 한다고 강조했다… **그는 이어 군사적으로 북괴는 모든 남침 준비를 완료, 지난 2월부터 그들의 육해공군의 대규모 군사기동훈련을 실시 중이며 현 한국 사태를 적화의 결정적 계기로 생각하고 있다고 지적했다. 전 장군은 또 북괴가 한국 국민을 분열시키려고 위장평화 공세를 증대**하고 있으며, 지금 한국에 필요한 것은 창조적인 민족주의라고 말했다.

같은 날 "백척간두에 서서" 제하의 사설은 전두환 군부가 정권을 잡겠다고 나선 5·17 비상계엄확대를 피할 수 없는 조치로 옹호하며 대통령 최규하의 말 가운데 "북괴의 격증하는 적화책동"을 부각했다.

최규하 대통령은 국가원수로서 비상계엄령을 전국화하는 '5·17 조치'를 취하면서 이 위기를 극복할 것을 국민에게 호소했다. **"북괴의 격증하는 적화책동이 학원소요를 고무 선동**하고 있는 가운데 일부 정치인, 학생, 근로자들이 조성하고 있는 혼란과 무질서가 우리 사회를 무법천지로 만들고 있으며 이와 같은 사태가 경제난까지 극도로 악화시켜 바야흐로 국기를 근본적으로 흔들리게 할 우려가 있다"고 최 대통령은 지적하면서, 이 국가적 위기를 극복하기 위해 부득이 '5·17' 조치를 취한다고 밝히고 국민의 협조를 호소하고 나섰다.

결국 그는 "북괴의 격증하는 적화책동"을 명분으로 '전두환 군부'의 쿠데타와 학살들을 모두 지원하며 1980년대 내내 독과점업체로 성장해갔다. 우리가 앞서 짚은 오월의 학살 왜곡만이 아니었다. 피 묻은 정권과 권언복합체를 형성하며 발행부수 1위로 커나가는 과정에서 전두환 군부가 자행한 인권 유린에 그는 철저히 모르쇠를 놓았다.

먼저 삼청교육대를 들 수 있다. "군이 자제에 자제를 거듭했던 사실을 우리는 알고 있다"며 남도의 광주를 피로 물들인 학살극에 면죄부를 넘어 박수를 보낸 그는 군부가 대대적으로 벌인 인권 유린에도 찬가를 불러댔다. 삼청교육대는 전두환이 대통령 자리에 앉는 과정에서 군부 스스로 밝혔듯이 "국민적 기대와 신뢰를 구축한다"는 명목으로 '불량배 소탕'을 내건 군의 횡포였다. 바로 그가 "시대적 전환기"에 아첨을 늘어놓은 바로 그 군대가 민간인들을 잡아들여 인권을 짓밟은 사건이다.

군인들이 경찰과 합동으로 단속에 나서 1980년 8월부터 11월 말까지 6만여 명을 법원의 영장 발부도 없이 불법 연행했다. 마구 끌고 간 6만여 명 가운데 3만 9,742명을 삼청교육대로 보냈다. 육군 제3사단을 비롯해 전후방의 군부대에서 무장군인들이 혹독하게 인간 이하의 대우와 감시를 하는 가운데 1981년 1월까지 '삼청 교육'이 이어졌다. 인권 유린의 악랄한 현장이었다. 전과자와 폭력배들을 군대식 훈련으로 교화한다고 발표했지만 3분의 1 이상은 무고한 일반인과 학생들이었다. 정치적 보복과 노동운동 탄압을 위해서도 악용했다.

바로 그 야만적 인권 유린의 공범은 언론이었다. 모든 신문과 방송사들은 삼청교육을 홍보하는 르포를 게재했다. 여기서도 그가 두드러졌다. 그는 '사회악 일소'라는 구호 아래 저질러진 군부의 인권 유린을 내내 미화했다.

전두환 군부가 1980년 8월 4일 '사회악 일소를 위한 특별조치'를 단행한다고 발표하자마자 그는 곧장 "사회악 수술에 대한 기대" 제하의 사설에서 '특별조치'를 적극 지지하고 나섰다. 이어 사회면에는 "뒷골목이 밝아졌다"는 기사를 내보냈다. '사회악 일소'의 주체로 국보위상임위원장 전두환을 내세우고 찬양하는 기사를 편집했다. 이어 그는 육군부대를 방문해 취재한 기사를 8월 13일자 사회면 머리에 올렸다. "땀을 배우는 인간 교육장" 제하의 기사는 '17세의 고교생부터 59세까지' 참여했다는 교육 풍경을 다음과 같이 담았다.

산기슭에 자리한 넓은 연병장은 몸에 밴 악의 응어리를 삭여 내뿜는 땀과 열기로 가득 차 있었다. 얼마 전까지만 해도 도시의 뒷골목을 주름잡던 주먹들과 서민을 울리던 공갈배들이 머리를 박박 깎고, **전봇대 크기의 육중한 '멸공봉'을 들고** 비지땀을 흘리며 훈련을 받는 모습은 기자의 눈에는 차라리 희극적이었을지 몰라도 당사자들은 그렇게 진지할 수가 없었다.

서울서 동북쪽으로 1시간 20분 거리. 흙먼지를 날리며, 비포장도로를 15분쯤 달려 육군 ○○부대 연병장에 들어서자 '수련'하고 있는 수련생들의 모습이 한눈에 들어왔다… 이들의 정식명칭은 '삼청교육대의 수련생'들. 장교의 안내를 받아 연병장 한가운데로 나가자 **멸공봉을 들고 '정신 순화'라는 구호를 외치며 좌우로 들었다 놓았다 하는 수련생들의 얼굴 하나하나가 뚜렷이 보였다. 대부분이 20세 전의 앳된 얼굴들. 그 얼굴에서 과거의 악은 어느 틈엔가 찾아볼 수 없**

었다.

외적으로부터 국민을 지키는 일이 본분인 군대가 영장도 없이 '국민'을 체포해서 "전봇대 크기의 육중한 멸공봉"으로 죽음에 이르도록 가혹한 훈련을 일삼은 현장을 그는 한껏 예찬했다. 계엄 아래서 온전히 권력 감시를 할 수는 없었더라도 적어도 찬가를 읊지 않을 자유조차 없지는 않았다. 그럼에도 그는 '인권 유린'에 앞장서서 박수를 보냈다.

의문사진상규명위원회가 2002년 10월 발표한 자료에 따르면 삼청교육과 그 후유증으로 사망한 사람은 3백 39명이고 신체적 불구가 된 부상자는 약 2천 7백 명인 것으로 드러났다. 살아남은 이들에게는 '삼청교육 이수자'라는 낙인이 따라다녔다. 2018년 12월 28일 대법원은 삼청교육대의 근거법령인 계엄포고 제13호를 위헌으로 확인했다.

전두환 군부가 '국가 안보'를 내세워 인권을 유린할 때, 그가 기사와 사설로 적극 동조한 사례는 1980년대 내내 이어졌다. 무엇보다 '공권력의 성고문' 보도를 들 수 있다. 대통령을 국민이 직접 선출하자는 '직선제 개헌운동'이 점점 퍼져갈 때 성고문 사건이 일어났다.

1986년 5월 20일 대학생 권○○은 저임금에 고통받는 노동인들과 더불어 더 나은 세상을 일궈가기 위해 경기도 부천의 가스배출기 공장에 취업했다. 경찰은 6월 4일 대학생이 주민등록증을 위조해 위장 취업했다는 혐의로 연행했다. 부천경찰서 경장 문귀동은 성고문을 자행했다. 사건 발생 20여일만인 7월 3일 권○○은 인천 지검에 문귀동을 성고문 혐의로 고소했다. 같은 날, 검찰은 권○○을 공문서 변조 혐의로 구속 기소됐다.

공권력이 여대생을 체포해 자백을 받아낸다는 명분으로 인권 유린을 저지른 사건이 불거졌는데도 그는 진실을 취재하지 않고 검찰만 바라보았다. 권○○과 변호인이 진실을 적극 알려갔지만 그는 7월 3일자 11면에 1단으로 내보냈다. 작은 기사의 제목도 "근로자 가족 30명/ 부천경찰서 농성"이라고 보일락 말락 편집했다.

사회적 분노가 퍼져가자 검찰이 수사에 나섰다. 한 달이 더 지나 마침내 수사 결과를 발표했다. 그때까지 그는 1단이나 기껏해야 2단 기사로 보도해왔지만 갑자기 수사결과를 사회면 머리기사(7월 17일자)로 부각했다. "성적 모욕 없고 폭언·폭행만 했다"로 큼직하게 편집했다. 검찰 발표 그대로 제목을 달며 '운동권, 공권력 무력화 책동'이란 부제도 더했다.

바로 옆 제2사회면에는 '공안당국의 부천서 사건 분석'에 관한 해설기사를 담았다. "혁명을 위해서는 '성'도 도구화"한다는 공안 당국의 분석을 그대로 전했다. "급진세력의 투쟁전략 전술 일환-혁명 위해 성까지 도구화한 사건"이라고 사건의 성격을 악의적으로 규정했다.

그는 다음 날 "부천사건에서 얻는 것" 제하의 사설(7월 18일자)에서 "이 시점에서 수사권 밖의 사람이 진실이 어떠했는가를 가릴 능력도 없고 그럴 입장도 못 된다"며 기자로서 얼마든지 진실을 파헤칠 수 있는 상황을 아예 내놓고 회피 내지 외면하는 논리를 폈다.

당시 한국기독교교회협의회KNCC의 '인권위원회 보고서'는 그의 성고문 보도를 왜곡보도의 대표적 사례로 꼽았다. 조선일보사노동조합이 발행한 '조선노보'에 따르면, 당시 보고서를 읽은 조선일보 기자들은 "표현하기 어려운 부끄러움"을 느꼈다.

하지만 편집국 고위 간부들은 인권위원회 보고서가 '조선일보에 대한 반감이 뿌리 깊은 동아일보 해직기자들 작품'이라며 전혀 개의치 않았다. 어불성설이었다. 그 시점에 동아일보의 위상은 그보다 앞서 있었다. 하물며 동아일보 해직기자들이 그에게 '경쟁의식'을 느낄 아무런 이유도 없었을 뿐더러 더욱이 해직기자들이 일부러 그를 흠집 낼 아무런 까닭도 없었다.

더 충격적인 이야기도 있다. 사회부 평기자들에 따르면, 부천경찰서 성고문 사건 발생 당시에 편집국 안에선 "어떻게 다 큰 처녀가 자기가 당했다는 사실을 남에게 내세울 수 있느냐"며 "보호해줄 가치가 없다"는 얘기가 오갔다고 한다.

피해자인 여학생이 자신의 모든 것을 던져 인권이 유린당한 사건을 고발했는데도 이를 왜곡한 대다수 언론인들은 권력이 주는 뒷돈까지 챙긴 것으로 알려졌다.

'북괴와 대치' 상태를 들어 군부쿠데타와 학살은 물론 전두환 정권 내내 벌어진 인권 유린에 모르쇠를 놓고 되레 '성을 혁명도구화'한다는 따위의 공안당국 발표를 그대로 보도한 그는 '북괴에 대한 적대감'이 지나쳐 대형 오보를 잇달아 내 물의를 빚기도 했다.

그는 1986년 11월 16일자 1면에 느닷없이 "김일성 사망설"을 보도했다. 다음 날은 정기휴간 일이었는데도 17일자로 "김일성 총 맞아 피살" 제목의 호외를 발간했다. 호외는 "조선일보 세계적 특종—

조선 평전

16일자에 최초로 보도"제목으로 자사의 특종임을 자랑했다. 이어 18일에도 "김일성 피격 사망―북괴 권력투쟁 진행 중" 제하의 1면 머리기사에서 김일성 사망을 기정사실화했다. 관련 사설도 통단으로 크게 편집했고 7개면에 걸쳐 관련 기사를 편집했다.

그러나 그의 '세계적 특종'은 곧 '세계적 오보'가 되었다. 김일성이 피격으로 사망하고 '북괴 권력투쟁'이 진행 중이라고 아침신문 1면 머리로 보도한 바로 그날 오전 10시에 김일성이 몽고 공산당 서기장 영접을 위해 평양공항에 나타났다. 참고로 김일성은 그로부터 8년 뒤인 1994년 7월에 사망했다.

세계적 오보 앞에 그는 전혀 부끄러워하지 않았다. 다음 날 신문에 오보를 사과하기는커녕 오보의 책임을 평양에 떠넘기고 나섰다. 11월 19일자에 "김일성은 살아 있었다"는 기사를 내면서 "북괴군 방송극 진의?" 제하의 사설을 통해 다음과 같이 주장했다.

'살아 있는 신'인 '위대한 수령님'의 **사망을 허구로 꾸며서까지, 심리전에 활용한다는 발상 자체가, 도시 나올 수 없는 북한사회이고 체제임을, 우리는 남북대화의 평양 왕래 체험을 통해 무엇보다도 지겹게 또 명백하게 알고 있는 터이기도 하다.** 그리고 보면 결국 나올 수 있는 해답은, 분명히 북의 사회에 그 어떠한 변괴가 일어났음이 틀림없을 것이라는 결론으로 귀착된다. 그것이 군 일부의 반란일 것일 수도 있고, 당료와 군 일부의 결탁에 의한 모반일 가능성도 있으며, 그 진상을 적확히 알아내어야 하는 것이 이제부터의 우리의 최대 관심사가 되지 않을 수 없다.

인권 유린의 극한인 '대학생 고문치사' 사건도 본디 '간첩 체포'가 임무인 치안본부 대공수사처의 '빨갱이 몰이'에서 비롯했다. 그럼에도 그는 6월대항쟁을 불러온 박종철의 죽음을 동아일보나 중앙일보에 비해 소극적으로 보도했다.

그는 권력 감시라는 저널리즘 본연의 과제를 수행하기는커녕 정당성 없는 권력, 인권을 유린하는 권력이 위기를 모면하도록 다시 나섰다. 부천경찰서 성고문을 성의 혁명도구화로 보도한 행태의 연장이었다. 대공수사처의 고문치사를 가장 적극적으로 보도한 동아일보나 첫 보도를 한 중앙일보와 달리 그는 '고문 치사'라는 엄연한 사실을 희석하는 보도와 논평을 이어갔다. 그 명분도 '북의 위협'이었다.

그는 "명명백백한 진상이⋯⋯/ 조사받던 한 대학생의 죽음에 대하여" 제하의 사설(1987년 1월 17일자)을 통해 고문치사를 '불상사'로 표현하면서도 진상 규명을 요구하긴 했다. 하지만 경찰의 정상적인 공안사건 수사를 섣불리 어느 한쪽으로 몰아가서는 안 된다는 논리를 폈다.

치안본부장(현 경찰청장)은 "책상을 탁 치니 박 군이 억하고 (심장마비로) 죽었다" 따위의 해명만 늘어놓다가 동아일보의 끈질긴 '고문치사' 보도로 사건 발생 5일 만인 1월 19일에야 박종철이 수사 과정에서 물고문으로 질식 사망했다고 발표했다.

그는 다음 날(1월 20일자) "고문은 없어져야 한다" 제하의 사설을 냈다. 그런데 사설 제목과 달리 내용은 다음과 같이 경찰을 두둔하는 문장들이 담겨 있었다.

뒤늦게나마 경찰은 고문이 있었던 사실을 자인한 것은 다행한 일이기는 하다… 우리 경찰이나 그밖의 수사기관들이 그동안의 모든 수사나 조사를 고문에 의존해 실시했다고는 말할 수 없다. **때로는 우리에게 무력항쟁을 시도하는 용공, 극좌분자들에게까지 지나치게 관대할 수 없다는 그 나름의 고충을 모르는 바도 아니다…오히려 인권과 자유와 민주를 지키기 위해 공산주의를 반대하는 우리의 입장은 자유민주주의를 폭력으로 방해하는 세력을 뿌리 뽑지 못하는 당국에 안타까운 생각을 하고 있는 편이다.**

고문치사 사건이 '용공·극좌분자' 수사 과정에서 일어났고 "경찰의 고충을 모르는 바 아니다"고 적었다. "공산주의를 반대하는 우리의 입장은 자유민주주의를 폭력으로 방해하는 세력을 뿌리 뽑지 못하는 당국에 안타까운 생각을 하고 있는 편"이라는 주장도 서슴지 않았다. 여기서 굳이 진실을 짚고 가자면, 한국 정치사에서 "자유민주주의를 폭력으로 방해하는 세력"은 다름 아닌 쿠데타 군부였다.

어쨌든 방우영과 그에게 부닐던 고위간부들은 아직 전두환의 권력이 강력하다고 판단했음직하다. 대통령 직선제를 요구하는 시위가 전국의 골골샅샅에서 맹렬하게 타오르자 1987년 4월 13일에 전두환은 목에 잔뜩 힘을 주고 텔레비전 앞에 나와서 자신의 임기 중 개헌은 불가능하다는 내용의 '4·13 호헌조치'를 발표했다. 직선제 개헌운동이 정점으로 치닫고 있던 시기였다.

민주화에 나선 민중들은 전두환의 낯 두꺼운 언행에 분노했지만, 그는 달랐다. 사설을 통해 "전 대통령의 이와 같은 결단에 접하면서 우선 첫째로, 그간의 경위와 개헌 논쟁은 어찌되었건, 좌우간 내년 2월에는 국가의 최고 통치권자가 분명히 바뀌도록 확정되었다는 사실의 중요성을 다시금 음미하지 않을 수 없다. 이 점은 개헌을 통한 것이 아닌 현행 헌법에 따른 변화라 할지라도, 그 의미와 함축성이 대단히 크다고 우리는 생각한다"며 담화를 지지하고 나섰다(4월 14일자).

그는 같은 날 '정치부기자 좌담'을 기사로 내면서 전두환 정부가 '4·13 호헌' 조치를 위한 제2, 제3의 조치를 준비하고 있다며 그 조치들이 '국회 해산'이나 '계엄령 선포' 따위의 헌정을 중단하는 비상한 수단일 가능성이 높다고 보도했다.

하지만 민중은 그의 협박에 굴하지 않았다. 직선제를 요구하는 시위는 더 활활 타올라 마침내 6월대항쟁이 일어났다.

노태우 정부, 김영삼 정부, 김대중 정부가 들어서며 대한민국 민주화가 조금씩 진전되어 갔지만 그는 좀처럼 달라지지 않았다. 남북관계에 지나친 그의 과민반응은 주한미군에 대한 감시 소홀이나 무조건적 비호로 나타났다.

2002년 6월 13일 열네 살 여중생 심미선·신효순이 미군 장갑차에 온몸이 짓이겨진 채 숨지는 참사가 일어났다. 그는 다음 날 한 줄도 보도하지 않았다. 중요하지 않은 사건이라고 판단해서일까. 며칠 동안 모르쇠를 놓던 그는 평화운동과 인권운동을 벌이는 사회단체들이 참사를 일으킨 미군 부대 앞에 가서 항의 시위를 하자 비로소 간략히 보도했다.

미군의 미온적 반응에 분노한 사회단체들은 조금씩 운동의 강도를 높여갔다. 그를 비롯해 대다수 언론이 보도에 인색했기에 더 그 랬다. 이윽고 촛불이 켜졌다. 여중생을 추모하는 촛불 시위가 미군 부대 앞은 물론이고 서울 도심 집회에서도 일어났다.

촛불 추모를 외면하는 언론과 주한미군에 맞서 불길은 점점 거세져갔다. 미국 정보기관은 사태가 심각하게 전개되고 있다고 판단했다. 당시 대통령 조지 부시가 주한미국 대사관을 통해 간접 사과를 밝혔다. 촛불 추모에 나선 사람들은 부시가 직접 백악관 기자들 앞에 나타나 사과하기를 요구했기에 결코 만족스럽지 않은 사과였다.

대통령 부시의 간접사과를 가장 크게 보도한 신문이 다름 아닌 그였다. 그는 2002년 11월 28일자 신문에 "부시, 사과 표명" 제하의 1면 머리기사로 큼직하게 보도했다.

> 조지 W 부시Bush 미국 대통령이 27일, 주한 미군 장갑차에 의해 지난 6월 심미선(14)·신효순(14) 양 등 한국 여중생 2명이 사망한 데 대한 사과의 뜻을 유가족과 한국 정부, 그리고 한국 국민에게 전해 줄 것을 요청했다고, 토머스 허버드Hubbard 주한 미국 대사가 밝혔다.

두 여중생의 죽음이 미국 대통령의 사과를 받아낼 만큼, 그리고 그 간접 사과를 1면의 머리기사로 보도할 만큼 뉴스 가치가 있다고 편집했으면서도, 정작 참사 자체에 대해서는 일주일이 지나도록 온전히 보도하지 않은 사실 앞에 그는 부끄러움이 있을까. 더구나 그 기사의 끝 대목을 읽어보면 부시가 늦게나마 간접 사과한 의도가 드러난다.

한편 이번 사건과 관련돼 무죄평결을 받은 장갑차 관제병 페르난도 니노 병장과 운전병 마크 워커 병장은 이날 오전 별도의 사과 성명을 발표, "비록 본의 아닌 사고로 인한 비극일지라도 우리는 죄책감에 몸 둘 바를 모르겠다"며 "따님들을 잃은 가족의 슬픔과 고통에 진심으로 사과드린다"고 말했다. 이들 2명은 사과성명을 낸 뒤 이날 오후 2시 오산 미공군기지에서 출국했다.

미국은 두 여중생을 장갑차로 깔아 죽인 병사들을 무죄로 평결한 뒤 한국 안에 비판 여론이 거세지자 대사를 통해 부시의 사과를 전한 뒤 곧바로 출국시켰다. 따라서 '간접 사과'는 다분히 국내에 타오르는 분노의 불길을 잠재우려는 것이었음을 누구나 쉽게 알 수 있는 상황이었다. 그런데 그는 신문 1면에 편집하며 미국 대통령이 사과했으니 이제 모든 것이 해결되었다는 듯이 여론을 몰아갔다.

같은 날 "부시 사과와 앞으로의 한·미동맹" 제하의 사설은 "양국 모두 상대방을 존중하는 자세가 필수적이며, 양국 정부와 정치권 등 지도층이 우선 모범을 보여야 한다. 자극적 언사言辭와 충동이 한·미관계 전체를 흔들도록 방치해서는 안 된다"는 훈수도 잊지 않았다. 여기서 "자극적 언사와 충동"은 미국 대통령의 진정한 사과와 불평등한 주둔군지위협정 개정을 요구하는 사회단체를 겨냥한 말이다. "양국 모두 상대방을 존중하는 자세가 필수적"이라는 주장은 얼핏 중립적인 듯 보이지만, 두 여중생이 장갑차에 깔려 죽은 사건과 미군의 모르쇠가 빚은 촛불이기 때문에 "양국 모두 상대방을 존중"하라는 말은 공평할 수는 있을지 모르지만 공정한 논평은 결코 아니다. 다음 날(11월 29일)에는 "반미를 넘어 해법을 찾자" 제하의 사설에서 속내를 분명히 밝혔다.

미군 장갑차 여중생 사망사건에 대한 **부시 미국 대통령의 사과가 있었지만, 반미反美 주장과 움직임은 오히려 더 확산**되고 있다. 어제 하루만 해도 여러 단체들의 반미성명이 발표됐고, 크고 작은 반미시위가 잇따랐다. 급기야 사건 발생지인 의정부 시의회가 범汎시민적 투쟁에 동참할 것을 결의하기까지 했다.

이번 사태가 심상치 않게 여겨지는 것은 반미 주장에 공감을 표시하는 일반국민들이 급속히 늘고 있기 때문이다. 여기에는 그럴 만한 이유가 있다. 희생자가 여중생들인데도, 정작 기소된 미군병사들이 미군법정에서 무죄無罪평결을 받기 무섭게 출국했으니, 한국인들로서는 분노와 충격을 감추지 못하는 것이다. 결국 이번 일은 유가족들을 포함한 한국인들 모두의 마음에 커다란 상처를 남긴 셈이다. 그렇지만 운동이나 시위는 문제제기는 될 수 있어도 문제의 해결이나 마무리일 수는 없다. 거꾸로 상처를 더 덧나게 할 염려도 있다. 현재 일부 시위대는 미군 기지에 화염병을 던지는가 하면 철망을 뜯고 진입을 시도하기도 한다. 자칫하다 더 큰 사고를 부를 가능성도 있는 것이다.

특히 초·중·고 학생들에게까지 반미의식을 심으려 하는 등의 움직임은 갈등의 치유나 해소보다는 갈등의 끝없는 격화만 불러올 수도 있다는 점에서 모두가 깊이 성찰해 볼 일이다. 어차피 한·미는 서로를 필요로 하고 있고, 주한미군은 한반도뿐만 아니라 동북아 전체의 안정을 지탱하는 균형자의 역할을 맡고 있다. 따라서 지금 모두가 고민해야 할 것은 현 상황을 풀 해결방안이다. 물론 그 답을 찾는 과정이 쉽지는 않다. 한·미간 '소파^{SOFA}(주둔군지위협정)' 개정 요구만 해도 국제관례 등에 비춰볼 때 미국이 문제가 된 '공무중 발생한 범죄'에 대한 재판 관할권을 양보할 가능성은 거의 없다. 그럼에도 중요한 것은 이제는 한·미 정부와 지도층, 국민들 모두가 합리적인 해결책을 찾는 쪽으로 방향을 잡을 때가 됐다는 점이다. **김대중 정부는 팔짱만 끼고 앉아 있을 작정인가?**

그는 잇따라 사설을 쏟아냈다. "한·미 정부가 '반미' 대책에 나서야"(12월 4일)에선 "반미反美 운동의 확산 양상이 심상치 않다"면서 자칫하면 반세기에 걸친 한·미 동맹관계 전체가 흔들릴 수도 있는 심각한 국면이라고 강조했다. 이틀 뒤 "李·盧 '반미 문제' 정면으로 다뤄라"(12월 6일) 제하의 사설은 "지금 우리가 직면한 가장 큰 현안은 반미 문제"라며 "대통령 후보들이 이 문제를 정면으로 다뤄야 한다. 어차피 2주일 뒤 있을 대선에서 누가 승리하든, 곧바로 맞닥뜨릴 수밖에 없는 문제다. 이회창·노무현 후보 등은 반미문제에 대한 해법을 내놓고 국민의 판단을 물어야 할 것"이라고 후보들을 압박했다.

노무현이 당선된 뒤에도 촛불시위를 반미로 몰아가는 보도와 논평은 이어졌다. 이 모든 사설들이 그가 첫 보도를 외면한 '두 여중생의 미군장갑차 참사'에서 비롯했음을 잊은 듯 했다. 그 참사의 진상을 밝히라는 정당한 요구가, 장갑차 운전병에 무죄를 선고한 미군에 대한 당당한 항의와 미국 대통령의 직접사과를 요구하는 운동을 그는 "반미운동"으로 내내 몰아가며 한미동맹을 강조함으로써 '안보 의식'을 자극했다.

하지만 생각해볼 일이다. 두 여중생 참사의 진상을 낱낱이 밝혀야 옳지 않은가. 장갑차 운전병이 과연 무죄이어도 좋은가. 조지 부시가 직접 백악관에서 기자회견을 하는 가운데 사과하면 안 되는 걸까. 미국에 대한 정당한 비판이나 당당한 운동이 불평등한 한미관계를 개선함으로써 오히려 동맹을 강화할 수 있다는 생각은 정녕 그의 머리엔 떠오를 수 없는 걸까.

그렇지는 않아 보인다. 그 사설들이 나갈 때 신문의 논조를 좌우하는 자리에 있던 언론인 김대중은 2015년 입사 50주년을 맞은 인터뷰에서 "사장이 대통령과 만날 약속이 있는 날 아침 신문에 대통령 비판하는 칼럼이나 사설을 내보내서 사장 입장을 곤란하게 만들곤 했다던데"라는 후배 기자의 질문에 "솔직히 비판적인 글을 배경으로 하고 만나야 힘이 생기는 것 아닌가"라고 말했다. 그런 생각을 한미불평등 해결에 대입할 수는 없었을까 의문이 든다.

발행 부수 1위인 신문이 집요하게 제기하고 전국경제인연합을 비롯해 경제 단체들마저 '반미'를 경계하고 나서자 촛불에 힘입어 대통령에 당선된 지 열흘도 안 된 노무현은 12월 28일 '의정부 여중생 사망사건'의 범국민대책위 지도부를 만나 '반미 시위 자제'를 당부했다. 노 당선자의 당부 이후 촛불 시위는 시나브로 잦아들고 말았다.

'안보'를 틈날 때마다 강조하는 보도와 논평으로 그는 줄곧 기득권 체제를 옹호해왔다. 한미동맹을 내세우거나 친북좌파 몰이가 전형적 취재·보도 수법이었다. 그는 인권이 짓밟힌 사건들에도 '빨간 색안경'을 들이대기 일쑤였다. 대표적 사건이 서울 용산의 철거민 참사다.

2009년 1월 20일 서울 용산의 재개발 건물 옥상에서 "대책 없이 삶의 터전을 잃을 수 없다"며 농성하던 철거민 5명이 경찰의 과잉 진압으로 불에 타 숨지는 '용산 참사'가 일어났다.

이명박 정부는 농성에 들어간 철거민들과 아무런 대화도 없이 하루 만에 경찰특공대를 투입했다. 경찰특공대는 테러 진압을 목표로 만들어진 조직이다. 테러분자도 아닌 철거민 5명이 특공대 진입으로 불에 타 숨진 사건은 민주주의 국가에서 일어나서는 안 될 참변이었다. 그럼에도 그는 1면 머리기사로 편집하지 않았다. "철거민 진압작전의 가슴 아픈 결말" 제하의 사설에선 경찰이 "불법 폭력시위에 대해서 법과 원칙에 따라 법질서를 세워야 한다"며 "지금은 경제위기가 급박한 상황"이라고 강조했다.

다음 날 "용산 참사 배후세력 '전철연'에 단호히 대응해야"(1월 22일자) 제하의 사설에서 그는 참사의 책임을 전국철거민연합(전철연)으로 돌리기 시작했다. 사설은 "참사를 부른 옥상 농성은 전철연이 주도한 셈"이라고 규정한 뒤 다음과 같이 썼다.

전철연은 1994년 출범한 이후 철거민 농성을 '비타협적 빈민해방 투쟁'의 수단으로 삼아왔다. 단체 로고로 '민중해방'이란 글자를 새겨 다닌다. …서울에서만 올해 19개, 내년 48개, 내후년 73개 재개발구역에서 철거와 이주가 진행될 예정이다. 전철연은 재개발 구역 갈등을 어떻게든 들쑤셔서 이 사회를 뒤흔들 불쏘시개로 삼으려는 생각을 갖고 있을 뿐이다. **삶의 막다른 길에 몰린 철거민들의 고통을**

달래주고 해결하기보다 철거민들을 정치적 봉기의 불쏘시개로 삼으려고 철거민들을 앞세워 폭력을 휘두르는 전철연을 이대로 내버려둬선 안 된다.

전철연을 겨냥한 그의 보도는 당시 집권당인 한나라당 국회의원들이 용산 참사의 진상 규명을 위해 연 행정안전위에서 발언한 내용과 같은 맥락이다. 한나라당 초선 국회의원 신지호는 용산 참사의 화재 원인과 관련해 철거민들의 "고의 방화도 배제할 수 없다"고 주장했다. 신지호는 또 전철연을 '반대한민국 단체'라 규정하고, 용산참사를 일러 "치밀한 계획에 의해 자행된 도심 테러"라고 단정했다.

철거민 농성을 '도심테러'로 몰아가는 권력과 손발을 맞춘 그는 1월 23일자에 사설 "겁 없는 좌파세력들, 용산 불행 이용해 '촛불재판再版' 꿈꾸나"에서 다음과 같이 좌파몰이를 했다.

지난 20일 서울 용산4재개발구역 옥상 농성장에서 6명이 숨진 사고가 발생한 지 7시간 만인 오후 2시 현장에 달려온 **좌파 단체 사람들**이 기자회견을 갖고 '용산 철거민 살인진압 대책위원회'를 결성했다고 발표했다. 대책위 주도로 이날 밤 용산 현장과 명동성당 부근에서 촛불시위가 벌어졌다…**사건 몇 시간 만에 이렇게 재빨리 연대기구를 만들어 행동 스케줄까지 발표하는 걸 보면 그들이 그동안 이런 사건이 터지기를 얼마나 목을 빼고 기다렸는지 알 것 같다**… 좌파진영 한 원로급 인사는 작년 말 인터넷에 올린 글에서 "내년 봄 대규모 군중시위가 벌어지는 일은 그 누구도 막기 어려울 듯하며 정권이 하기에 따라 겨울이 채 가기 전에 그런 사태가 도래할 수도 있다"고 했다. 그는 "관건은 촛불소녀로 상징되는 발랄함과 유쾌함이 (경제위기로) 한층 절박해진 군중과의 결합을 통해 새로운 시위문화를 창출하는 일"이라고 말했다. **밥 먹고 나라가 망하기만 기도하는 사람**이 아니라면 할 수 없는 소리다.

과연 '용산 철거민 살인진압 대책위원회'를 구성한 사람들이 용산참사가 터지기를 "목을 빼고 기다렸"을까. 사설의 마지막 문장은 "대한민국 국민에도 여러 가지가 있다는 말이 틀린 말이 아니다"였다. 자신과 생각이 다른 사람들을 아예 '국민'으로 인정도 않겠다는 깜냥이다. 하지만 용산 철거민 살인진압 대책위를 구성한 핵심 세력은 다름 아닌 박래군을 비롯한 인권운동가들이었다.

그의 사냥은 그칠 줄 몰랐다. "용산 농성 전원 기소 방침/ 검찰 '전철연, 개입 대가로 돈 받았는지 수사'" 제하의 1면 기사에서 "검찰은 전철연 의장 남경남(55)씨 등이 용산 철거민 시위에 개입한 대가로 금품을 받았는지를 확인하기 위해 이들에 대한 계좌 추적과 함께 통화내역 조회에 착수했다"면서 "전철연이 시위를 '대행'해주고 돈을 챙겼는지를 조사하기 위한 수사"라는 검찰 관계자의 말을 기사화했다(2009년 1월 29일).

경찰특공대의 과잉진압으로 발생한 철거민 참사가 어느새 철거민 단체를 겨냥한 '마녀사냥'으로 옮아갔다. 1월 29일자 사설 "경찰, 수배 중인 전철연 의장 5년 동안 왜 못 잡았나" 사설은 한껏 자극적이다.

남씨와 전철연 간부들을 둘러싸고 "철거민과 건설사 양쪽으로부터 뒷돈을 받았다"거나 "재개발 정보를 입수해 알박기 투기를 해왔다"는 의혹이 일고 있다. 검찰·경찰은 하루빨리 남씨 등을 검거해 이런 소문의 진상을 규명해야 한다.

철거민과 건설사 양쪽으로부터 뒷돈을 받거나 재개발 정보를 입수해 투기를 해왔다는 의혹을 제기한 사설을 읽은 독자들은 철거민단체를 어떻게 인식할까. 용산 철거민 참사를 어떤 틀로 바라볼까.

여론시장을 독과점한 신문이 철거민단체를 겨눠 마녀사냥을 벌이고 있을 때 1970년대 철거 현장을 다룬 소설『난장이가 쏘아올린 작은공』(난쏘공)의 작가 조세희가 용산참사의 현장에 나타났다. 칠순의 작가는 "30년 전 난쏘공 때보다 더 잔인하다"며 기자들에게 호소했다.

"애매모호하게 쓰지 마. 내가 쓰면 '저건 학살이다! 학살을 멈춰라!' 라고 쓸 거야. 써야 할 게 가득 쌓여 있는데 쓰질 않아."

물론, 그는 조세희의 호소를 철저히 외면했다. 인터넷신문들이 조세희 작가의 발언을 소개했을 뿐이다. 작가는 "언론사가 무덤 같다"고 고발했다. 문인 조세희는 공정이라는 의미를 되새기게 해주는 말도 남겼다.

"폭력은 군대, 경찰만 하는 게 아니야, 우리 시대 배고파 우는 어린아이의 울음을 그치게 하지 못하면 그게 바로 폭력이야. 우리가 직접 철거민을 죽이진 않았지만 미리 막지 못한 죄가 있어. 나도 똑같은 죄인이야."

여론시장을 독과점한 신문과 작가 조세희가 바라본 용산 참사의 현장은 전혀 달랐다. 사회경제적 약자를 대변해야 할 공정의 가치를 떠나 진실을 짚어보아도 문제는 확연하게 드러난다. 기사와 사설로 그가 제기한 전철연 의장의 '뒷돈'이나 '땅 투기' 의혹은 과연 얼마나 진실일까.

그가 사설로 투기 의혹까지 쓴 바로 그 시점에 남경남 전철연 의장은 〈한겨레21〉(2009년 2월 6일 제746호)과 인터뷰를 했다. 인터뷰 가운데 주요 질문에 남 의장의 답을 읽어보자. 용산 철거민 참사와 전철연의 진실을 새롭게 발견할 수 있다.

- 공안당국이 시민·사회운동을 탄압할 때는 폭력성을 부각시키는 것 외에도 단체 관련자의 부정·비리·추문을 들춰내는 게 일반적이다. 지금 전철련과 남 의장에 대해서도 검찰은 관련 의혹을 제기하고 있다.

= 어느 신문을 보니 내가 땅을 몇 평씩 마련해서 '알박기'를 해 부당이득을 취한 것처럼 보도했더라. 내가 무슨 땅투기라도 한 것처럼 의혹을 제기해놓았다. 나는 전혀 알지 못하는 일이다. **빈민운동을 못하도록 빈민운동가를 죽이고 있는 것이다. 내가 거액을 챙겼다느니 호화 주택에 산다느니 하는 악담을 하는데, 차라리 그랬다면 내 가족에게 덜 미안했을지도 모르겠다.** 내가 사는 집은 공시지가로 6,100만원이 안 되는 그야말로 작은 집이다. 이 집은 70년대에 지은 집이어서 지금도 방에 난로를 피우고 지낼 정도다. 나는 한 사람의 생활인으로 성실하게 노력했지만, 가난에서 벗어나지는 못했다. 그 점이 늘 가족에 대한 미안함으로 남아 있다. 전철련의

주장, 전철연의 요구에 대해 사회적 논의를 했으면 좋겠다. 왜 이런 말도 안 되는, 터무니없는 거짓으로 나와 전철련을 공격하는지 모르겠다. 그래야 할 정도로 일부 언론과 정부의 처지가 곤궁한 것인지 되묻고 싶다.

- 상근 활동가들은 얼마씩 받나.

= 내가 한 달에 50만원을 받는다. 그거 받으면서도 죄인처럼 고개를 숙인다. 사무국장이 40만원, 총무국장이 20만원 정도 받는다. 다른 임원들은 5만원, 10만원 정도씩 받는다. 나만 해도 2007년까지 한 달에 30만원씩 받았다.

(활동비 이야기를 꺼내자 곁에 있던 전철련 관계자들이 한숨을 내쉬며 멋쩍게 웃었다.)

- 그 정도의 돈으로는 생계는커녕 활동비도 안 될 텐데.

= 물론 생계 해결이 안 되는데, 아내가 식당에서 일하면서 나한테 자장면값 정도를 더 쥐어준다. **한 달에 40만∼60만원씩 버는 것 같다. 그런데 아내도 나이가 드니까 누가 써주지 않아 일거리가 없다.** 지금은 딸자식의 벌이에 기대서 해결하고 있다.

그가 보도한 전철연 의장 남경남과 한겨레21이 전하는 남경남은 과연 동일 인물일까 싶을 만큼 다르다. 어떤 기사가 저널리즘의 생명인 공정의 가치에 더 충실했을까.

그가 철거민들을 '과격 불법집단'으로 몰아간 근거는 화염병과 새총이다. 그렇다면 철거민들은 왜 새총을 쏘고 왜 화염병을 던졌을까. 다름 아닌 철거민들의 목소리로 들어보자. 용산참사가 일어난 지 사흘 뒤, 2009년 1월 23일 밤 서울역 앞에 참사 유가족들이 모였다. 설날을 맞아 귀향하는 민중들에게 전하는 편지를 연단에 올라 읽었다. 편지에는 언론에 대한 호소가 있었다.

왜 이렇게 살아왔는지, 왜 이렇게 죽어갔는지 온 세상이 진실을 알아야 합니다. 언제 우리가 쫓겨난다고 신문에서 써준 적 있습니까. 언제 우리가 통곡한다고 텔레비전에 비춰준 적 있습니까. 우리가 살게만 해달라고 호소할 때 기자님들이 언론에서 관심을 가져주셨으면 오늘 같은 일이 없었을 겁니다.

기자님들 제발 양심 좀 찾으세요. 불쌍한 우리를 두 번 죽이십니까. 조중동 기자님들 제발 그러지 마십시오. **경찰 특공대는 우리 아저씨를 죽였지만 여러분들은 우리 가족들을 죽이고 있습니다. 우리 유가족들은 경찰이고 정부 사람이고 누구한테도 미안하다는 얘기를 들어보지 못했습니다. …우리가 원하는 것은 진실뿐입니다. 여러분도 도와주십시오.**

유족들의 간절한 호소가 있었지만 그는 모르쇠를 놓았다. 철거민들은 자신들의 억울함을 절절하게 호소했지만 그는 사회경제적 약자인 철거민들의 사연을 전혀 의제로 삼지 않았다. 언론이 철거민들에게 관심을 가질 때는 철거용역들의 강제철거 과정에서 새총이나 화염병이 등장할 때다. 독과점 신문사의 간부급 기자들이 회원인 관훈클럽이 낸 보고서조차 언론의 '공정성'을 강조하며 "사회 소수계층의 의견을 대변하고 그들의 이익을 옹호해주어야 한다"고 제시했음에도 그렇다.

한국의 종합일간지 가운데 인권에 가장 모르쇠를 놓아온 그가 정반대로 가장 과민한 관심을 갖는 곳이 북쪽의 인권이다. 그는 도랑 치고 가재 잡듯 북을 '악마화'하는 한편 대한민국에서 인권 향상을 위해 헌신해온 사람들을 '마녀'로 몰아왔다.

2020년대를 맞아서도 자신과 정치노선이 다른 정당이나 사회단체를 서슴없이 친북이나 종북 딱지를 붙이는 습성은 여전하다. '친북·종북세력'이 '북한 인권을 무시한다'고 공격할 때는 자신이 몸담은 나라가 아닌 나라의 인권까지 걱정하는 진정한 인권주의자처럼 보이기도 한다. 하지만 그의 인권 보도와 논평은 정작 자신이 살고 있는 나라, 대한민국에선 딱 멈춘다.

북의 인권 문제를 틈날 때마다 그것도 사실 확인 없이 거론하며 한국사회의 인권 문제엔 침묵하는 그의 '진정성'을 의심하는 것은 합리적이다. 일반적으로 '진정성'은 진실한 마음을 의미하는 말로, 하이데거는 "자기가 처한 실존적 상황 및 거기 내재된 가능성을 실현시킬 자유를 인식하고자 노력하는 상태"라고 정의했다.

그가 북의 인권에 진정성을 보이려면 최소한 자신이 몸담고 있는 대한민국의 인권부터 관심을 가져야 한다. 최소한 인권 유린에 앞잡이가 되어서는 안 된다. 그가 박근혜 정부와 손잡고 그녀의 '통일대박' 정책을 적극 홍보하며 엄청난 성금을 모을 만큼 '관심'을 보인 통일을 위해서도 그렇다.

그가 통일 방법으로 '독일식 통일'을 꿈꾼다면 더욱 그렇다. 차분히 짚어볼 일이다. 통일을 이루기 전에 서독이 과연 자살률 1위, 출산율 꼴찌였을까. 세계 최장의 노동시간과 최고의 산업 재해율을 자랑했을까. 틈만 나면 노동조합에 마녀사냥 하는 언론이 발행부

수 1위를 내세우며 군림하려 했을까.

아니다. 남북관계와 인권의 함수는 간명하다. 통일의 길은 남과 북 모두에서 사람의 권리, 곧 인권을 높이는 방향으로 열어가야 옳다. 그 길에서 조선일보, 그는 어디를 걷고 있을까.

8

한국 언론의
전설과 진실

그가 품은 대표적 기자는 누구일까. 시각에 따라 여러 기자가 꼽히겠지만, 창간 100돌을 맞은 해에 그 스스로 내세운 기자를 짚어보자. 조선일보 기자들은 김대중을 조선일보의 상징만이 아니라 한국 언론의 대표라고 공언했다.

> 한국 언론을 대표하고 상징하는 단 한 사람을 꼽으라면 우리는 김대중 고문이라고 답하겠습니다. 김 고문은 모두가 알지만 말하지 못하는 것을 말했고, 사람들이 미처 보지 못하는 것을 보고 지적했습니다. 그의 직필이 시대와 나라를 움직였습니다. 지난 55년 동안 김 고문은 한결같이 조선일보 기자였습니다. 한 시대의 전설과 함께 했음을 영광으로 여기며… 조선일보 후배 일동.

2020년 3월 31일 조선일보 편집국에서 '김대중 고문 퇴임식'이 열렸을 때 방상훈 사장이 전달한 공로패에 적힌 문구다. 퇴임식에서 주필 양상훈은 "한 분야에서 독보적인 일가를 이룬 사람을 전설이라고 부른다. 한국 언론계에 전설이 있다면 김대중 고문은 빼놓을 수 없는 존재라고 생각한다. 함께했던 그 긴 세월 저희 후배들한테는 큰 영광이었다"고 송별사를 했다. 양 주필은 그가 처음 신문사에 입사했던 시절을 회고하며 "김 고문의 글을 읽으며 기자는 이렇게 글을 쓴다는 것을 배웠다"고 밝혔다.

조선 평전

기자 김대중은 1965년 6월 조선일보 수습 8기로 입사해 외신부·사회부·정치부 기자, 주미특파원과 외신부장·사회부장·정치부장을 거쳐 출판국장·편집국장·주필·편집인을 역임했다. 다음 날 조선일보는 25면 머리기사로 "변하면 안 되는 것 두 가지, 기자 정신과 글쓰기" 제목 아래 김대중의 '55년 신문기자 외길' 기사를 내보냈다.

월간조선도 5월호에서 그가 "정론직필 외길" 걸어왔다며 김대중 기자는 "탁월한 글솜씨, 뛰어난 영어 실력, 근성 있는 취재력을 두루 갖춰 입사 8년 차에 미국 워싱턴특파원으로 발탁돼 언론계의 주목을 받았다"고 썼다. 이어 "출판국장 시절 금기사항이던 5·18 광주항쟁을 월간조선 특집 기사로 다뤄 정권의 미움을 사 영국 유학을 떠나기도 했지만, 그의 필봉은 꺾이지 않았다. 김대중 기자는 삭막한 육하원칙이 주를 이루던 사건 기사를 색다른 시각에서 재구현했다는 평가도 받는다. 사회부장 시절, 어린이 두 명이 폐유廢油로 덮인 뻘에 빠져 목숨을 잃자 두 어린이 관점에서 기사를 새로 썼다. '폐유가 앗아간 두 어린이의 하굣길이었다'로 끝나는 이 기사는 편집국 간부들의 극찬을 받았다"고 높이 평가했다. 가장 '조선일보다운 기자'라고 할 수 있다.

여든 살을 넘은 김대중 기자는 퇴임식에서 후배들에게 자신이 기자로서 지켜온 원칙이라며 "용기 있는 비판 의식을 뜻하는 기자 정신"과 "완성도 높은 글"을 강조했다.

퇴임식 기사만 보면 누구나 뿌듯한 정경이 펼쳐질 법하다. 국내 어느 언론사에서도 찾아볼 수 없는 풍경 아닌가. 조선일보의 장점일 수 있다. 80대까지 현역으로 칼럼을 쓴 기자가 퇴임식에서 자신이 언론계에 들어올 때 태어나지도 않았을 후배들에게 기자정신과 완성도 높은 글을 당부하는 모습은 감동적일 수도 있다. 한국 언론계에 40대에 '명예퇴직'한 기자들이 하나둘이 아니기에 더욱 그렇다.

기자 김대중은 그의 자부심이기도 하다. 그런데 과연 "조선일보의 상징"이자 "한국언론의 전설"이라는 보도는 진실일까. 우리는 이미 김대중이 기자로 생활한 1965년에서 2020년까지 조선일보가 얼마나 저널리즘의 본령에 충실했는가를 짚어보았다. 자유민주주의와 시장경제, 인권을 중시하는 듯싶지만 진실은 그렇지 않았거나 정반대였다.

그렇다면 창간 100년을 맞은 조선일보 '기자 일동'이 영광으로 칭송하는 김대중은 어떤 언론인이었을까. 조선일보 현직 기자들이 '진실의 수호자'를 자부하려면 자신들을 위해서라도 '김대중 직필'의 진실을 점검할 필요가 있다. 그가 "서울대 정치학과 교수"의 말로 "김대중칼럼은 '대한민국 지킴이'였다"고 거침없이 지면으로 부각해서만은 아니다. 김대중이 그의 기자들에게 두고두고 '기자의 전설'이나 '비판적 기자정신과 완성도 높은 글쓰기'로 영향을 끼칠 가능성이 높기 때문이다.

스스로 대한민국에서 최고라고 과시하는 그의 기자들이 전설로 추앙하는 김대중이 필명으로 남긴 기사들은 칼럼이 대부분이다. 지금은 '기자 실명제'가 정착되어 있지만, 김대중이 평기자로 활동하던 시기에 대다수 기사에는 기자 이름이 들어가지 않았다.

따라서 김대중이 3선 개헌과 유신체제를 어떻게 바라보았는지

기사로 확인하기는 어렵다. 하지만 그가 평기자를 벗어나 편집국 사회부장이 된 뒤부터 쓴 글에는 그 시대를 어떻게 보았는지 생생하게 드러난다.

1980년부터 2020년까지 옹근 40년 동안 김대중이 이름을 걸고 글을 쓸 때 대한민국 국민들의 삶에 가장 큰 영향을 끼친 역사적 사건을 꼽으라면 두 가지를 상정할 수 있을 것이다. 하나는 1980년 5·17 전두환 쿠데타에 맞선 5·18 항쟁이고 다른 하나는 1997년 국제통화기금의 구제금융을 받은 'IMF사태'가 그것이다.

대한민국에서 살아가는 민중들에게 큰 고통을 준 두 역사적 사건을 "대한민국 지킴이"는 어떻게 보고 어떻게 자신의 언론행위에 담았는지 선입견 없이 짚어보고 가자.

먼저 1980년의 다음 기사는 당시 사회부장 김대중 기자가 '전두환 군부'의 5·17 쿠데타에 맞서 일어난 민중항쟁의 현장을 취재하고 쓴 르포이다. 5월 25일자 그의 사회면(7면) 머리기사로 실렸다.

"바리케이드 너머 텅빈 거리엔 불안감만…「무정부 상태 광주」 1주"라는 큼직한 표제 아래 "총들고 서성대는 「과격파」들/ 길목서 저지…무기 반납 지연"과 같은 부제목들을 달았다. "생필품 동나 고통스럽다"는 "시민들"도 제목에 담았다.

【광주 화정동에서=김대중 기자】광주시를 서쪽에서 들어가는 폭 40m의 도로에 화정동이라는 이름의 고개가 있다. 그 고개의 내리막 길에 바리케이드가 쳐져 있고 그 동쪽 너머에 **「무정부 상태의 광주」 가 있다. 쓰러진 전주, 각목, 벽돌 등으로 쳐진 바리케이드 뒤에는 총을 든 난동자들이 서성거리고 있는 것이 멀리서 보였다.** 그 뒤편의

거리는 차가 없어 더욱 넓어 보였다.

그 바리케이드를 마주보면서 6백여m 쯤 떨어진 이쪽 도로 중앙에 철조망과 함께 「무기 회수반」이라는 글자가 쓰인 5개의 입간판이 길을 막고 있다. 바로 이곳이 총기의 반납을 기다리고 있는 당국의 전초선이다. 24일 오후 광주의 지도층 인사들로 구성된 시민 수습대책위는 얼마의 총기를 가져다 놓고 갔다고 했다.

여기서 총기의 반납을 기다리고 있던 한 관계자는 『수습대책위에서 총기를 반납하려해도 바리케이드 저쪽에 있던 과격파들이 이를 저지하거나 감시하고 있어 대책위 측에서는 골목길을 돌아 이 무기 반납소에 무기를 놓고 간다』면서 무기 반납에 아직도 「방해」라는 문제가 있음을 지적했다.

일부 사람들이 이 지역을 「대치장소」니 하는 이름으로 부르는 것을 이 관계자는 몹시 못 마땅해 했다. 『우리는 지금 시민을 보호하기 위해 외곽차단을 하고 있을 뿐이지, 결코 대치하고 있는 것은 아닙니다.』

이 관계자는 『문제는 광주 시민의 생업입니다』라고 했다. 광주로 통하는 모든 통로가 막힌 상태에서 광주에는 식품과 의약품 등 생필품의 품귀 현상이 빚어지고 있다. 이런 현상은 타지에서 반입되던 생필품이 끊긴 데서 비롯된 것이지만 대부분의 상점과 시장들이 가게를 열었을 때의 안전이 보장되지 않은 상황 때문이기도 하다고 바리케이드 저편에서 온 몇 사람들은 얘기했다.

바리케이드와 무기반납소 사이에는 인도에 수십 명의 시민들이 옹기종기 모여 서성거리고 있었다. 그 모습은 마치 일요일에 교통이 차단된 어느 번화가의 모습과도 흡사했지만 사람들은 그 번잡했던

조선 평전

거리가 벌써 7일째 텅 비어있는 것을 불안해하는 것처럼 느껴졌다. 머리 위에는 간간이 헬리콥터 소리가 요란했다. 시민들에게 계엄당국의 전단을 뿌리러 가거나 뿌리고 오는 헬리콥터라고 했다.

「24일 정오(나중에는 오후 6시로 연장)까지 무기를 회수해 국군광주통합병원으로 가져오면 과거를 일체 불문에 붙이겠다」는 내용이었다.

광주통합병원이 바로 이 화정동 무기반납소를 의미한다. 무기를 반납하러 오는 사람들 보려고 기다렸다. 그러나 30분간 기다리는 동안 그런 기회는 오지 않았다. 다만 오토바이를 탄 어느 사람이 잠시 반납소의 종사원에게 접근하더니 다시 휑 돌아서 질주해 갔다. 어떤 사람이냐고 물었다. 어느 관계자가 『아마 뭣인가 물어보려 온 사람일 것』이라고 대답했다.

오후 2시 30분쯤 도청의 수습위원들로부터 「허락」을 받고 바리케이드를 통과한 본사의 서청원 이영배 박래명 조광흠 네 기자가 마치 4총사처럼 무기 반납소 쪽으로 걸어 올라왔다. 7일 동안 마치 몇 년씩 늙은 것처럼 느껴지는 얼굴들이었다. 막혔던 얘기를 나누고 얼마의 돈을 건네주고 그동안 찍었던 필름과 새 필름이 교환된 뒤 네 기자는 올 때처럼 그렇게 길을 걸어내려 갔다. 그들의 모습이 바리케이드 저쪽으로 아스라이 사라질 때까지 불안했다. **이 불안은 광주 사태가 해소될 때까지 남을 수밖에 없는 그런 불안인지도 모른다.**

기사 전문이다. 당시 그는 사회부장이었다. 사회면 지면에 실리는 기사들을 출고하는 책임자가 자신의 기사를 머리로 편집부에 넘길 때는 나름대로 상당히 공을 들였다고 볼 수 있다.

하지만 선입견 없이 기사를 새겨 보자. 사회부장의 기사로선 도무지 기본이 안 되어 있다. 무엇보다 가장 큰 문제는 현장에 투입되어 "7일 동안 마치 몇 년씩 늙은 것처럼 느껴지는" 기자 '4총사'의 체험이 전혀 녹아들어 있지 않다는 점이다. 그들로부터 무슨 이야기를 들었는지 기자 김대중의 취재가 보이지 않는다. 더구나 기사에는 나오지 않지만 당시 현장의 사회부 기자들은 부장에게 "오늘의 광주사태가 결코 폭동이 아니라는 것을 꼭 써달라"고 했음에도 그랬다. 사회부장인 그는 단순히 바리케이드 앞에서 '저쪽'을 바라보며 기사를 써서 자신이 사회면 머리로 출고했다.

바리케이드 이쪽과 저쪽으로 나누는 이분법도 이해하기 어렵거니와 현장에 갔으면서도 전혀 현장감이 없는 기사, 르포 없는 르포이다. 기자 자신이 직접 사실 확인을 한 흔적도 없을뿐더러 '바리케이드 저쪽'을 '무정부 상태'라고 규정하고 '난동자'라고 쓴 이유나 근거가 기사에 나타나지 않는다. 정작 바리케이드 저쪽의 이야기는 어느 곳에도 없다.

머리기사 바로 옆에는 큼직하게 "시위선동 남파간첩 1명 검거" 제목의 중간머리 기사를 편집했다. "무정부 상태 광주"라는 머리기사 제목과 "시위선동 남파간첩"의 중간머리 제목은 기사를 가르는 선 하나를 두고 붙어 있어 거의 동일한 사건인 듯 오해할 수도 있다. 중간머리엔 "남해안 침투/ 광주잠입 못하자 상경/ 체포순간 독침자살 기도… 환각제등 압수"와 같은 부제가 부각되어 편집됐다.

사회부장이 '머리기사'와 '중간머리기사'를 결정해서 편집기자에게 넘기는 통상의 관례에 따른다면, 사회부장 김대중이 자신의 기사를 머리로, 중간을 "시위선동 남파간첩"으로 출고한 사회면 기사들은 편집기자가 작성한 표제와 함께 독자로 하여금 마치 남파 간첩들이 광주에서 폭동을 획책했다는 느낌을 주기 십상이다.

문제의 중간기사 출처는 서울시경찰국이다. 서울시 경찰국은 5월 24일 "최근 학생 및 시민 시위가 극렬한 광주시에 잠입, 이들의 시위를 무장폭동으로 유도하고 유언비어를 날조 유포하려는 목적으로 남파된 간첩 이창용(46)을 23일 서울에서 검거"했다고 발표했다.

숨겨진 사실, 곧 진실은 무엇일까. 2007년 국방부 과거사진상규명위원회가 이창용 씨의 수사 및 재판 기록을 확인한 결과 5·18과 관련한 임무나 광주로 잠입하기 위한 어떤 시도도 발견할 수 없었다.

이에 앞서 5월 23일자 사회면 "폐허 같은 광주…데모 6일째" 제하의 머리기사 옆에 "목포선 복면쓰고 시위" 중간기사가 큼직한 제목으로 편집됐다. 세 번째 크기의 기사 제목은 "시민들은 쌀·연탄 못 사 큰 불편"이다.

계엄 상황이었기에 검열을 피할 수 없었다고 하지만 바로 그 시점에 검열 거부를 주장한 기자들이 적지 않았다. 설령 신문을 내는 것이 더 중요하기에 검열을 따를 수밖에 없다고 하더라도 기사 작성에서 최소한 독자들이 '행간 읽기'를 할 수 있는 여지는 남겨야 한다. 하지만 이 기사에는 행간읽기를 할 수 있는 어떤 암시적 문장이나 표현도 없다.

'무정부상태 광주' 기사에는 배경이 있다. 광주에서 피의 학살이 절정에 이르렀던 5월 22일 전두환은 언론사 발행인들을 불러냈다.

전두환은 계엄을 확대할 수밖에 없었다며 불가피성을 설명하고 언론계의 '협조'를 요청했다. 이어 광주에서 벌어진 학살극 보도의 실질적 책임자인 사회부장들을 요정으로 불러냈다. 술자리를 마친 뒤 사회부장들에게 촌지를 건넸다. 봉투에는 100만원이 들어 있었다. 그 시점에 중앙일간지 사회부장 월급이 45만원 수준이었다. 현재 사회부장 월급 수준으로도 결코 적은 돈이 아니다.

당시 제작거부 운동에 앞장섰다가 경향신문에서 해직된 기자 윤덕한은 언론계 상황을 다음과 같이 증언했다.

"그래도 최소한의 양심이 있는 일부 사회부장들은 촌지 받은 것이 부끄러워 부원들과 통음을 하는 것으로 그 돈을 다 써버렸다고 하지만 상당수는 입을 씻고 너스레를 떨어 기자들로부터 눈총과 손가락질을 받기도 했다."

기자들 사이에 촌지 거부운동이 일어난 시점은 1987년 언론사에 노동조합이 결성된 이후였다. 김대중 사회부장이 그 촌지를 받았는지 여부는 확인되지 않았다. 흥미롭게도 문제의 '무정부상태 광주' 기사에는 취재 기자들에게 돈을 건넸다고 적은 대목이 있다. 신문사에서 나오는 숙박비, 식비, 교통비를 전하는 것은 행정적 절차일 텐데 굳이 기사에 담았다.

전두환 군부는 촌지를 건넨 뒤 사회부장들을 광주로 데려갔다. 사회부장들에게 촌지를 안긴 뒤였다. 사회부장 김대중은 '무정부상태에서 살고 있는 광주 시민들은 생필품이 동나 고통스럽다'는 르포 기사를 직접 출고했다. 비단 본인의 기사만이 아니었다. 당시 조선일보 사회면 기사들을 날마다 읽는 독자들은 광주 민중들의 항쟁은 간첩, 서울에서 온 학원소요 주동자들, 깡패들이 일으킨 난동이나 폭동으로 이해하기 십상이었다.

진실은 김대중의 르포와도 사회부 기사들과 정반대라 할 만큼 크게 달랐다. 계엄군이 물러간 광주는 생필품을 나누며 서로 보듬어준 '해방 공동체'였다. 공식기록에 따르면 그해 5월 광주에서 계엄군에 목숨을 뺏긴 사람은 165명이다. 거기에는 1세 미만 사망자 2명, 11~15세 사망자 6명, 16~20세 사망자 29명이 들어 있다. 실종된 사람도 78명, 부상자는 3,383명에 이르렀다. '총을 든 난동자들'은 광주 민중이 아니라 공수부대 계엄군이었다.

군부독재가 물러난 뒤 오월의 나날에 총을 든 민중들의 명예는 국가적 공인을 받았다. 5월 18일이 국가 지정 기념일이 되었고(1997년), 사회부장 김대중이 기사에 담은 "총을 든 난동자들"이 묻힌 망월동 묘지는 2002년에 국립묘지로 지정되었다.

기자 김대중은 "무정부상태…총을 든 난동자…시민 큰 불편" 따위로 사실상 군의 조속 진압을 불러온 자신의 기사에 사과했을까? 기회는 있었다. 김영삼 정부 시절인 1997년 5월을 맞아 한국기자협회가 기획해 출간한 『5.18 특파원 리포트』에서 김 주필도 필진으로 참여했다. '악연으로 만났지만 그래도 사랑하는 광주'라는 제목의 글에서 김대중은 1980년 당시 쓰지 말아야 할 글을 쓸 수밖에 없었다고 밝히며 "후회한다"고 쓰면서도 그러나 "보도검열이 횡행하는 계엄 하에서는 그래도 그 기사가 최선이었다"거나 "그 당시는 그 기사가 여러 사람의 입에 올랐었다는 것만은 적어두고 싶다"고 적었다. 이미 살펴보았듯이 행간읽기조차 할 수 없을 만큼 계엄군의 시각에서 쓴 기사였음에도 그랬다. 계엄사는 "폭도"라고 쓸 것을 요구했지만 자신은 "난동자"로 썼다고도 했다. 자신이 직접 써서 사회면 머리로 올린 기사가 광주 최종학살의 빌미, 최소한 그 한 자락을 깔아주었다면 마땅히 참회의 글을 적어야 했음에도 그러지 않았다.

기실 김대중이 놓친 기회는 더 있었다. 2015년 입사 50주년을 맞아 지면을 내준 인터뷰에서 "신문사에서 맡은 일 중 뭐가 제일 재미 있었나"라는 후배 기자 질문에 되레 "사회부장이 재밌었지. 사회부엔 그날그날 승부가 있다. 그것도 정면 승부다"라고 말했다.

'무정부상태 광주' 르포 못지않은 곡필 또는 악필은 1997년 국제통화기금의 구제금융을 받은 'IMF사태'와 첫 평화적 정권교체가 이뤄지던 시기에 쓴 칼럼이다. '총을 든 난동자들의 무정부상태'로 광주를 모욕한 사회부장은 그로부터 17년 내내 정치부장을 거쳐 편집국장을 역임하고 주필 자리에 앉아 있었다.

1997년 12월 16일 밤, 기자 김대중은 이해하기 어려운 모습으로 또 다시 언론계 안팎에 화제를 뿌렸다. 1997년 대선에 출마한 후보는 이회창, 김대중, 이인제였다. 조선일보는 '이회창 대통령 만들기'에 앞장섰다는 의심을 받을 만큼 편향보도를 해나갔다. 선거를 이틀 앞둔 12월 17일자 가판의 1면 머리기사는 '이회창·김대중 선두 각축'이었다. 이인제 후보 진영은 자신에게 올 표를 '사표'로 만들려는 중대한 선거개입으로 판단해 밤중에 조선일보 사옥으로 몰려갔다.

본사 앞에서 이인제 지지자들이 머리기사에 항의하고 있을 때, 김대중 주필이 나타났다. 김 주필은 '너네들 뭐하는 거야'라며 불쾌감을 확연히 드러낸 뒤 거침없이 말했다.

"너네들, 내일 모레면 끝이야. 국민회의, 국민신당 너희는 싹 죽어, 까불지 마… 내일 모레면 없어질 정당이…"

여기서 국민회의는 김대중 후보의 정당이었고 국민신당은 이인제 후보의 정당이다. 더러는 당시 김대중 주필이 취기가 있었다고 한다. 하지만 아무리 저녁식사 때 술 몇 잔을 걸쳤다고 하더라도 신문사 주필이 해서는 안 될 발언이었다. 후보 두 명의 정당을 들어 선거 끝나면 "싹 죽어" 버릴 터이니 "까불지 마"라는 주필의 호기는 선거정국에서 조선일보가 얼마나 이회창 후보의 당선을 '확신'하고 있었는지 입증해준다.

그런데 "한국 언론의 전설" 또는 "조선일보의 상징"으로 추앙받는 주필의 예측은 빗나갔다. 1997년 12월 19일 김대중 후보가 제15대 대통령에 당선되었다. 국민회의는 "싹 죽어" 없어지지 않았고 집권당이 되었다.

대한민국 헌정사상 첫 평화적 정권교체였다. 하지만 김영삼 정부가 불러온 'IMF 구제금융 사태'로 당선자는 무거운 짐을 질 수밖에 없었다. "까불지 마"라며 호기롭던 주필 김대중은 자신의 글을 1면에 큼직하게 실었다.

조선일보는 1997년 12월 24일자 1면에 "미, 외환관리법 폐지 요구"와 "환율 2,000 돌파/ 사채금리 31%… 주가 29p 폭락"이라는 큼직한 표제로 위기 상황을 한껏 부각한 기사를 머리기사와 중간머리로 편집하고 바로 옆에 김대중 주필의 칼럼을 실었다. 이례적으로 1면에 편집한 "긴급제언/ 즉각 실천해야 산다" 제목의 김대중 칼럼을 살펴보자.

지금 외환위기는 심각하다. 이대로 가다가는 조만간 지불유예(모라토리움) 사태까지 갈 조짐이다. 이에 못지않게 심각한 것은 우리 모두가 사태의 심각성을 제대로 알지 못하고 있다는 사실이다. 정부나 정치권 그리고 국민들도 당장 자신에게 닥친 문제가 아닌 양 여기는 경향이 있다. '설마가 사람 잡는다'더니 이제 '설마'가 나라를 잡게 생겼다. 그러나 '설마'하고 걱정하는 상황은 골목 모퉁이에서 우리를 기다리고 있다. 기업 부도뿐 아니라 이제는 가계도 부도날 수 있다. 높은 이자 때문에 빚진 사람은 파산하기 마련이다. 기름과 전기가 부족해 엘리베이터도 멈추고 '한집에 한 등 켜기'가 내일 모레 일이다. 원자재를 사올 수 없어 생산이 중단되고 시장에는 물건이 동이나는 사태가 올 수 있다.

우리에게 돈을 꾸어줄 입장에 있는 외국 특히 미국의 언론 논조를 종합해보면 그들이 여전히 돈주머니를 열지 않고 있는 이유를 세 가지로 요약할 수 있다. 첫째는 새 대통령당선자고 둘째는 재경원이고 셋째는 한국 언론이다. 우리는 여기에 정치권을 포함시키고 싶다.

미국의 언론들은 김대중 당선자를 아직도 의혹의 눈초리로 보고 있다. 22일자 월 스트리트 저널은 김 당선자를 가리켜 '인기주의자 populist', '예측하기 어려운unpredictable 정치인'이라고 표현하고 그의 경제정책을 '근거 없는unfounded' 것으로 보고 있다. 심지어 그의 측근들을 '인기위주의 국회의원과 좌파성향의 학자'로 규정하고 있다. 미국 월가의 교과서나 다름없는 이 신문의 이런 성격규정은 그 사실 여부와 상관없이 김 당선자와 그의 정부 그리고 한국에게 대단히 불리하게 작용할 수밖에 없다.

조선 평전

경우에 따라서는 우리의 대통령 당선자에 대한 언급이 불쾌하게 느껴지지만 문제는 우리가 손을 벌리고 있는 신세고 그들의 협조 여하에 따라 우리나라는 파국의 갈림길에 있다는 사실이 중요하다. 또 김 당선자로서는 '경제는 전임 정부가 다 망쳐 먹었는데 왜 내가 그것을 떠맡아야 하느냐'는 억울한 생각을 가질 수도 있으나 지금 망가지고 있는 것은 누구의 것도 아닌 우리 모두의 대한민국이라는 엄정한 현실 앞에서 그는 보다 냉정하지 않을 수 없다.

다행히 김 당선자는 사태의 심각성을 깨닫기 시작했고 자신이 선거유세 때의 발언이나 생각을 일부 수정하는 등 방향선회를 하고 있다. 경제를 아는 그로서는 오늘의 현실을 외면할 수가 없기 때문이다. 그러나 **월가가 그를 '말을 잘 뒤집는 사람'으로 여기는 것을 불식하기 위해서는 결국 가시적인 조치들이 불가피한 것으로 보인다. 외국투자자들의 의심과 경계의 눈초리를 풀기 위해서는 '말로 하는 약속'만으로는 안된다. 경제구조개혁을 위한 금융개혁 법안을 IMF가 요구하는 수준으로 당장 통과시키는 것이 우선 일차적으로 할 일이다.** 어차피 처리할 것이라면 29일까지 끌 이유가 없다. 지금은 하루가 급한 상황이다. 그리고 김 당선자가 기왕에 언급한 **정리해고 문제를 법적으로 뒷받침하기 위해 노동법개정의 구체적 일정과 시한을 지금 곧 제시하는 것도 크게 도움이 될 것이다. 더 나아가 IMF에 떠밀려가지 말고 IMF협약보다 더 구체적이고 앞선 내용의 시장개방 일정을 제시하는 것도 필요할 것이다.** 지금은 어차피 '시장이 실패'한 상황이고 또 결과는 그렇게 될 것이 뻔한 상황이므로 개혁조치들을 찔끔찔끔 하지말고 우리가 선도적으로, 집중적으로 과감하게 이끌고 나가 극적인 효과를 노리는 것이 국익에 합당하다고 본다. 그리고 현재 쟁점화된 것들도 과감히 실행에 옮겼으면 한다. 예를 들어 **1~2개 시중은행을 즉각 외국은행에 매각하는 것과 동시에 M&A절 차를 대폭적으로 완화하는 조치 여부도 서방투자가들은 눈여겨 보고 있다.** 금리가 30~40%에 이르면 재벌들도 넘어갈 것이다. 그것을 막기 위해서는 재벌들이 과잉투자 해외과당경쟁을 지양하는 자구 노력을 하도록 유도해야 한다.

둘째는 김 당선자가 하루 빨리 새 경제팀을 구성해야 한다. 우선 경제 총수와 한은 총재부터 선보여야 한다. 지금 바로 두 사람을 임 명하고 내년 취임조각 때 유임시키면 된다. 이것은 개혁입법조치 못 지않게 중요하다. 지금 월가는 김대중 내각의 경제팀 면면에 지대한 관심을 갖고 있다. 그들을 안심시킬 수 있는 인물을 등용해서 그들 의 김 당선자에 대한 의심을 불식시키지 않는 한, 그들은 한국으로 부터 발길을 돌릴 것이다. 김 당선자는 개혁입법조치를 취하자마자 즉각 새로 임명된 두 경제보좌관을 대동하고 뉴욕의 월가를 찾기 바 란다. 우리의 대통령이나 당선자들은 미국에 가면 으레 미국 대통령 을 만나야 하는 것으로 여겨왔다. 이번도 클린턴 대통령이 당선자와 만나지 않는 전례를 내세우고 있어 김 당선자의 미국행이 무산되고 있다는데 굳이 클린턴을 만날 이유나 필요가 없다. 발상을 바꿔 월 가를 먼저 찾는 한국 차기 대통령의 실무적 태도를 미국의 조야는 오히려 신선한 눈으로 볼 수도 있다는 것을 알아야 한다.

무엇보다도 김 당선자는 모든 것을 인내해야 한다. 지금의 상황 에서 우리를 위기에서 구출해낼 위치에 있는 사람은 김 당선자 뿐 이다. 돈 꾸어줄 외국 사람들이 그만을 쳐다보고 있기 때문이다. 지 금은 사정이 너무 급하다. 여기저기 눈치보고 체면 차리고 절차 따지다가는 우리는 무너질 수도 있다. 나라를 구하는 것 이상 더 큰 보람은 없을 것이다. **김 당선자는 부디 자신의 경제철학과 발상을 제로베이스에서 시작하기 바란다.** 〈주필〉.

주필이 '긴급제언'이라며 1면에 힘주어 쓴 글은 언뜻 보면 애국적인 제언처럼 보인다. 3면 사설 제목도 "세계의 불신을 해소하려면"과 "버스-택시 멈추지 않게"였다.

김 주필의 긴급제언은 온 국민이 '경제 식민지' 따위의 언론 호들갑으로 불안감을 느끼는 상황에서 파장이 컸다. 워싱턴특파원 출신이, 더구나 영어 실력이 뛰어나다고 월간조선이 내놓고 자랑한 주필이 "우리에게 돈을 꾸어줄 입장에 있는 외국 특히 미국의 언론 논조를 종합"해서 "그들이 여전히 돈주머니를 열지 않고 있는 이유"를 구체적으로 콕콕 집어내고 있기 때문이다. 특히 "미국 월가의 교과서나 다름없는" 월스트리트저널이 김 당선자를 가리켜 '인기주의자populist', '예측하기 어려운unpredictable 정치인'이라 표현하고 그의 경제정책을 '근거 없는unfounded' 것으로 보고 있다면, 더욱이 그의 측근들을 '인기위주의 국회의원과 좌파성향의 학자'로 규정하고 있다면, 대다수 국민은 불안감을 느낄 수밖에 없다.

긴급제언이 아니라 거의 '긴급고발'에 가까운 주필의 글을 1면에 내세운 그의 의도는 마지막 문장에 압축되어 있다. "김 당선자는 부디 자신의 경제철학과 발상을 제로베이스에서 시작"하라는 주장이 그것이다.

하지만 김 주필의 긴급제언은 민주주의의 기본 원리인 선거 과정을 송두리째 부정하는 언론행위였다. 대통령선거에서 후보가 유

한국 언론의 전설과 진실

권자들에게 내걸고 당선된 공약을 '미국의 힘'을 빌려 닷새 만에 접으라는 압박이었기 때문이다. "미국 월가의 교과서" 운운한 대목을 진지하게 읽은 독자라면 김 당선자의 지론인 '대중경제론'을 "제로베이스에서 시작"하라는 주문이 설득력 있게 다가올 수 있다.

김 주필이 인용한 12월 22일자 월스트리트저널WSJ의 기사는 "한국의 위기는 앞으로 시행해 나갈 정책에 따라 좌우될 것이다Korea Crisis May Hinge on Policy Battle" 제목의 칼럼이다. 그런데 막상 전문을 읽어보면 김 주필의 긴급제언과 상당히 다를뿐더러 정반대다.

김 주필이 작심한 듯 괄호 안에 영문까지 담아 인용해서 WSJ가 김 당선자를 "예측하기 어려운unpredictable" 정치인으로 본다고 '긴급고발'했지만 원문 어디에도 "unpredictable"은 없다. 김 주필이 김 당선자의 경제정책이 근거 없다며 인용한 대목 또한 원문과 완연히 다르다. 먼저 원문을 읽어보자.

"Concerns over Mr. Kim's economic policy, to be sure, may prove to be unfounded"이다. 한국어로 옮기면 "김 당선자의 경제 정책에 대한 우려는 분명히 근거 없음이 입증될 것이다"이다. 다른 해석의 여지가 없는 문장이다. 그런데 김 주필은 이 문장을 "그의 경제정책을 근거 없는unfounded것으로 보고 있다"고 긴급 고발했다.

백번 양보해서 "영어실력이 뛰어나다"는 김 주필이 "concern over"의 단어 뜻을 몰랐다거나 워싱턴특파원의 수준으로 관용할 수도 있다. 하지만 아무래도 그렇게만 보기는 어렵다. WSJ 칼럼은 한국 내 투자가와 보수 엘리트들의 우려를 전하면서도 '전두환 노태우에 대한 사면촉구'와 같은 당선자의 조치에 신뢰를 보낼 뿐더러 김 당선자가 시장경제주의자들을 참모로 두고 있다며 "시대에 적합한 인물임을 입증하리라는 희망을 준다"고 결론을 내리고 있기 때문이다.

그렇다면 왜 그랬을까. 조선일보 기자들이 전설로 추앙하는 선배 김대중을 만나 허심탄회하게 물어보길 권한다. 진실을 수호해야 옳지 않은가.

진실이 다 드러난 것은 아니지만 당시 김 주필의 논설위원실에서 나온 사설들을 훑어보면 어느 정도 헤아릴 수 있다. 한국경제가 IMF 관리체제로 추락하기 며칠 전인 11월 10일자 "외국의 한국 경제 때리기" 제목의 사설은 다음과 같다.

> 현재 시점에서 일부 언론들의 부정확한 보도나 과장 또는 왜곡된 경제분석이 현재의 어려운 경제국면을 타개하는 데 적지 않은 장애가 될 수 있다는 현실 또한 가벼이 봐서는 안 될 것이다.··· **문제의 핵심은 언제나 보도의 정확성과 객관성이다.** ··· 비록 일부 언론에 국한되고 있지만 다분히 의도적인 것으로 의심될 만한 빈도로 한국경제와 한국정부를 비판한다든지, 부정확한 통계자료를 무책임하게 인용한다든지, 한국경제가 당면하고 있는 어려움의 실체를 다소 과장되게 비관적으로 보도 또는 전망한다든지 함으로써 한국의 이미지와 경제의 신뢰도에 중대한 타격을 주고 있다는 정부의 우려는 현재 사태의 민감성에 비추어 충분히 근거 있는 것이라는 것이 우리의 판단이다.··· 근거도 없이 외환보유고가 바닥났다거나 불확실한 외채통계를 함부로 인용하거나 한국의 은행들이 금방이라도 연쇄 파산할 것처럼 대서특필하는 것은 언론자유의 차원을 넘는 것이다.

대선 국면에서 집권당 후보인 이회창에게 불리한 상황이 전개될 수 있다는 우려가 짙게 깔려 있다. "다분히 의도적인 것으로 의심될 만한 빈도로 한국경제와 한국정부를 비판한다"는 대목이 그것이다.

미국이 주도하는 IMF는 마치 점령군처럼 행세했다. 대선 국면에서 후보들에게 서약서 서명을 요구했다. 김대중 후보도 12월 3일 IMF가 요구하는 서약서에 서명했다. 다만 다른 후보들과는 달리 대량 실업과 연쇄도산 방지를 위한 추가협상 의지를 밝히는 공문을 대통령 김영삼에게 보냈다. 재협상론이 선거 쟁점으로 불거질 시점에 가장 격렬하게 비판하고 나선 언론이 바로 김대중 주필 책임 아래 나온 조선일보 사설이다.

"IMF 재협상의 위험성" 제하의 사설은 "만약 IMF 등 국제 금융 기구들이 우리 정치권의 '재협상' 운운을 의심해서 자금 지원을 줄인다면 외환위기는 극복되기는커녕 더욱 심각해질 우려가 있고, 국가 신용에 파탄이 나면 다음 정권도 견딜 재간이 없을 것이다. 그래서 대선 후보들은 표를 의식한 인기성 발언보다는 국가 경제와 장래를 생각해서 책임 있는 발언, 이익집단들의 인내와 자제를 요구하는 비인기성 공약도 내놓아야 마땅하다"고 주장했다(12월 9일자).

이틀 뒤 "불신 심화시킨 재협상론"(12월 11일자) 사설에서도 "IMF의 구제금융 지원에도 불구하고 환율이 치솟고 해외 투자자들과 금융기관들이 한국에 대한 신용 공여를 계속 꺼리고 있는 결정적인 이유"를 다음과 같이 김대중 후보의 책임으로 추궁하고 있다. "한 야당 대선후보가 제기한 이 재협상론은 IMF 협상 타결에도 불구하고 외국 투자자들로 하여금 한국 정부가 구조 개혁을 신속하고 완전하게 실행하지 않을지도 모른다는 우려에 빠지게 했는데 이런 우려감은 '김대중 씨가 IMF 조건들을 하나하나 재검토하겠다고 발언함으로써 더욱 증폭되고 있다'(아시안 월 스트리트 저널)는 것이 외국의 일반적 시각"이라고 비판했다.

그런데 바로 그 김대중 후보가 당선되었을 때 조선일보와 김 주필은 이대로 밀릴 수 없다고 판단하지 않았을까. "까불지 마"라고 으름장을 놓았기에 더 그랬을 가능성이 크다.

그렇다면 조선일보, 그와 주필 김대중이 대통령당선자에게 선거 전부터 끊임없이 압박한 'IMF 조건'들은 과연 얼마나 정당했을까. 재협상을 강하게 요구했던 국내 사회단체들의 주장과 논리는 접어두자.

저서 『빈곤의 세계화』로 국내에 알려진 경제학자 미셸 초서도브스키도 지적했듯이, 당시 말레이시아도 같은 상황에 봉착했다. 하지만 IMF의 권고나 구제절차를 따르지 않고 독자적인 방어체제를 발동해서 훨씬 더 나은 상황을 만들어냈다. 2014년 10월에 방한한 초서도브스키는 인터뷰에서 "한국은 거의 사기를 당한 것과 같다. 그때 한국의 막대한 자산이 미국 기업에 헐값으로 넘어갔다"고 비판했다. 초서도브스키는 미국이 구제금융과 구조조정을 강제하면서 자신들의 이익을 관철했고 그 결과 "한국 자본주의가 총체적으로 파괴당했다"고 주장했다.

실제로 미국은 한국과 IMF의 협상 과정에서 단순한 개입을 넘어섰다. IMF에는 조건을 고수하라했고, 한국 정부엔 무조건 수용을 외교 채널로 압박했다. IMF 186개국 가운데 미국의 지분은

18.25%에 이른다. 그런 상황에서 김 주필의 긴급제언이 나온 것이다.

그런데 IMF조차 1년 만에 평가 보고서를 내며 위기 대응에 오판을 시인했다고 AP통신이 보도했다. 1998년 12월 31일 IMF 정책개발검토국의 보고서가 논의되기 전에 이미 조셉 슈티글리츠 세계은행 부총재는 IMF가 아시아 위기국가들에게 '극약 처방'을 강요함으로써 결과적으로 이들을 더욱 깊게 침체로 밀어 넣었다고 비판했다. 그 뒤 2010년 6월에는 직접 IMF총재가 한국에 단행했던 혹독한 구제금융 방식에 실수가 있었음을 시인했다. IMF 총재가 잘못을 인정한 배경은 조직의 이해관계가 깔려 있다. 1990년대 외환위기 당시 한국에 대한 가혹한 구조조정의 부작용으로 다른 국가들이 구제 금융을 극도로 꺼려 IMF의 입지가 난처해진 상황이었기 때문이다. 스트로스 칸 총재는 한국에서 시행했던 강력한 구조조정 조치를 교훈 삼아 다른 회원국에는 일방적으로 강요하지 않겠다고 거듭 강조했다. 2012년에는 공개 보고서에서 잘못을 시인했다. 로이터통신에 따르면 IMF는 2012년 10월에 낸 보고서에서 한국과 인도네시아, 아르헨티나 등에 강요했던 공격적인 긴축 조치에 따른 경제적 피해가 당초 계산했던 것보다 3배는 컸다고 밝혔다. 한국에 잘못을 시인한 IMF는 그리스에 대한 압박 수위를 낮췄다.

한국에 가혹한 처방을 내린 IMF가 1년 만에 잘못을 시인한 사실은 굳이 말레이시아 사례를 들지 않더라도 얼마든지 '다른 협상'이 가능했고 새 대통령당선인의 재협상도 시도할 가치가 충분했음을 의미한다. 김 주필이 현직에 있을 때 IMF가 실수를 인정하고 나섰지만, 기자 김대중은 아무런 글도 쓰지 않았다.

결국 한국 유권자들은 외환위기를 맞아 새 대통령을 선출했지만, 조선일보와 김 주필의 '공포 여론몰이'로 재협상론은 힘을 받지 못했다. 흥미롭게도 김대중 정부가 공식 출범한 뒤 열흘이 지나면서 전경련을 비롯한 경제 5단체가 고금리 문제를 지적하며 새 경제팀이 IMF측과 거시지표 협상을 다시 벌일 것을 촉구했다. 1998년 7월 전경련은 IMF와 재협상을 통해 금리를 인하해줄 것을 정부에 거듭 요청했다.

이미 초고금리로 숱한 기업들이 줄줄이 쓰러지고 그에 따라 하루아침에 노동인들은 일터를 잃었고, 자살자들이 가파르게 늘어났으며, '노동시장 유연화'라는 부드러운 이름 아래 비정규직이 대폭 늘어났다. 그 현실에 김 주필의 "즉각 실천해야 산다" 칼럼은 한 몫을 했다. 조선일보 기자들의 주장대로 김 주필의 영향력이 컸다면 더 그렇다.

그런데 김 주필은 자신의 칼럼들을 모아 2001년 월간조선사에서 책으로 내며 표지 전체를 가득 채울 만큼 큰 제목을 달았다. 『直筆』이다. 그 옆에 부제를 달았다. "기자는 비판한다, 고로 존재한다"이다. 물론 책의 제목은 출판사에서 정한 것일 수도 있다. 하지만 설령 그렇더라도 저자의 동의 없이 책 제목을 붙이지는 않는다.

김대중의 환상적 자기인식은 시간이 갈수록 더해진다. 2015년에 입사 50년을 맞았을 때다. 신문기자로 산 50년 세월을 되돌아보는 후배기자와의 인터뷰는 5월 30일자 신문에 "신문기자 50년⋯ 歷代대통령들이 '치워버리고' 싶어 한 直筆: 언론 외길 김대중 本社고문" 제목으로 두 면에 걸쳐 게재됐다. 김대중은 인터뷰에서 "나는 노병老兵이다. '쟁이'로서의 본분을 지키려 노력하다 보니 여기까지 왔다"고 말했다. 인터뷰에서 흥미로운 대목은 류근일의 평이다.

- 오랜 시간 논설위원실에서 함께 일했던 류근일 전 조선일보 주필은 곁에서 본 김대중이 '몽니로 뭉친 사람'이고, 청개구리 심보를 타고 났으며, 심통 그 자체라고 했다. 자기 이외의 다른 스타를 견디지 못하는 '샘쟁이'이고, 자기 혼자 글만 쓰면 되는 논설위원실이란 직종이 없었으면 큰 일 날 뻔한 사람이라고 했다. 또 사사건건 시비를 거는 '싸움닭'이라고 하더라.
= 싸움돼지라고 하는 것보단 싸움닭이 낫지. 하하… 류근일은 늘 내게 '세상에 너 같은 사람 받아줄 데는 신문사밖에 없고 신문사 중에서도 조선일보밖에 없다'고 했다.

자칭 '직필' 주필은 기자 50년을 회고하는 인터뷰에서 "내가 제일 좋아하는 언론에 관한 어록은 '언론은 역사의 초고Journalism is the first draft of history'라는 것이다. 그런 정신으로 써왔다"고 밝혔다. 그 정신으로 자신이 한국 현대사의 중대한 전환기에 어떤 글을 썼는지 성찰해보길 권하는 것은 단순히 개인 김대중을 위해서가 아니다. 조선일보의 젊은 기자들을 위해서다.

"몽니로 뭉친" 김대중의 내면에도 성찰의 싹은 엿보인다. 2020년 3월 31일 퇴임식에서 방상훈 사장이 김 고문에게 전달한 공로패 '55년 기자 김대중을 기억하며'는 1984년 11월 30일자 조선일보 5

조선 평전

면에 실린 동서남북 칼럼 '거리의 편집자들'을 담았다. '1단 기사와 빨간 줄의 의미'라는 부제가 붙은 이 칼럼은 김 고문 자신이 "가장 기억에 남는 칼럼"으로 꼽은 글이다.

칼럼은 거리에서 "신문을 파는 사람들이 손님들의 눈을 끌기 위해 나름대로 새 뉴스의 제목들에 빨간 줄을 그어서 강조한 것"을 두고 "문제는 그들이 빨간 연필로 강조한 기사들의 내용과 크기에 있다. 어떤 때는 3~4단 짜리 기사에도 줄을 그었는가 하면, 때로는 1단 짜리에도 빨간 띠가 둘러져 있다. 신문의 편집자들이 그럴 만한 의미와 뉴스성을 감안, 톱이나 중간 톱으로 올린 기사는 외면당한 채, 저 한쪽 구석에 나지막하게 자리잡은 기사들이 재빨리 선택되어 톱기사 이상의 관심사로 변신되어 있는 것"이라고 적었다. 이어 "우리는 오늘도 거리의 편집자들에게 졌다. 수치감과 창피스러움이 우리의 어깨를 움츠려 들게 하지만 '저 친구들 잘도 뽑아낸다'면서 히죽이 웃을 수밖에 없는 마음속에 쓰디쓴 느낌이 가라 앉는다"고 토로했다.

기자 김대중 스스로 '가장 기억에 남는 칼럼'으로 꼽았다는 사실에 주목하고 싶다. 무엇보다 이 칼럼에는 '신문팔이 민중' 앞에 겸손함이 담겨 있다. 도무지 다른 칼럼에선 찾아볼 수 없는 미덕이다.

김대중이 자신을 '전설'로 추앙하는 후배 기자들을 위해서라도 그 미덕을 좀 더 살렸다면, 그래서 자신이 저지른 대표적인 두 왜곡 보도에 진정어린 사과를 했다면 좋았을 성싶다. 후배들만이 아니라 언론인 김대중을 위해서도 그렇다. 기자 김대중이 '언론은 역사의 초고'라는 정신으로 살아왔다면 더 그렇다.

9

언론권력과
언론개혁

조선일보사의 대표 기자 김대중이 상징적으로 보여주듯이 조선일보, 그는 1990년대부터 스스로 권력을 만끽해왔다. 본디 그는 이승만과 박정희 정권의 폭압 아래 정권의 한 제도로 전락해 기업적 성장을 해오던 '제도언론'이었다. 전두환 정권이 들어서면서 출범할 때 세운 '공로'로 박정희 시절보다 더 목소리를 낼 수 있었다. 군부와 함께 1980년대 내내 공안정국을 조성하며 권언복합체를 형성했던 그에게 군부의 퇴각은 위기이자 기회였다.

군사독재와 유착한 과거의 행적이 위기 요인이라면, 그 독재에 맞선 민중들이 항쟁으로 세운 제6공화국의 대통령은 박정희나 전두환 같은 권력을 더는 휘두를 수 없다는 사실이 그에게 기회였다. 실제로 군부가 정치 전면에서 후퇴하면서 정치권력의 언론에 대한 영향력은 눈에 띄게 줄어들었다.

하지만 군부가 퇴각함으로써 생긴 권력의 빈 공간을 그가 오롯이 차지한 것은 아니었다. 군부가 물러난 '권력의 자리'에 빠르게 들어온 것은 '재벌'이라 불려온 자본이었다. 그는 자본이라는 새로운 권력과 기꺼이 손잡았다.

전두환 정권을 거치며 그 자신이 신문대기업으로 성장했다. 1980년 그의 매출액은 161억 원으로 동아일보사 매출액 265억 원에 비해 차이가 컸지만, 1988년에는 914억 원으로 5배 넘게 뛰었다. 같은 해 동아일보 매출액은 885억 원으로 그를 밑돌았다.

1960년대까지만 해도 사세가 약했던 그가 80년대를 거치면서 이른바 '1등 신문'을 자처하게 된 배경은 말 그대로 권력과 유착했기 때문이다. 가령 대통령의 개각 발표가 임박하면, 언론사마다 누가 장관이 될지 예측하는 기사들이 나오게 마련이다. 민주화 시대의 장관에 견주어 독재정권 시절의 장관이 누리는 권력과 부는 훨씬 컸다. 그런데 그의 하마평 기사가 적중하기 시작했다. 권력 내부의 고급정보가 가장 많이 실리는 신문이 그였기에 판매부수가 가파르게 올라갔다.

비결은 간명했다. 기자들의 취재력이 월등해서가 아니었다. 전두환 집권 앞뒤로 그가 품고 있던 편집국 간부들이 대거 권력 핵심부로 들어갔기에 발행부수가 빠르게 늘어날 수 있었다. 무엇보다 먼저 도쿄 특파원을 지낸 허문도를 꼽을 수 있다. 1980년 전두환 중앙정보부장의 비서실장으로 시작해 청와대 정무비서관, 1982년 문화공보부 차관, 1984년 청와대 정무1수석, 1986년 국토통일원 장관으로 전두환 정권 내내 권세를 누렸다.

이른바 '킹 메이커'를 자처하며 권력을 향유한 김윤환도 편집국장 직무대리 출신이다. 김윤환은 유신체제에서 대통령이 임명하는 유정회 국회의원으로 집권세력에 발을 들인 뒤, 전두환 정권에서 민주정의당(민정당) 창당발기인, 정무1수석, 비서실장을 지냈다. 1980년부터 1985년까지 편집국장을 지낸 최병렬은 1985년 집권당 국회의원으로 정계에 진출했다.

군부의 힘이 약화되면서 권언복합체의 다른 한쪽인 그의 힘은 커져 갔다. 첫 출발은 대통령 직선제의 6공화국 헌법으로 처음 치러진 선거였다. 그는 위기에 몰린 전두환 정권의 기만전술인 6·29 선언을 적극 보도했고 선거정국에서도 노태우에 치우친 보도와 논평을 쏟아냈다. 언론계 안팎에서 그에게 대통령을 만드는 '킹 메이커'라는 별칭을 붙이기 시작했다.

그런데 변수가 생겼다. 노태우가 대통령에 취임하고 두 달도 안되어 치러진 1988년 4월 총선이 '여소야대 국회'를 낳았기 때문이다. 후보 단일화에 실패해 노태우 당선을 결과적으로 도운 김영삼과 김대중에 유권자들은 실망했지만 총선은 달랐다. 대선과 달리 1명만 뽑는 선거가 아니었기에 여소야대 국회가 가능했다.

여소야대 국회는 청문회 제도를 신설해 전두환 정권의 비리를 파헤치기로 했다. 광주학살의 발포 책임, 김대중 내란음모 사건의 진실, 전두환 친인척 비리, 정경유착, 1980년 언론 통폐합 및 기자 강제해직의 진상 규명을 청문회 의제로 삼았다.

전두환은 청문회가 한창 열리던 11월 23일에 '국민 여러분께 드리는 말씀'이란 사과성명을 내고 백담사로 몸을 피했다. 전두환의 백담사행에 이어 1988년 12월 13일 마침내 언론청문회가 열렸다. 증인으로 출석한 조선일보 사장 방우영은 이철 의원이 신문의 친일 전력을 언급하자 마치 준비라도 한 듯이 역정을 내며 큰소리 쳤다.

"조선일보가 왜놈의 앞잡이 노릇을 했단 말이요? 악랄한 조선총독부 아래 선열들이 독립을 지키기 위해 고문당하고 피 흘린 것을 매도하지 마시오. 그렇게 매도하면 우리 역사가 모두 뒤집어져야 한다는 것을 알아야 한단 말이오."

거센 반박이었다. 온 국민에게 생중계되고 있음을 잘 알고 있는 방우영은 친일의 과거를 추궁하는 국회의원 질문 앞에 사주인 자신이 쭈뼛거리면 판매와 광고시장 모두 큰 타격을 입으리라고 판단했을 터다. 방우영이 질문한 의원에게 마치 꾸짖듯이 큰 소리 침으로써 방송을 본 시청자 대다수는 조선일보의 '친일 전력'이란 너무 심한 비난이라고 여겼을 가능성이 높다.

눈여겨 볼 것은 방우영이 해방 직후 친일을 항일로 강변했던 방응모의 수법을 그대로 물려받았다는 점만이 아니다. 친일을 항일로 뒤집기 못지않게 흥미로운 대목은 "그렇게 매도하면 우리 역사가 모두 뒤집어져야 한다는 것을 알아야 한단 말이오"라는 '협박'이다.

그의 친일 행각을 비판하면 한국의 역사가 모두 뒤집힌다는 방우영의 주장에는 혼자 '친일'로 전락하지 않겠다는 전략이 깔려 있다고 볼 수 있다. 그가 친일을 했다고 심판하려면 대한민국 이승만 정부부터 친일파가 세웠다는 사실을 인정해야 한다는 '자폭 논리'가 그것이다.

방우영의 기만적인 발언은 친일반민족행위의 진실을 밝히는 일이 왜 중요한지, 더구나 언론의 친일은 왜 단죄되어야 하는지를, 무엇보다 언론 개혁이 왜 시대적 과제인지를 되레 입증해주었다.

사주의 '청문회 으름장' 다음 날 그는 12월 14일자에 언론청문회를 기사로 담으며 제목부터 "특정 증인에 집중 공세"를 부각했고 "비난 전화 빗발"이라고 편집했다. 청문회가 방우영에게 집중된 사실에 분개한 기자의 감정이 뚝뚝 묻어났다.

> 평민당의 박석무 의원은 다른 의원들이 네 증인에게 신문을 고루 배분하는 것과는 달리 증인 공동의 문제를 거론하면서도 유독 한 증

인에게만 질문을 집중하는 비청문회적 '횡포'를 자행함으로써 주변에선 "청문을 하는 건지 청부를 맡은 건지"하는 지적을 받기도… 거의 모든 시간을 조선일보 방우영 사장에게 집중, '악의적'인 질문으로 시종… 박 의원은 "유학성 당시 중앙정보부장이 80년 10월 신문 발행인들을 초청한 자리에서 방 사장이 언론을 정비해야 한다는 말을 했느냐"고 신문…박 의원은 방 사장에 대한 일방적 질문이 별 효과를 거두지 못하자… 유독 조선일보의 기사를 복사한 자료만을 갖고 나와 당시 계엄 하에서 '타율적'으로 제작된 상황은 무시한 채 "삼청교육을 미화했다" "광주 의거를 난동으로 모는 데 앞장섰다"고 일방적으로 매도. 박 의원은 또 월간조선 85년 6월호의 광주민주화 운동 기사를 지적하며 "당시 광주시민과 전남도민을 분노케 해서 불매운동이 일어났다"고 주장하기도… 이 같은 박 의원의 신문이 계속되자 조선일보 편집국에는 독자들의 전화가 빗발쳤다. 대부분의 **독자들은 80년 당시 불가항력적인 상황에서 대부분의 신문들이 조선일보보다 미온적인 보도가 더 심했는데 유독 70년 전통을 갖고 있는 조선일보만 비난하고 있는 저 사람은 "과연 누구냐"라거나 "정치인이 저렇게 지역감정을 부추길 수 있느냐"고 분노를 표시.** 한편 일부 시민들은 박 의원의 말을 믿고 "조선일보가 그런 줄 몰랐다"며 불만을 표하기도.

기사는 1980년대에 '전두환 군부'와 그가 가장 유착했기에 당연히 질문이 집중된 사실을 보도하며 슬그머니 '지역감정'을 들먹였다. 영남 독자들을 기댈 언덕으로 삼으려는 고도의 계산이 깔려 있다. "80년 당시 불가항력적인 상황에서 대부분의 신문들이 조선일보보다 미온적인 보도가 더 심했"다는 대목도 궁금하다. 청문회에 불려나온 그와 동아일보, 한국일보, 중앙일보 네 신문 가운데 어디를 지칭하는 걸까. 80년대에 제작된 신문 지면들은 네 신문사 가운데 그가 전두환 군사독재 체제에 가장 용춤 추었음을 생생하게 보여주고 있다.

눈길을 끄는 대목은 "한편 일부 시민들은 박 의원의 말을 믿고 '조선일보가 그런 줄 몰랐다'며 불만을 표하기도"이다. 균형은 맞추겠다며 집어넣었지만, 기사 양으로 볼 때 전혀 '기계적 균형'도 아니다. 비판 목소리도 담아냈다는 '알리바이식 보도 수법'이다. 그가 종종 즐겨 쓰는 방식이다.

방우영의 흰소리에 여야 가릴 것 없이 국회의원들은 더 추궁하지 못하거나 안 했다. 다음 날 그의 신문을 읽고서는 더욱 '몸조심'할 생각을 굳혔을 법하다. 결국 언론청문회는 흐지부지 끝났다.

방우영과 고위간부들은 언론청문회에 불려가며 부닥친 위기 국면을 벗어나는 과정에서 '공안 정국'을 조성했다. 마침 언론청문회가 열리던 시점에 현대중공업 노동조합이 총파업에 들어갔다. 그런데 현대중공업 경영진이 동원한 구사대가 대낮에 식칼과 쇠파이프 따위의 흉기를 들고 파업 현장에 들이닥쳤다. 두 차례에 걸친 테러로 수십 명의 노조원들이 부상당했다.

그는 사회면 머리기사로 "현대 노조원 피습 회사 관련 수사/ 수십 명, 단합대회장·해직자협 사무실 덮쳐/ 총무부 직원이 차 동원…23명 부상"(1월 10일자) 제하에 테러 소식을 보도했다. 식칼테러의 야만성이 제목에 나타나지 않았다. 더구나 바로 옆 해설기사에서는 '회사 측 개입 가능성'이 매우 짙다면서도 온건 노조세력이 장기파업에 염증을 느껴 강경세력을 습격했을 가능성도 있다는 투로 보도했다. 누가 보아도 명백한 자본의 범죄 행위였음에도 조금이라도 틈이 보이면 노노갈등으로 몰아갈 깜냥이었다.

더구나 취재현장에서 기자들이 쓰는 칼럼 '기자수첩'(1월 24일 2면)은 노조원 테러에 대한 수사가 1주일이 지나도록 지지부진해 답답하다고 지적했다. '현대 수사 일주일' 제목의 현장 칼럼은 수사가 부진한 이유를 검찰의 '신중에 신중을 기하려는 자세' 때문으로 은근히 변호하고 있다. 이어 "지나친 수사 확대는 관련자들의 명예를 훼손시킬 우려가 있다는 점에서 수긍이 가기도 한다"고 적었다. 결국 "검찰의 말을 믿고" 기다려보자는 결론을 내렸다. 칼럼을 쓴 현장기자는 나중에 편집국장을 지내다가 2016년 총선에서 박근혜 집권당의 비례대표로 국회의원을 지낸 강효상이다. 바로 옆 3면에는 큼직한 제목으로 "운동권에 번지는 주체사상"을 돋보이게 편집했다.

그 뒤 경영진의 테러 수사에 관한 기사는 그의 지면에서 찾아보기 어렵다. 2월 5일자 제2사회면에 2단 기사, 그것도 연합통신 기사로 "현대 테러 관련 14명 구속기소"라는 작은 제목 아래 수사가 마무리됐음을 전했다.

당시 현대중 자본이 자행한 식칼 테러의 진상이 드러나고 노동조합이 장기 파업에 들어가자 경영진은 언론사 간부들과 적극 '접촉'에 나섰다. 그뿐이 아니었다. 군사독재시절 악명 높은 국가정보 기관인 안기부와 언론 담당 정부부처인 문공부까지 나서서 언론사 간부들을 만났다. 경영진과 경남도지사가 기자들에게 거액의 촌지와 함께 향응과 접대를 했다. 편집국의 사회부장 책상 위에는 현대가 전한 자료가 수북했다. 현지 취재기자들은 현대그룹이 제공한 호텔에 묵으면서 음식과 술을 '접대' 받았다.

촌지·향응과 보도 사이에 직접적 연관성은 확인할 수 없지만, 거의 모든 언론이 파업의 파괴성과 폭력성을 부각했다. 노동조합에 대한 여론 악화로 공권력 투입의 정당성을 키웠다는 분석이 가능한 이유다.

경찰은 언론의 도움을 받아 1989년 3월 30일에 파업을 강제로 진압했다. 109일 만이었다. 다음 날 그는 "과격·강경의 순환 끊어야/ 현중 노사 다시 협상하라" 제목의 사설(3월 31일자)에서 다음과 같이 훈계했다.

노사 분규는 언제나 제3자의 대리전쟁으로 전락하고, 어느 경우에도 합의나 진전은 이루어내지 못한다… 노조 지도자들은 내부적 조직투쟁을 위해 제3세력을 끌어 들이는 관행을 지양하지 않으면 안 된다… 그 목적의 부당성과 수단의 불합리성, 그리고 그 결과의 파괴성을 우려하기 때문이다.

현대중공업 식칼테러 충격에 맞서 노조가 파업을 이어가던 1989년 2월 12일 여의도에서 농민 1만 5천여 명이 '수세 폐지'와 '고추 전량 수매'를 요구하며 시위를 벌였다.

그는 다음 날 사회면 머리에 "화염병 방화…무법 3시간"을 시커멓게 큰 제목으로 편집했다. 광주의 오월항쟁을 "무정부상태"로 몰아친 수법과 다를 바 없다. 부제로 "건물 3채·차량 6대 태워/ 목봉

들고 시설물 무차별 파괴"를 붙여 시위의 폭력성을 부각했다. 이어 2월 15일에는 "여의도 사태의 정치성" 제목의 사설에서 농민들의 시위에 "민란"이라는 말을 서슴지 않고 들이댔다.

이번 폭력 사태에는 농촌의 문제점과 농민 일반의 불만, 그리고 그것에 불을 지르고 의식화하고 '항쟁화'시키는 직업운동가들의 조직화 작업이라는 두 개의 요소가 결합돼 있다고 할 수 있다. 지금 우리 사회의 저변에서는 기성사회가 알게 모르게 노동계급의 지도적 역할 하에 농민과 도시빈민 및 하층 소시민들을 동맹군으로 끌어 들여 이 모두를 연계시키고 '항쟁화'시켜야 한다는 논리가 급속히 대두되고 있다 … 그렇다면 이제 **정부와 여야 지도층은 농촌과 농민이 '민란 예비군'으로 과격화하지 않게끔 근본적인 대책을 세워야 한다. … 폭력행위를 응징하고 죽창과 몽둥이를 처벌하는 것이야 당연의 당연일 뿐…**

전두환 군부와의 유착으로 언론청문회에 사주가 불려 왔던 그가 노동인들과 농민들의 생존권 요구를 과거의 군부독재 눈으로 바라보고 있는 사실이 현대중의 식칼 테러와 여의도 농민집회를 통해 명확히 드러났다.

여의도 농민시위를 매도한 그의 '공안 시각'은 초중고 교사들이 전국교직원노동조합(전교조)을 결성할 움직임을 보이자 어김없이 나타났다. 2월 22일자 사설 "교원노조를 만들겠다면"을 통해 전교조가 내세운 '참교육'이 체제를 반대하는 '의식화 교육'의 다른 말이라며 "현재의 한국 교육에 문제가 있는 건 사실이지만 전교조가

조선 평전

하고자 하는 교육도 문제가 있다"고 초점을 뒤섞었다. 이후에도 4월 1일자 사설 "고교생에 대한 의식화", 4월 18일자 기사 "중학국어 '의식화지침서' 논란, 문교부 수업사용시 엄단령"에 이어 같은 날 "어버이마저 적대시키나/ '의식화지침서'를 쓰는 교사들에게" 제하의 사설은 마치 전교조 교사들이 '빨갱이 교육'을 추구한다는 듯이 마녀사냥에 나섰다.

그는 일주일 뒤 다시 "교원노조 유예해야" 제하의 사설(4월 25일자)을 통해 "현행법에서 교원노조가 불법화되어 있는 현실을 무시하고 노조결성을 강행하는 것"을 비난하며 "법을 지키는 것을 모범으로 가르쳐야 할 교직의 사명을 팽개쳐 버릴 때 일어날 교권의 신뢰성 상실이 더 큰 문제"라고 주장했다. 사설은 "자신들의 정당성을 과신하는 나머지 모든 사람이 지켜야 할 나라의 법질서를 성급하게 깨뜨리는 잘못을 저지르지 말기를 바란다"고 '훈계'했다.

전국교직원노동조합은 그의 집요한 공세에 굽힘없이 1989년 5월 출범했다. 물론 노태우 정권은 곧장 탄압에 나섰다. 전교조에 대한 그의 마녀사냥과 흠집 내기는 대량 해직 사태 이후에도 30년 넘도록 이어졌다.

공안몰이에 나선 그는 언론으로선 해서는 안 될 왜곡도 서슴지 않았다. 1989년 봄 문익환 목사가 평양을 방문한 뒤 베이징에 도착해 연 기자회견을 보도한 89년 4월 5일자 그의 1면 머리기사 제목은 충격이었다. 문 목사가 "돌아가고 싶지 않다"고 말했다며 제목으로 부각했다. 하지만 문 목사는 기자회견에서 "귀국 후 구속되는 것은 두렵지 않다. 그러나 모처럼 뚫린 남북의 대화 통로가 막히지 않도록 이번만은 감옥에 들어가고 싶지 않다"고 말했을 따름이다. 그런데 그의 머리기사는 "들어가고 싶지 않다"라고 보도하면서도 정작 들어가고 싶지 않은 곳을 명시하지 않아 의혹을 불러왔고 나아가 제목에서는 "돌아가고 싶지 않다"고 편집했다. 전날 저녁에 가판되는 초판이 나온 뒤 그는 뒤늦게 제목을 "들어가고 싶지 않다"로 고쳤다.

간략히 살펴보았듯이 언론청문회를 벗어나자마자 그는 노동·농민·교육·통일에 이르기까지 아래로부터의 민중 요구를 억압하는 '공안 이데올로그'로 스스로를 자리매김했다. 그를 비롯한 언론들의 공안몰이 보도와 논평으로 6월대항쟁이 열어놓은 민주화공간과 여소야대 공간은 움츠러들었다. 노태우 정부에서도 조선일보 출신들은 권력의 한 축이었다. 편집국장 대리로 유정회 국회의원이 된 김윤환은 박정희·전두환 정부에 이어 민정당 원내총무로 권세를 누렸다. 편집국장 출신 최병렬 또한 전두환 시절에 이어 청와대 정무수석과 문화공보부·공보처·노동부 장관으로 옮겨 다녔다.

그가 앞장서서 조성한 공안정국은 기어이 여소야대 정국을 뒤엎었다. 1990년 1월 22일 민정당 총재이자 대통령인 노태우, 70년대와 80년대에 군부독재에 맞서 싸웠던 김영삼 통일민주당 총재, 5·16쿠데타의 주역인 김종필 신민주공화당 총재가 청와대에서 3당 합당 공동선언문을 발표했다. 세 사람은 현재의 4당 구조로는 나라 안팎의 도전을 헤쳐 나갈 수 없다면서 "자유와 민주의 이념과 정책 노선을 같이 하는 정치세력이 뭉쳐, 당파적 이해로 분열, 대결하는 정치에 종지부를 찍기로 했다"고 선언했다.

총선 민의라 할 수 있는 여소야대를 일거에 뒤집은 3당 합당에 대해 그는 사설 "평민당의 진로"(1월 24일자)에서 유일한 야당이 된 김대중의 평민당에게 "혹시 운동권 등과 제휴해서 장외투쟁이라도 벌일 듯 한 심정이 있는지 없는지는 모르지만, 그런 유혹에 빠지는 것은 평민당을 오히려 더 곤란하게 만드는 것"이라고 훈계했다.

그는 3당 합당으로 민주자유당(민자당)이 등장하면서부터 김영삼의 정치 활동을 부각해 보도했다. 그의 의도대로 김영삼이 1992년 5월 29일 민자당의 대통령후보로 결정되자 사설을 통해 당내 화합을 이루라고 '조언'했다.

그런데 돌연 정주영이 통일국민당을 만들며 출마했다. 정주영 출마는 기득권 세력의 표를 분산시킬 가능성이 높아 자칫 김대중 후보의 당선을 불러올 수 있었다. 그를 비롯해 중앙일보와 동아일보의 정치보도가 정주영과 국민당에 내놓고 냉랭했던 이유다.

그를 비롯한 언론의 불공정 보도를 더는 참지 못한 정주영의 통일국민당은 9월 9일과 10일 거의 모든 일간지 1면에 "공무원과 언론은 공명선거를 가늠하는 두 잣대입니다" 제목으로 광고를 냈다. 대통령선거 국면에서 갈수록 노골화하는 언론의 편향성을 더는 좌시할 수 없다는 위기감이었다. 광고는 "언론은 더 이상 정권의 도구가 아닙니다"라며 "언론계에는 '김영삼 장학생'이라는 말이 있습니다. 조직적으로 신문·방송에 영향력을 심고 있는 것은 이제 비밀이 아닙니다"라고 폭로하면서 "공정보도는 국민의 힘으로 지켜야 한다"고 호소했다.

다른 신문사와 함께 통일국민당의 언론 비판 광고를 1면에 실은 그가 나섰다. 고액 광고료를 챙긴 그는 이틀이 지나서 "국민당 광고와 언론" 제하의 사설(9월 11일)을 통해 언론계에 '김영삼 장학생'이 있다는 광고 문구를 콕 집어 비판했다.

> 그런 말은 가십거리나 구전으로는 있을 수 있으되, 공당이 그것을 객관화시키고 사실인 것처럼 내외에 천명하고자 할 때는 명백한 근거가 있어야 한다. 이 광고는 그런 말이 있다고 자신의 거증 책임을 피해 가면서 비밀이 아니다라고 덧붙임으로써 그것을 기정사실화 하고 있는 것이다. 이것은 논리적으로도 아주 빈약한 것이며 보기에 따라서는 마타도어적 수법이라는 비판을 받을 수 있다.

사설은 또 "언론계 사람들도 정견이 있는 한에는 김영삼 씨에 투표할 사람도 있을 것이고 정주영 씨에 투표할 사람도 있을 것이다. 그때 정 씨에 호의적인 사람은 그렇다면 일괄 정주영 장학생이라고 불러야 할 것인지도 한 번 따져볼만 한 일"이라면서 "국민당이 현대를 전 사원의 당원화로 이용하려 해서는 안 될 것이며, 재벌이 언론매체를 소유해서는 안 된다고 한 정주영 씨의 발언도 실천적으로 입증돼야 할 것"이라고 국민당과 현대그룹, 문화일보를 '압박'했다.

언론계에서 유명했던 'YS 장학생'은 출입기자 시절부터 김영삼의 촌지를 받아 중견 또는 고위간부가 된 기자들을 이르던 말이다. 정기적으로 촌지를 받은 그들은 언론사 내부의 동향과 취재정보를 제공하며 YS를 도왔다. 참고로 '전두환 장학생'들은 전두환이 현직일 때는 물론 퇴임한 뒤에도 설에 세배를 가서 두둑한 돈 봉투를 챙겨온 기자들을 이른다.

민자당의 재집권 전략, 곧 '김영삼 대통령 만들기'는 공안몰이까지 동원했다. 그가 앞장선 것은 물론이다. 먼저 안기부가 선거를 석달 앞두고 북의 지령에 따라 한국에 조선노동당을 추종하는 지하당을 결성한 혐의로 '중부지역당' 총책 황인오-인욱 형제를 비롯한 6명을 검찰에 구속 송치했다. 안기부는 다시 10월 6일에 '적발된 조직은 남로당 이후 최대 간첩조직'으로 중부·경인·영남·호남 4개 지역당 가운데 충청과 강원을 관할하는 중부지역당이 적발된 것이라고 추가 발표했다.

그는 10월 7일자 1, 2, 3, 4, 5, 22면에 걸쳐 기사, 해설, 칼럼, 사설 들을 총동원해 '간첩 사건'을 대대적으로 보도했다. 1면에 큼직하게 "남한조선노동당 62명 구속"을 주제목으로 편집하며 "안기부 발표 3개 간첩망 3백여 명 추적 북한서열 22위 이선실 암약/ 남로당후 최대 연공 수립기도/ 장관급 간첩 등 10여명이 지휘/ 경인 − 영남 − 호남지역 수사확대"를 부제목으로 부각해 달았다.

그날 사설 두 편 모두 관련 사건을 다뤘다. 제목 그대로 "안기부는 무얼 했나"를 묻고 "적화는 이미 전개되고 있었다"며 안보 위기 의식을 한껏 고조시켰다. 사설은 "이번 간첩단은 단순히 기밀을 탐지하는 간첩망이 아니라, 하나의 거대한 정치활동 집단이었다. 그들의 활동은 음지에 숨어서 수군거리는 정도가 아니라, 공공연히 우리의 정계 일각과 공개적인 운동권 일각에 섞여서 주사파 혁명을 고창하고 있었다"며 분개했다.

정주영에 대한 경계도 잊지 않았다. 사설 "보수진영의 분열인가"(10월 24일자)를 통해 국민당 후보를 '견제'하고 나섰다.

한국 정치는 지금 어디로 가고 있는가? 양김 대결 구도로 예상됐던 정국이 국민당의 출현에 이어서 새한국당의 등장으로 계속 변수를 파생시키고 있다. 국민의 입장에서 최종적인 태도 결정을 하기에는 여러 갈래로 나뉘는 요즘의 정국이 너무나 현란하고 어지럽다… 우리의 입장에서 국가 발전이나 21세기 준비를 위해 할 수 있는 일의 선택의 폭은 결코 넓지가 않다. 그야말로 몇 개 안 되는 것이고 빤한 것이다. 그런데도 그 빤한 것을 하겠다는 사람들이 이렇게 많이 제각기 당을 따로 만들어 가지고 대선에 뛰어드는 이게 과연 잘 되는 일인지 어리둥절해진다. 단순하게 말해서 민자당이나 국민당 및 새한국당은 모두가 노선 상으로는 합당을 한대도 이상할 것이 없어 보이는 보수당들이다… 더군다나 지금의 대선 정국은 내각책임제 하가 아니라 대통령 중심제임을 상기할 때, 범 보수가 이처럼 제각기 당을 따로 차려서 대통령후보를 서로 낸다는 것은 참으로 기이한 노릇이다.

그럼에도 정주영 후보가 사퇴하지 않아서일까. 선거가 다가오자 논설실장 류근일이 11월 28일자에 "정주영 변수" 제하의 칼럼을 쓰고 노골적으로 정파적 주장을 폈다.

이번 선거의 뇌관은 정주영 후보가 쥔 꼴이 됐다. 그가 만약 굉장히 많이 득표를 하면 그는 이 나라의 대통령이 된다. 반면에 그가 적당히 많이 득표를 할 경우엔 그는 김영삼 씨를 떨어뜨리고 김대중 씨를 당선시킬 것이다… 과연 어떻게 마음을 정해야 할 것인가. 우선 정해야 할 것은 양 김 씨 중 누구를 고를 것인가 위주로 판을 봐야 할지, 아니면 양 김이나 정 씨냐 위주로 판을 봐야할 지를 가름하는 일이다. 만약에 전자의 경우로 정해진다면 그땐 정 후보는 아예 계산에서 빼버리면 된다. 그리고 양 김 씨 중 누가 덜 나쁜지를 가려내면 된다…이런 식으로 해서 40% 안팎의 미정표 유권자들은 이제 정주영 변수가 작용하는 3자 대결 구도에서 자신의 선택을 좁혀가야 한다. **정주영 씨에게 굉장히 많은 표를 허락함으로써 그를 당선시킬 것인가, 또는 그에게 적당히 많은 표가 가게 함으로써 김대중 씨를 당선되게 할 것인가, 아니면 그에게 아주 조금만 표를 줌으로써 김영삼 씨를 당선시킬 것인가.** 이 세 가지 선택의 기로에서 유권자들은 투철한 판별력으로 그들의 도덕성과 진실성의 높낮이를 정확하게 꿰뚫어 보아야 할 것이다.

정주영 후보로서는 기가 막혔을 터다. 반면에 김영삼 후보로선 그의 편향적 보도가 정말 든든하지 않았을까. 그의 결정적 공헌은 선거를 앞두고 전 법무부장관 김기춘과 부산지역 기관장들이 총동원된 '관권선거 모의 사건'이 불거졌을 때 이뤄졌다.

1992년 12월 11일, 김영삼 후보의 측근 김기춘이 부산 초원복국집에 부산시장·검사장·경찰청장·안기부지부장·교육감·기무부대장·상공회의소장을 모아놓고 노골적으로 지역감정을 부추겨 민자당 후보를 지원하자고 모의했다. 명백한 '관권선거 모의'였다. 주고받은 대화 내용 또한 공분을 샀다.

모임의 좌장격인 김기춘은 "부산·경남 사람들 이번에 김대중이 정주영이 어쩌니 하면 영도다리에서 콱 빠져 죽자"라 했고 "하여튼 민간에서 지역감정을 좀 불러일으켜야 돼"라는 말도 무람없이 꺼냈다. 명색이 '부산기관장 모임'에서 지역감정 조장을 모의해놓고는 "훗날 보면 보람있는 시민이라고 다들 느끼게 되지 않겠습니까"라며 어이없는 자평을 늘어놓았다.

대화를 녹음한 테이프가 12월 15일에 공개됐다. 유권자들은 큰 충격을 받았지만, 그의 독자들은 '관권선거 모의'에 전혀 다른 인식을 할 수밖에 없었다.

그는 다음 날 신문 1면 머리로 "기관장모임 4명 전격 경질/ 부산시장 해임·경찰청장·기무대장 등 직위해제" 제목을 달고 노태우 대통령이 "관련자 단호 조치"를 지시했으며 김영삼 후보도 "엄중 문책"을 요청했다는 사실을 부제목으로 편집했다.

더구나 머리기사 제목보다 훨씬 더 큰 글자로 "비방·폭로전 절정"을 달고 "각 당, 투표 전야 금품 감시 비상/ 탈법 사례 무더기 고발"을 부제목으로 한 기획기사를 돋보이게 편집함으로써 독자들이 '초원복국집 관권선거 모의' 또한 절정에 이른 비방·폭로전의 하나처럼 받아들일 가능성을 높였다. 정작 녹음 테이프가 공개된 사실은 "부산시 기관장 7명 민자 후보 지원 논의/음식점 아침식사 대화 녹음 테이프 공개" 제하에 '국민당 주장'이라는 전제까지 붙여서 "비방·폭로전 절정" 기사 바로 아래에 상대적으로 작게 보도했다.

같은 날짜 사설 "관권 버릇"은 초원복국집 모임이 "공식적인 대책회의라기 보다는 김기춘 전 법무장관의 초대에 응한 회동이었을 수도 있다"면서 그들이 선거 막바지의 중요한 시기에 관권 개입의 의혹을 샀고 정치적 중립을 지켜야 할 공무원의 자세를 일탈했다는 비판을 면키 어렵다고 썼다. 이어 "또 한 가지 간과할 수 없는 것은 보안을 생명으로 하는 안기부·기무사 책임자들의 행적까지 그대로 노출된 점이다. 정보기관 책임자들의 언행이 일반인에 노출돼 녹음 상태로 공개됐다는 것은 여간 심각한 일이 아니다"라고 주장했다. 정보기관 책임자들이 다른 기관장들과 머리를 맞대고 지역감정을 부추기는 방법으로 관권·부정선거를 모의한 사실보다 그들의 언행이 노출된 것을 심각하게 인식해야 한다는 쪽으로 방향을 돌리는 첫 걸음이었다.

이윽고 선거 당일 아침 사설인 "부산 모임과 도청과…"(12월 18일자)는 "이번의 도청 사건은 목적과 관계없이 부도덕한 것이며, 앞으로 우리 사회의 관행과 시민생활에 적지 않은 부작용을 파급시킬 것"이라 주장해 '관권선거 사건'이 어느 새 '도청사건'이 되었다. 사설은 또 "기관장 모임을 도청함으로써 국민당은 선거 전략상 호재를 잡았는지는 모르겠지만, 공공사회의 국민생활에 미칠 정보정치의 악영향을 고려할 때 도청행위는 비판받아 마땅하다"고 주장했다.

선거가 김영삼의 승리로 끝나자 검찰의 태도는 분명했다. 초원복국집에 모였던 기관장들을 "공식 석상이 아닌 사적 모임에서 나눈 대화를 가지고 처벌할 수는 없다"며 모두 무혐의 처분했다.

1993년 2월 출범한 김영삼 정부는 그와 '밀월'에 들어갔다. 김영삼은 1994년 10월에 당시 임명직이던 서울시장에 편집국장 출신 최병렬을 앉히고 12월에 내각을 전면 개편하며 역시 편집국장을 역임한 김용태와 주돈식을 각각 내무부와 문화체육부 장관에, 김윤환을 정무1장관에 기용했다. 서울시장까지 포함해 국무회의에 참석하는 조선일보 전직 기자들이 4명이나 된 셈이다. 당시 사주 방우영은 1997년에 낸 회고록에서 "좋은 땅에 좋은 씨를 뿌린 조선일보사이기에 많은 인재를 키웠고 또 이런 선배들이 계셨기에 오늘의 위상을 성취할 수 있었다"고 자부심을 드러냈다. 그가 신문 시장에서 어떻게 '1등 신문'으로 급성장했는가를 스스로 '증언'한 대목 아닐까.

김영삼 대통령 만들기에 앞장섰고 재임 기간에 언론권력으로 확고하게 자리를 굳힌 그는 1997년 대선에서도 '킹메이커'를 자임하며 '이회창 대통령 만들기'에 적극 나섰다. 당시 '맹활약'한 김대중 주필은 사주와 함께 '언론 권력화'의 상징이 되었다. 앞에서 살펴보았듯이 선거를 이틀 앞두고 편파보도에 항의하는 국민신당 당원들 앞에서 김 주필은 "너희는 싹 죽어, 까불지 마!" 따위의 언론인으로선 해서는 안 될 말들을 내뱉었다.

어쩌면 개인의 오만보다 더 큰 문제는 언론인으로서 주필의 시대 인식일지도 모른다. 대선을 앞두고 IMF로부터 구제 금융을 받는 사태에 이르면서 김영삼 정권의 실정은 누가 보더라도 명백했다. 대선은 마땅히 IMF사태를 불러온 집권당에 대한 심판이어야 했다. 더구나 김 주필이 호기를 부린 그 시점에서 명색이 '민주공화국'인 대한민국은 단 한 번도 평화적 정권교체를 이룬 경험이 없었다.

조선일보가 박정희, 전두환과의 유착에 이어 직선제 개헌 뒤에는 1987년 대선에서 노태우를, 1992년 대선에서 김영삼에 편향된 보도를 한데 이어 1997년 대선에서도 이회창에 치우친 보도를 하면서 '언론권력'에 대한 경계심이 퍼져 갔다.

언론이 스스로 권력의식을 지닌 채 보도와 논평을 하고, 민주주의의 기본적 제도인 선거에 노골적으로 개입할 뿐더러 경제 발전이나 노사관계 보도와 논평에서도 기득권 세력을 일방적으로 대변하는 형태로 이어지면서 언론을 개혁해야 한다는 여론이 높아졌다.

언론계 안에서는 언론노동조합을 중심으로, 밖에서는 언론시민운동단체들이 언론권력을 비판하며 언론개혁운동을 펼쳐갔다. 1998년 8월에 전국언론노동조합연맹(언론노조)은 민주언론운동시민연합을 비롯한 사회단체들과의 연대 조직인 언론개혁시민연대(언론연대)를 창립했다. 언론연대는 신문사 안에서 누구도 견제할 수 없는 사주의 권한을 제한하지 않으면 예전에도 그랬듯이 앞으로도 권력이나 자본과 언제든 유착할 수 있다고 판단했다. 편집의 자율성을 보장하는 입법운동에 나선 이유다.

언론연대가 창립되고 두 달 뒤에 언론개혁운동이 폭넓게 공감대를 얻게 된 사건이 일어났다. 그가 사실 관계를 왜곡하면서 김대중 정부의 '공직자 사상'을 검증하겠다고 나섰기 때문이다. 〈월간조선〉 1998년 11월호는 "대통령 자문 정책기획위원장 최장집 교수의 충격적 6·25전쟁관 연구"라는 선정적 제목의 기사를 내보냈다. 조선일보는 그 기사를 부각해 월간조선 11월호 발매를 독자들에게 공지했다.

최장집 위원장은 월간조선이 사실을 왜곡했다며 배포금지 가처분신청을 냈다. 그러자 그가 전면에 나섰다. 10월 24일자 신문 1면에 시커멓게 큰 제목으로 "대구폭동은 인민항쟁/ 6·25는 민족해방전쟁"을 달며 "최장집 위원장/ 논문서 주장"이라는 부제를 더했다.

최 위원장이 "대한민국의 정통성을 부정하고 있다"는 월간조선의 입장을 그대로 담은 양상훈 기자의 기사였다. 이어 4면은 광고까지 들어내고 전면을 털었다.

4면 맨 위에 "김일성의 남침전쟁이 어찌 민족해방전쟁인가; 최장집 위원장 반론에 대한 월간조선의 반박요지"라고 제목을 달고 "6·25전엔 남한이 미국의 식민지였다는 논리"라고 비난했다. 바로 옆에는 "최장집씨 학문적 성향 왜 문제 되는가; 대통령 자문 핵심 공인… 검증 마땅"이란 제목이 더해졌다. 4면 제목만 보더라도 의도를 알 수 있다. "최 위원장의 용어분석; '공산폭동' → '인민항쟁'; '남침' → '민족해방전쟁'; '폭동진압' → '탄압-테러'"에 이어 "김일성 6·25남침의미 모호하게 축소; 기습남침 분명한데 '자연발생'인 양 묘사"와 "좌파를 '혁명적 민족주의 세력'으로 미화" 같은 자극적 제목을 줄줄이 달았다.

하지만 최 위원장은 자신이 "6·25는 김일성의 위대한 결단"이라 했으며 "6·25는 미국의 남침 유도에 의해 일어났다"고 주장했다는 보도는 전혀 사실이 아니라고 강조했다. 실제로 최장집이 쓴 논문에 "6·25는 김일성의 '위대한' 결단"이라는 표현은 전혀 없다. 다만 "그(김일성)의 우세에 대한 지나친 과신이 그를 전쟁을 통한 총체적 승리라는 유혹에서 헤어 나올 수 없게 하였고, 결국 그는 전면전이라는 역사적 결단을 내렸던 것이다. 무엇보다도 김일성의 오판을 유도하였던 요소는…"이라고 서술했다. 오판이라 한 말은 빼고 앞에 '역사적 결단'만 강조한—게다가 논문에는 없는 '위대한'까지 덧붙인—왜곡이다. 최장집은 '역사적'이라는 표현은 긍정적 의미가 아니라 그것이 이후 한국사회에 지속적인 영향을 끼쳤다는 의

미라고 밝혔다.

최 위원장은 또 "6·25는 미국의 남침 유도에 의해 일어났다고 주장했다"는 기사 또한 왜곡이라고 반박했다. 학술논문에서 다양한 관점을 소개하는 글과 그것을 주장하는 글은 엄연히 다르다는 것이다.

최 위원장이 법원에 낸 '월간조선 배포금지 가처분 신청'은 11월 11일 받아들여졌다. 그러자 조선일보는 12일과 13일 잇따라 사설을 통해 이를 언론자유에 대한 탄압으로 몰아갔다.

최장집은 공직에서 물러나 3년이 지났을 때 당시 사건을 회고하며 다음과 같이 조선일보의 문제점을 지적했다.

한반도에 있어서 냉전질서는, 적대와 증오의 남북한관계를 형성, 지속시켰을 뿐 아니라, **남북한 각각의 사회내부에 적대관계를 사회질서의 중심에 놓는 냉전반공주의의 기득구조**를 만들어냈다. 한국사회에서 **이 질서를 가장 전투적으로, 가장 도덕십자군적으로, 가장 이데올로기적으로 유지, 온존시키고자 하는 이데올로기 부문을 보통 극우라고 말할 때 조선일보는 그 중심에 위치**한다.

극우적 냉전반공주의는 공산주의를 절대악으로 규정하고, 자신의 이념을 수용하지 않는 사람, 집단, 부문, 세력을 용공적인 것으로 규정하는 이데올로기적 힘이다… 조선일보와 같은 언론이 정부공직자의 적격여부를 판단할 수 있고, 나아가 그렇게 해야할 사명감을 가졌다고 하는 발상은, 사회의 극우적 여론을 대변하는 사적 판단이 사상적 테러의 방법을 통하여 공적영역의 심판관 역할을 하는 것이나 다를 것이 없기 때문이다. 그것은 민주주의의 원리와 분명 충돌

한다고 할 수 있다.…

　내 사건을 통하여 조선일보가 주장하고, 그 주장을 수용하거나 그에 가까웠던 사람들이 강조했던 것은, '최장집은 조선일보가 색칠한 바와 동일하거나 가까운 사상을 가졌다'고 전제하면서 '그러한 사상을 가진 당신은 공직자로서 부적합하다'는 것이다. 이러한 주장이 얼마나 반反민주적이냐 하는 것은 말할 필요도 없다. 왜냐하면 극히 보수적 편향성을 갖는 한 신문이 민주적 절차와 법적 절차가 아닌 여론몰이의 방법으로 누가 공직자의 자격을 가지며, 누가 시민으로서 활동할 수 있는가 하는 자격부여의 기준을 자의적으로 규정할 수 없고 사회에 강요할 수 없기 때문이다.

　조선일보의 주장대로라면, 극우적 이데올로기와 가치관에 가까운 사람 이외에는 공직자의 자격요건을 갖기 어렵다. 그것은, 냉전 반공주의의 이념 이외의 다른 이념을 갖는 개인, 그룹, 부문은 정치과정에 참여해서는 안 된다는 배제의 이념이며 가치로서 민주주의의 원리에 어긋나는 발상이 아닐 수 없다.

결국 대통령 자문 정책기획위원장을 상대로 그가 제기한 '사상 검증'은 해가 바뀌어 1999년 4월 최장집이 사표를 내면서 끝났다. 겉으로 보기에는 그의 승리처럼 보였다. 하지만 그가 최 위원장을 '친북 공직자'로 몰아가자 사회단체를 중심으로 '조선일보 허위왜곡보도 공동대책위'가 꾸려졌다. 이어 그의 신문에 기고하거나 인터뷰를 거절하는 본격적인 안티조선운동이 전개되었다. '조선일보 바로보기'(조선바보) 시민모임이 만들어졌고 '조선일보 없는 아름다운 세상을 만드는 시민들의 모임'(조아세)도 등장했다.

언론 내부에서도 언론개혁운동이 탄력을 받았다. 최장집이 대통령정책기획위원장 시절에 쓴 글이나 발언도 아니고 교수 시절에 쓴 학술논문을 사실과 다르게 왜곡하며 사상을 검증하겠다고 나선 그의 행태는 그만큼 신문사 안에 권력 의식이 충만해 있다고 판단할 수밖에 없는 상황이었다.

언론노조와 언론연대는 사주가 편집국을 지배하고 있는 상황에서 기자들은 기득권을 대변하도록 순치되고 있다고 판단했다. 사주의 눈에 밉보이면 기자로서 승진은 물론, 정년조차 보장받지 못하기에 어쩔 수 없이 그의 정치 성향을 따라갈 수밖에 없다고 본 것이다. 언론자본인 사주들이 개개 언론사 내부에서 황제처럼 군림하며 경영권은 물론 편집권을 좌지우지하는 현실을 고치려면 먼저 언론사 경영의 투명성을 검증받아야 한다고 판단했다.

오랜 세월 군부독재와의 밀월 속에 천문학적 이윤을 챙겨온 신문사 사주들이 과연 내야할 세금은 제대로 냈는지, 또 세습 과정에 상속세는 제대로 냈는지가 언론운동 단체들의 가장 큰 관심이었다.

때마침 36년 만에 정권교체가 이뤄진 상황에서 언론사 경영의 투명성을 요구하는 목소리는 더 높아졌다. 언론 현업인 단체들의 거센 요구와 집회가 이어지자 2001년 1월 11일, 대통령 김대중은 새해 연두 기자회견에서 '투명하고 공정한 언론개혁의 필요성'을 거론하고 나섰다. 이어 국세청은 1월 31일에 언론사에 세무조사를 실시하겠다고 발표했다. 같은 시기 공정거래위원회도 '불공정거래 행위와 부당 내부거래 실태 등에 대한 조사' 실시를 공표하고 2월 12일부터 조사에 나섰다.

회장 방우영은 거세게 반발했다. 2001년 3월 6일 창간 기념행사에서 축사를 하며 "조선일보와 동아일보는 일제 때도 야비한 수법인 세무사찰을 받았다"고 주장했다. 참 끈질긴 '항일 민족지론'이다.

68일에 걸쳐 조사를 한 공정위는 13개 언론사에 시정 명령과 함께 242억 원의 과징금을 부과했다. 언론이 불공정 거래를 일삼고 재벌들의 부당한 내부거래와 다를 바 없는 일을 해 온 사실이 드러난 셈이다. 그의 과징금은 34억 원에 이르렀다.

6개월이 걸려 2001년 6월 20일 발표된 국세청의 23개 언론사에 대한 언론사 세무조사 결과는 더 충격적이다. 국세청은 "23개 중앙 언론사와 그 계열기업 및 대주주 등에 대한 세무조사 결과 총 탈루소득 1조 3,594억 원과 탈루법인세 5,056억 원을 적출했다"고 발표했다.

기실 언론사에 대한 세무조사를 김대중 정부가 처음 실시한 것은 아니다. '문민정부'를 내세우며 군인 출신 대통령과 차별성을 꾀한 김영삼 정부도 14개 언론사를 상대로 세무조사를 전격 실시했었다. 매출액이 일정 이상 되는 기업일 경우 세금을 투명하게 내는지 정기적으로 조사하는 것은 국세청의 의무였지만, 군부독재 시절의 정권들은 언론기업의 세무조사를 사실상 '면제'해 주었다.

김영삼 정부는 세무조사를 했지만 결과를 공표하지는 않았다. 김영삼은 대통령 퇴임 뒤 자신이 세무조사를 공개하지 않은 이유를 "국민들이 충격을 받을까 우려해서였다"며 신문사의 탈세 규모를 대폭 축소해줬다고 밝혔다. 김영삼의 '탈세 규모 축소'는 지금의 잣대로는 명백한 직권남용으로 구속감이다. 반면에 김대중 정부는 세무조사 결과를 공개했고, 언론사에 거액의 추징금을 부과했다.

세무조사 결과가 나온 뒤 국세청은 그를 비롯한 6개 언론사와 방상훈 사장을 탈세와 횡령혐의로 고발했다. 동아일보 사주와 국민일보 사주도 구속 수감됨으로써 큰 파문이 일었다.

당시 국세청이 밝힌 방상훈 사장의 포탈 세액은 수십억 원에 이르렀다. 그와 방상훈 사장은 '언론 탄압'을 주장하며 이른바 '사법 투쟁'에 들어갔다. 그해 월간 〈참여사회〉가 2001년 12월호 송년 특집에서 전국 시민운동가 100명을 대상으로 시민·정치인·경제인·언론인·시민운동가 등 5개 분야에 걸쳐 '희망을 주는 사람'과 '희망을 뺏는 사람'을 조사한 결과 '우리 시대 희망을 뺏는 언론인' 1위에는 2000년에 이어 김대중 주필(79.5%)이 선정됐다. 조갑제 월간조선 사장(14.8%), 방상훈 조선일보 사장(12.5%), 김병관 동아일보 전 명예회장(10.2%), 조선일보(5.7%)로 뒤를 이었다.

김대중 못지않게 정치인 노무현에 대해서도 그는 공격적 보도와 논평으로 일관했다. 노무현 후보가 대통령에 당선되는 과정 자체가 그와의 갈등 속에 이뤄졌다. 김대중 정부의 '보복'으로 자신이 세무조사를 당했다고 판단한 그는 정권 교체에 적극 나섰다.

대선 국면 내내 이회창 후보를 부각해 보도한 그는 2002년 12월 19일 대선을 앞두고 한밤에 사설을 전격 교체할 만큼 '정권 교체' 의지를 드러냈다. 투표일 바로 전날인 18일 밤 10시 20분에 노무현과 후보 단일화 했던 정몽준이 '후보지지 철회 성명'을 발표하자 그는 가판에 실은 사설을 전격 교체했다.

물론, 새로운 소식을 담으려는 발 빠른 대응이라고 평가할 수도 있다. 문제는 내용이다. "정몽준, 노무현 버렸다" 제하의 사설은 "지금 시점에서 분명한 것은 후보 단일화에 합의했고 유세를 함께 다니면서 노무현 후보의 손을 들어줬던 정몽준 씨마저 '노 후보는 곤란하다'고 판단한 상황이다. 이제 최종 선택은 유권자들의 몫"이라고 썼다.

노무현은 대통령 후보가 되는 과정이나 당선 과정에서 언론개혁을 적극 제기했다. 그와 인터뷰를 거부한 데 이어 선거 기간 내내 정치개혁이나 경제개혁 못지않게 언론개혁을 거론해왔다. 노무현 정부가 출범하면서 언론민주화 단체들로부터 적잖은 기대를 모은 까닭이다.

더욱이 대통령 탄핵의 무리수로 반사이익을 얻은 열린우리당이 2004년 총선에서 제1당으로 등장했기에 언론개혁 입법 요구는 커져 갔다. 언론운동 단체들은 노무현 정부에게 언론사 소유구조 개혁과 편집권 독립의 법제화를 요구했다.

언론연대를 비롯한 언론운동의 압력으로 국회는 2005년 1월 1일 '신문 등의 자유와 기능보장에 관한 법률(신문법)'을 제정했다. 하지만 열린우리당과 한나라당의 야합으로 누더기 입법이 되었다. 신문사 소유 지분 분산 조항이 삭제되고 편집위원회(편집규약)는 아무런 의미가 없는 임의기구로 떨어지고 말았다. 신문사 안에서 황제처럼 언행을 일삼는 신문 사주로부터 언론인들의 편집 자율성을 보장하기 위한 장치가 실종된 것이다.

정치판을 양분해온 두 정당의 야합으로 고갱이를 잃은 신문법에 대해서도 그는 위헌 소송을 제기했다. 신문법 조항 대부분이 평등권을 침해하고, 언론자유를 침해하며 과잉 규제함으로써 위헌이라고 주장했다.

그의 위헌 소송에는 헌법이 보장하는 언론자유의 주체는 신문사이며, 실질적으로 발행인이라는 논리가 깔려 있다. 하지만 바로 그런 논리야말로 언론운동단체들이 기존의 정기간행물법을 신문법으로 대체하려고 나선 이유였다.

그의 헌법소원에 대해 헌법재판소는 2006년 6월 '민주적 여론형성을 위한 여론다양성'에 목적을 둔 신문법의 입법 정신을 인정했다. 헌법재판소는 신문이 본질적으로 자유로워야 하지만 '민주적인 여론 형성에 기여하고 국민의 알권리를 충족시켜야 한다는 점에서 자유에 상응하는 공적 기능을 수행해야 한다'고 강조했다. 다만 논란이 된 20여개의 조항 가운데 제17조(시장지배적 사업자 추정)와 제34조 제2항 제2호(시장지배적 사업자 신문발전기금 대상 배제)에 대해서만 위헌 결정을 내렸다. 대부분 조항들에 대해서는 모두 기각이나 각하 결정을 내렸다.

신문법과 별개로 그를 비롯한 언론사 사주들은 탈세 혐의에 대해 '언론 탄압'을 주장하며 이른바 '사법 투쟁'을 벌였다. 당시 조선일보 편집국 간부들 사이에선 언론사에 대한 세무조사를 '도발'이라고 표현하거나 "디제이의 언론개혁은 계급투쟁적 성격이 있다"는 말까지 나돌았다고 한다. 대체 어떤 대목에서 '계급투쟁'을 느꼈을까. 자신과 생각이 다른 사람들을 겨냥해 '사상 검증'으로 공격해온 수법이 새삼 떠오른다.

하지만 대한민국의 보수적 대법원도 끝내 유죄를 확정했다. 1심에서 회사 돈을 횡령하고 세금을 포탈한 혐의로 징역 3년에 벌금

56억 원을 선고받은 방상훈 사장은 항소심(2004년 1월)에서 징역 3년, 집행유예 4년과 벌금 25억 원을 선고받았다. 방 사장은 2006년 6월 29일 대법원에서 상고가 기각됐다. 방 사장의 상고가 기각됨으로써 중앙일보와 동아일보에 이어 신문시장을 독과점한 3대 신문사 사주들이 모두 유죄를 선고 받아 발행인 자격을 상실했다.

결국 김대중·노무현 정권 10년 동안 언론개혁운동은 정치권을 자극해 언론사 세무조사와 신문법 제정에 이르렀지만 그 결과는 지극히 한정적인 것이었다. 언론자본의 불법적 탈세 행태를 드러내는데 그쳤을 뿐이다. 사주들의 부도덕성과 탈세가 드러났음에도 언론운동 단체들이 요구해온 소유구조 개혁과 편집 자율성 입법으로 이어지지 못했다. 처음부터 언론개혁에 뚜렷한 정책 목표를 세우지 못했고, 그러다보니 정략적이라는 탈세언론의 공세에 제대로 대응도 못했다. 세무조사를 통해 언론사 경영의 투명성을 나름대로 높이는 전환점을 마련했다는 의미 외에는 아무런 결실을 맺지 못했다. 그 성과조차 언론권력의 지원을 받은 이명박 정부가 등장하면서 후퇴하고 말았다.

2007년 12월 대선에서도 그는 특정 후보에 편향적인 보도와 논평을 일삼았다. 1997년과 2002년 대선에서 두 차례나 적극 밀었던 이회창을 내놓고 비판했다. 이명박 후보를 밀던 그는 이회창의 대선 출마에 대해 "정권교체 막는다면 역사를 그르치는 일"이라거나 "제 정신이냐…역사의 죄인 될 것"이라는 큼직한 제목으로 비난했다.

이명박 후보는 언론을 산업으로 바라보았다. 이를테면 대통령선거가 있던 그해 '미디어산업 선진화 포럼' 창립식(2007년 1월 22일)에 참석해 "문화콘텐츠 산업은 10~20년 후에도 계속 발전할 수 있는 분야"라고 축사를 했다. 이명박은 문화콘텐츠 산업을 "국가적, 전략적, 체계적으로 잘 지원한다면 우리나라가 빠른 시간 안에 전 세계적으로 크게 성장할 수 있을 것"이라고 전망했다. 미디어선진화포럼은 취지문에서 "미디어는 고부가가치 산업으로 우리나라 경제에 새로운 성장 동력으로 기대되고 있다"며 "왜곡된 미디어산업 정책에 대한 건설적 비판과 올바른 정책 제안·홍보에 주력하겠다"고 활동 방향을 밝혔다.

집권하자마자 부닥친 촛불정국 속에 최악의 지지율을 기록했던 이명박 정부는 정몽구(현대), 김승연(한화), 최태원(SK)을 8·15광복절에 맞춰 특별 사면했다. 같은 날 방상훈 조선일보 사장, 송필호 중앙일보 사장, 김병건 동아일보 부사장, 조희준 국민일보 사장, 이재홍 중앙일보 경영지원실장도 특별사면 및 특별복권이 이뤄졌다.

사면 직후인 2008년 8월 16일, 조선일보 사보는 "언론사에 대한 세무조사 및 대주주 구속이라는 사상 초유의 사태는 '김대중 정부의 햇볕 정책 등을 비판한 주요 언론에 대한 정치 보복'이라는 비판을 불러 일으켰다"며 무리한 법 적용이었다고 주장했다.

대법원에서 유죄를 확정 받았음에도 탈세의 정치적 성격을 운운한 것은 법치를 무시한 오만한 발상이다. 과연 사주가 회사 돈을 횡령하고 세금을 포탈해 유죄를 받은 사실이 언론을 탄압하는 '정치적 성격'에 의한 무리한 법적용 결과일까. 오히려 횡령과 탈세 혐의로 유죄를 받은 언론사 사주를 이명박이 사면시켜 준 것이야말로 권언유착이란 '정치적 성격'에 의한 '무리한 법적용'이라 할 수 있다. 사면된 사주들은 다시 '황제 경영'에 복귀했다.

미디어 산업 선진화의 명분을 내건 이명박 정부는 '언론권력'으로 비판받아 온 그를 비롯해 동아일보사와 중앙일보사에 종합편성 채널을 주는 미디어 법을 날치기로 국회에서 통과시켰다. 대통령 이명박으로선 2007년 대선은 물론 2008년 촛불 집회 때 자신을 적극 밀어주고 지켜준 그와 동아일보 중앙일보에 건네는 '선물'이었을 법하다. 그는 두 신문사와 함께 2011년 12월 각각 종편채널을 개국했다. 스스로 과시하듯이 "휴대전화로 뉴스를 제공하는 모바일조선닷컴, 경제-경영 분야의 실시간 속보와 고품질 정보를 신속하고 풍성하게 전달하는 조선비즈 닷컴"에 더해 TV조선까지 아우르는 '미디어그룹'이 되었다.

조선 평전

10

그의 기자정신

1920년에서 2020년까지 100년 동안 그의 신문사로 들어온 기자들이 모두 친일 보도를 했고 군사독재에 부닐며 개인의 출세를 꾀하거나 스스로 권력의식에 젖어 저널리즘의 본령을 망각한 것은 결코 아니었다.

방응모가 그를 소유하기 이전에 이상재-신석우 체제에서 올곧은 보도를 해나가던 젊은 기자들이 적잖았다. 총독부의 압력으로 무더기 해고되었지만, 남은 기자들도 일제에 굴복한 것은 아니었다. 적어도 방응모 체제가 들어서기 전까지는 그랬다.

방응모 체제가 들어서면서 그는 친일반민족 언론의 길로 들어섰다. 문제는 일제 강점기만이 아니었다는 데 있다. 방응모의 후손인 방일영·우영 형제와 주필·편집국장들이 자유민주주의를 짓밟은 박정희의 유신체제와 결탁해 신문을 편집할 때 분연히 언론자유를 외친 기자들이 있었다. 1960년대 조선일보에서 외신부장(현 국제부장)을 맡았던 리영희는 1965년에 입사한 '새내기 기자'들이 국제부에서 수습 생활을 했을 때를 다음과 같이 회고했다.

그들(수습기자 6명)은 머리가 좋았던 만큼, 외신부에 들어와서 접하게 되는 세계정세와 인류사적인 변혁과 사건들에 대응해 이해하는 속도가 무척 빨랐어요…. 나는 다른 견습기자들은 잘 가르치고 훈련시키면 우수한 저널리스트가 되겠지만, 김대중 군만은 어렵겠다고 실망했어. 그런데 훌륭한 저널리스트가 될 것으로 믿었던 기자들은 1974년에 일어난 언론자유 투쟁 때 앞장섰다가 다 쫓겨났어. 반대로 도저히 구제하기 힘들겠다고 생각했던 그 김대중 기자만은 그대로 남아서 논설주간이 되고, 주필이 되고, 한국 여론을 쥐고 흔드는 막강한 조선일보의 상징적 존재가 되었더군.

그의 수습기자들 가운데 "훌륭한 저널리스트가 될 것으로 믿었던 기자들"은 다 쫓겨나고 "반대로 도저히 구제하기 힘들겠다고 생각했던 그 김대중 기자만은 그대로 남아서" 신문사의 상징적 존재가 된 계기가 바로 1975년의 자유언론 수호 투쟁이었다.

물론, 리영희가 수습기자를 판단한 기준이 절대적일 수는 없다. 하지만 한국 언론의 전설로 추앙된 김대중의 진실을 짚어본 우리는 "언론자유 투쟁 때 앞장섰다가" 해직된 기자들의 진실이 궁금할 수밖에 없다.

당시 자유언론 수호에 나선 기자들은 자신들이 가장 그를 사랑한다는 자부마저 내비쳤다. 가령 한국기자협회 조선일보 분회는 1975년 2월 소식지를 창간하며 "우리들의 '명예로운 민족지, 조선일보를 되만들어 내겠다'는 지고의 목적을 위한 기자들의 가장 높은 이성의 정수精髓"를 담겠다고 다짐했다.

젊은 기자들이 기자협회 소식지를 만든 이유는 석 달여 전에 다짐한 자유언론실천선언의 연장선이었다. 1975년 10월 24일 동아일보사 기자들이 유신독재의 검열을 거부하며 자유언론실천선언에 나서자 태평로를 사이에 두고 마주한 조선일보사 기자들도 그날 밤 9시가 넘어 편집국에 모였다. 기자들은 '언론자유 회복을 위한 선언문'을 채택했다.

우리는 우리에게 가해진 당국의 부당한 압력에 너무나 무기력했음을 부끄러워한다. 언론자유는 언론인 스스로가 찾아야 한다는 외부의 부르짖음을 외면했고 오히려 스스로 그 자유를 포기한 듯한 인상을 주었음을 자인한다. 우리는 최근 언론계의 여러 선배와 동료가 보도와 관련, 당국에 의해 불법 연행되는 등 우리의 권리가 부당하게 침해되어 온 것을 중시한다. 우리는 지금까지의 이와 같은 수치를 되풀이하지 않기 위해 하나로 뜻을 모았다. 우리는 앞으로 언론 본연의 사명을 다할 것을 다짐하며 다음과 같이 결의한다.

1) 우리는 언론의 자유가 민주주의 발전과 조국의 번영을 위한 바탕임을 재확인한다. 따라서 우리는 자유언론의 수호를 위해 어떠한 부당한 압력에도 굴하지 않고 이를 배제할 것을 다짐한다.

1) 우리는 조선일보 기자는 물론 타사 언론인들이 보도활동과 관련, 부당하게 연행·구금될 경우 총력을 모아 규탄하고 그들이 돌아올 때까지 강력한 투쟁을 한다.

1) 최근 사태에 대한 학생, 종교인 등 각계의 정당한 의사 표시는 그것이 국민의 주장이기에 반드시 게재되어야 하며 관철되지 않을 경우에는 실력 투쟁을 한다.

그런데 기자들이 "학생, 종교인 등 각계의 정당한 의사 표시는 그것이 국민의 주장이기에 반드시 게재되어야 하며 관철되지 않을 경우에는 실력 투쟁을 한다"고 선언했는데도 그의 지면은 달라지지 않았다. 동아일보에선 기자들의 요구가 신문 지면에 적극 반영

되어 갔지만, 그는 반유신·민주화투쟁과 관련한 보도를 여전히 한 줄도 내보내지 않았다. 방우영 사장과 편집국 고위간부들의 간섭과 압박이 심했기 때문이다.

물론, 기자들이 가만히 있지만은 않았다. 선언 이후에도 내내 억압되었던 자유언론 의지는 이윽고 12월 17일자에 실린 글 한 편을 계기로 터지기 시작했다. 그날 자 4면에 유정회 국회의원 전재구의 '허점을 보이지 말자'라는 글이 실렸다. 다음 날인 12월 18일, 한국기자협회 부회장이자 외신부 기자인 백기범과 문화부 기자 신홍범이 편집국장에게 유정회 국회의원 글의 문제점을 제기했다.

유신체제에 국민적 저항이 잇따르는 상황에서 일방적으로 체제를 옹호하는 글을 굳이 실어야 했느냐는 물음은 편집국에서 기자 선후배들 사이에 얼마든지 가능한 문제 제기였다. 문제의 글을 쓴 전재구는 5·16 쿠데타를 주모한 김종필의 육군사관학교 동기로서 정보 계통의 장교로 복무했으며, 중앙정보부 창설에 관여한 뒤 줄곧 '정치적 사건'을 수사해왔다. 중앙정보부 특별보좌관을 거쳐 국장 자리에 앉아 실미도 부대 창설에도 관여했다. 더구나 전재구의 글은 신문사 밖에서 '청탁'을 받아 실렸다.

백기범·신홍범 기자는 신문 제작에서 적어도 형식상의 균형이라도 맞춰달라고 편집국장에게 호소했다. 하지만 돌아온 것은 징계였다. 견책 징계가 부당하다고 항의하자 전격 해고했다. '편집권에 도전했다'는 생게망게한 이유로 해고된 두 기자는 12월 18일 '조선일보 동료기자들에게 드리는 편지'를 썼다.

저희들은 조선일보가 지금처럼 제작되어서는 안 된다고 의견을 제

시했기 때문에, 조선일보가 더 올바르게 제작되어야 한다고 자기의 소신을 밝혔기 때문에 오늘 해임을 당했습니다. 저희들은 부당한 회사의 견책을 수락하는 대신 소신을 견지했기 때문에, 양심을 속이는 대신 양심의 명령에 따라 행동했기 때문에 해임을 당했습니다. 우리에게 회사의 견책을 통고하는 편집국장에게 다시 한 번 국장도 기자의 양심으로 돌아가 신문을 바로 제작할 것을 호소했기 때문에 해임을 당했습니다. …지금 우리는 기자로서의 양심과 소신에 의해 행동했기 때문에 아무런 부끄러움이 없습니다. 부끄러워해야 할 사람들은 언론자유와 편집권이 침해당하는 것을 알고도 조금의 부끄러움조차 느끼지 못하고 오히려 그 부당성을 지적한 기자들을 징계한 사람들이며, 징계를 당해야 할 사람들은 한국 언론사에, 조선일보사에 씻지 못할 죄를 짓고도 조금의 뉘우침도 없이 신문을 계속 망치고 있는 사람들입니다. … 새삼스런 이야기입니다만 신문은 개인의 것이 아닙니다. 그것은 기자들의 것이며 국민의 것입니다. 편집권도 그렇습니다. 그것은 기자들의 사회적 의무의 총화를 편집국장이 대행하는 것뿐입니다. 막중한 사회적 소임을 위임받은 만큼 **편집권은 사내외의 부당한 압력에 침해당함이 없이 올바로 행사돼야 하는 것이며 기자들은 그것이 침해당했을 때 이를 지키고 보호해야 할 책임을 갖고 있는 것입니다.**

징계를 당해야 할 사람들은 한국 언론사에, 조선일보사에 씻지 못할 죄를 짓고도 조금의 뉘우침도 없이 신문을 계속 망치고 있는 사람들입니다. 우리는 조선일보사에서 10년 가까이 몸담아 일하면서, 젊음을 바쳐 일하면서 언론이 어떻게 위축당해 왔으며, 조선일보가 어떻게 변질되어 왔으며, 진실이 어떻게 왜곡돼 왔으며, 올바른 주장을 하던 우리의 선배들이 어떻게 희생되어 왔는가를 보아왔습니다…우리는 다시 만날 것입니다.

편집국 기자들은 정당한 절차도 없이 해임된 두 기자의 편지에 적극 호응했다. 12월 19일 저녁부터 '공정 보도와 해임 철회'를 요구하면서 항의농성에 들어갔다. 방우영 사장은 노회했다. 두 기자를 3개월 안에 조건 없이 복직시키겠다고 약속하며 농성을 풀게 했다.

기자협회 조선일보 분회는 방 사장의 약속을 믿고 활동을 자진 중단했다. 하지만 김윤환 편집부국장-그로부터 4년 뒤 유정회 국회의원을 시작으로 김영삼 정부 때까지 권세를 누린 그 김윤환-을 통해 창간기념일인 75년 3월 5일까지 두 기자를 복직시키겠다고 한 약속은 지켜지지 않았다. 기자협회 조선일보 분회는 즉각 활동을 재개했다. 3월 6일 다시 소식지를 냈다.

과연 우리가 정론지를 만들고 있는가? 75년 2월 15일부터 사흘에 걸쳐 조선일보는 민청학련 관련 구속학생들의 고문 폭로에 관한 사실보도를 완벽하게 외면했다. 74년 연말 유신의 필요성을 역설한 여당인사의 글이 조선일보 지면에 실린 것을 본 우리의 동료 백기범, 신홍범 두 기자가 조선일보의 품위를 지켜야 한다고 판단해 편집국장에게 고언을 했다가 그 때문에 해직 당했을 때 편집국장단은 창간기념일까지 두 기자를 복직시키겠다고 철석같은 공약을 했다.

기자들은 이어 최근의 왜곡 보도를 비판했다. 가령 1975년 2월

18일자 사회면에 "육체적 고문 없었다. 김지하 씨 회견" 제하의 기사에서 "옥중에서 고문 받은 자 없다"고 기자회견 기사를 실었다. 하지만 인혁당 조작으로 사형당한 민주인사들의 고문이 한창 사회적 논란을 빚던 시점이었기에 '옥중에서 육체적 고문이 없었다'는 기사는 파장이 컸다. 당사자인 김 시인의 반발로 다음 날 "'고문 없었다'는 내 경우에 국한, 김지하 씨 해명" 기사를 실어야 했다.

기자들은 두 기자의 복직 요구와 함께 자사 보도의 문제점들을 지적하며 3월 6일부터 제작 거부와 편집국 점거 농성에 들어갔다. 이를 '3·6사태'로 부르는 이유이다. 농성 다음 날 경영진은 기자협회 분회장 정태기와 집행부 김유원, 성한표, 심채진, 최병선 기자를 파면했다. 기자들은 예상했다는 듯이 곧장 5명의 새 지도부를 구성해 농성을 이어갔다.

당시 기협분회가 발표한 농성일지에 따르면 편집국장은 기자들이 붙인 "언론자유 쟁취" 표어를 뜯어냈고, 총무국장은 농성 중인 기자들이 먹을 점심 도시락 반입을 막았다.

무엇보다 압권은 방우영 사장이 붙인 경고문이다. 방우영은 "만약 끝까지 혁명적인 수법으로 55주년의 기나긴 전통을 미화시키기는커녕 오히려 먹칠과 분열을 일삼는 사원이 만의 하나라도 잔재한다면 조선일보의 앞날을 위하여 분명히 그리고 가차없이 처단할 것을 엄숙히 선언하는 바이다"라고 살벌한 심기를 내놓고 드러냈다.

기자들이 복직 약속을 지키라며 조용히 들어간 농성을 "혁명적인 수법"이라 몰아세우고 "가차없이 처단할 것을 엄숙히 선언하는" 대목은 박정희의 민주화운동 탄압 방법과 빼닮은 꼴이다.

농성하던 기자들은 방우영 사장의 경고문을 보고 자유언론실천 제2선언문(75년 3월 8일)을 '조선일보 기자일동' 명의로 냈다. 부산지사 취재기자 6명도 제작거부에 동참했다. 선언문은 "반일, 반공, 반독재로 55년 동안 점철된 정론지 조선일보의 지령이 1975년 3월 8일자로 정지되었음을 선언한다"고 밝혔다. 농성에 나선 젊은 기자들은 그 시점까지 자신들이 몸담아 온 신문이 "반일"이었다고 믿었다.

충분히 이해할 수 있는 일이다. 1945년 복간할 때부터 방응모가 직접 글을 써서 마치 항일투쟁을 한 듯이 거짓말을 늘어 놓았고 그 이후 방일영, 방우영 체제 내내 '민족지'임을 틈날 때마다 자부하는 기사를 대량으로 유포해왔기 때문이다. 따라서 1960년대에 들어서면서 일반 독자들은 물론 조선일보에 입사한 젊은 기자들도 '항일 민족지'임을 의심할 수 없었다.

유신독재를 반대하는 목소리도 지면에 담아야 한다며 편집국 농성에 들어간 기자들이 줄줄이 파면 당하자 민주화운동에 나선 사람들은 방관만 할 수 없었다. 함석헌과 장준하를 비롯한 재야 원로들이 구성한 '민주회복 국민회의'는 기자들의 농성을 지지하는 성명을 발표했다. 성명은 "경영주가 앞으로도 더 파면조치를 확대할 것이라고 위협하는 것은 자유 언론에 대한 정면도전으로서 이는 한 언론의 문제가 아니라 국민의 알권리를 부인하는 처사로 국민의 지탄을 면치 못할 것"이라며 사주를 비판했다.

한국기독교여성연합회 인권위원회는 '조선일보 안보기 운동'에 들어갔다. 대학생들은 신문사 정문 앞에서 기도회를 갖고 지지 성명을 발표했다. 농성하던 사진부 유남희 기자가 기도회 사진을 찍자 경비가 카메라를 빼앗았다. 방우영은 기자들이 농성하는 편집국 통신망을 끊고 기협 2차 지도부 5명도 파면했다. 분회는 3차 집행부를 구성했다.

젊은 기자들이 제작 거부에 들어가자 방우영의 통제 아래 놓인 부·차장들은 다른 신문 기사 베끼기를 서슴지 않았다. 기자들은 곧 부·차장들의 각성을 촉구하는 선언문을 발표했다.

언론자유를 부르짖는 것이 잘못입니까? **마음속으로 여러분도 언론자유의 절규는 신문 기자로서는 당연한 부르짖음이라고 공감하시지 않았습니까?** 모든 기사를 여타 신문에서 그대로 복사한다면 그 어찌 신문이라고 하겠습니까? 조선일보를 믿고 구독하시는 선량한 독자들을 더 이상 농간하지 맙시다. 저희들이 목 잘려 나가든 말든 여러분은 독자를 농간하는 작업을 계속하려 합니까? 조선일보를 살린다고 하는 부차장들의 기사 복사 작업이 조선일보를 죽이고 있다는 것을 안타깝게 말씀드립니다. 여러분을 굴레 씌우고 있는 직위 안보에서 이제 과감히 떨쳐 일어나 잠 못 자 핏발 선 눈초리의 평기자 편으로 달려오지 않겠습니까? 평기자들은 여러분을 둘러싸고 여러분을 헹가래치며 조선일보의 새 역사의 한 페이지를 기록해 나가려 합니다.

방우영은 기자들이 농성에 들어가자 300~500원이던 야근비를 파격적으로 올렸다. 제작에 참여하는 부장과 차장들에게 5만원씩 지급했다. 부·차장 전원을 아침에 회사차로 출근시켰다. 농성장의 전화선을 모두 끊은데 이어 정문에 바리케이드를 쳐서 외부 사람들의 출입을 막고 경비원들을 추가로 채용했다. 정보기관을 방불케 하는 수법으로 총무부와 관리부 직원들이 기자들을 미행하고 감시했다. 기자협회 사무실에서 총회를 열 땐 건너편 코리아나 호텔 고층 방에서 망원렌즈로 기자들의 동정을 살피기도 했다.

방우영은 치밀한 수순을 밟았다. 3월 11일 신문 1면에 '사고社告'를 싣고 기자들이 '항명'을 해서 해고했다고 밝혔다. 기자들이 한국기자협회를 배경으로 언론자유 투쟁의 희생자를 자처하면서 사내의 인화 단결과 질서를 문란하게 했다는 것이었다. "신문 제작 거부 사태에 관한 우리의 견해/ 외부의 개입을 배격하며 자주정론을 다짐한다" 제목의 사고를 읽어보자.

얼마 전 창간 55돌을 보낸 조선일보의 역사는 우여곡절의 가시밭 길이었다. 그러나 갖은 고초를 겪고, 숱한 난관을 뚫는 모진 시련을 경험하는 동안, 조선일보는 생명 있는 하나의 유기체로서 **한 번도 언론 본연의 사명을 저버린 일이 없음을 자부한다.** 사회의 변화에 기동성 있게 대응하면서 **항상 염원하여 마지않은 것은 이 겨레의 번영이요, 이 국민의 행복**이었으며, 늘 마음을 쓴 것은 언론으로서 어떻게 하는 것이 거기 이바지하는 가장 바람직한 길이냐는 모색이요 실천이었다.

그러기 위하여 조선일보가 확립한 원칙의 하나는 어떤 경우에도 치우치지 않고 사상을 냉정히 바라보고 이성적으로 판단 평가하는 불편부당의 공정한 자세이다. 우리는 이 시점에서 55년의 과거를 돌아볼 때 그와 같은 조선일보의 자세는 옳았다는 것을 확신한다. 우리가 결단하고, 단정한 역사적인 순간을 찾아보아도, 그와 같은 원칙과 자세가 가장 필요로 할 때, 가장 옳은 말을 하였음을 발견하는 것이다… 조선일보는 **근래 우리 사회 전반에 걸쳐서 마땅히 확립되어야 할 위계질서가 공허한 명분의 미명 아래 들뜬 감정으로 흔들리고 있음을 적지않이 우려하고 있었던 만큼 조선일보 자체의 확고부동한 질서 확립을 위하여는 어떠한 희생도 각오하고 소신을 관철하고야 말 것이다**… 이와 같은 조선일보의 정연한 이치와 당연한 반응에 대하여, 실로 해괴한 것은 외부 소수로부터의 용훼요 간섭이다. 누구보다도 조선일보를 아끼고 사랑하는 것은 조선일보를 만드는 조선일보의 사원들이다. 조선일보에 문제가 있으면 그것은 조선일보가 자체로 처리하여야 하는 것이며, 또한 조선일보는 그만한 양식을 가진다. 그럼에도 불구하고 실태를 옳게 파악하지 못한 타인이 성급히 끼어들어 말썽을 일으키는 저의는 어디 있는가? 그래도 우리는 그와 같은 정치사회단체의 용훼와 간섭이, 그 단체 안의 소수의 자의적恣意的인 행위로 간주하는 이해와 인내로 정관하려 하였으나, 10일 정당의 공식 성명에 접하고, 우리는 앞으로 그와 같은 도전에 대하여 서슴지 않고 맞서고 나설 것을 결심한다. 그러한 성명 내용에 관하여는 추후 지면에서 면밀히 분석 평가하기로 하지만, 우선 우리는 정당의 그와 같은 태도를 자주언론에 대한 명백한 정치적 압력이라고 규정한다. 그리고 **정당뿐 아니라 어떠한 단체의 어떠한 용훼와 간섭에 대하여도 우리는 언론의 기능을 최대한도로 활용하여 밝힐 것을 밝히고 주장할 것을 주장함으로써 그 시비를 전 국민에게 물으려는 것이다.**

방우영은 "정론"을 다짐하는 글에서도 거듭 거짓 선전을 잊지 않왔다. "한 번도 언론 본연의 사명을 저버린 일이 없음을 자부한다"
거나 "이 시점에서 55년의 과거를 돌아볼 때 그와 같은 조선일보
의 자세는 옳았다는 것을 확신한다. 우리가 결단하고, 단정한 역사
적인 순간을 찾아보아도, 그와 같은 원칙과 자세가 가장 필요로 할
때, 가장 옳은 말을 하였음을 발견하는 것이다"라고 스스럼없이 거
짓말을 늘어 놓았다. 어쩌면 방우영 자신도 친일의 과거를 모르는
걸까 의심마저 들 정도다. 일제 강점기에 조선 청년들을 전장의 총
알받이로 내몰며 일본제국의 언론을 자임해 놓고 어떻게 감히 "항
상 염원하여 마지않은 것은 이 겨레의 번영"이라고 주장할 수 있
을까.

'조선일보사'의 이름으로 1면에 사고를 실은 사주는 바로 아래
광고란에 "조선일보사 독자 여러분께" 제하의 글을 실었다. 광고문
에서 사주는 1974년 12월 16일에 '편집국의 두 기자'가 편집국장
에 대해 "위계질서를 무시하고 위협적인 언동으로써 직무상 도저
히 용납할 수 없는 과격행위"를 했으며, 기자협회 조선일보 분회가
'지하신문'인 '조일분회소식'을 발간해서 '인화단결과 사내질서를
문란'하게 했다고 주장하며 다음과 같이 맺었다.

농성 중인 기자 가운데서도 그들의 주장이 과격하고 비리非理함
을 깨닫고 있음에도 배신자라는 규탄을 받기 두려워 마지못해 참가
하고 있는 기자가 대다수입니다. 파면된 기자 가운데도 있습니다.
회사가 읍참마속의 심정으로 이들을 퇴사케 한 것도 진정 옥석을 가
리기 위한 방편에 지나지 않습니다. 회사를 이처럼 혼란에 빠뜨린
배후의 불순분자를 색출해 내기 위한 불가피한 과정에 지나지 않습

그의 기자정신   299

니다.

전형적인 갈라치기다. 해고는 "진정 옥석을 가리기 위한 방편"이라는 말로 대량 해고의 비판을 벗어나는 동시에 하나로 뭉친 농성 대오를 분열시키려는 전술임이 훤히 보인다. 더 놀라운 사실은 지금까지 취재 현장에서 발로 뛰며 일해 온 기자들을 대상으로 "불순분자를 색출"하겠다는 으름장이다. 그 또한 유신체제를 꾸려가던 '종신 대통령' 박정희 수법이다. 딴은 사주도 '종신' 아니던가.

편집국 기자들은 호소문을 내어 "회사는 이미 기자이기를 포기한 편집국 부·차장들만에 의해 제작되는 조선일보의 지면을 총동원, 우리들의 행동을 '불순외부세력' 운운으로 중상하기 시작"했다면서 "전통 있는 중립지 조선일보를 사익을 위한 광고조각으로 전락시킨 이 신문을 보면서 우리는 한사람 빠짐없이 울었"다고 적었다.

그날 기자들의 농성에 처음으로 차장이 가세했다. 정치부 차장 이종구는 농성에 합류하며 해임된 기자들의 복직을 요구했지만 방우영은 파면으로 답했다. 이어 밤 7시 30분경 경비원을 포함한 '외부 사람들'을 동원해서 신문 제작을 거부하며 농성하던 기자 40여 명을 끌어냈다. 쫓겨난 기자들은 3월 12일 오전에 신문사 정문 앞에 모였지만 경찰이 나서서 강제로 해산시켰다. 기자들은 결의문을 발표했다.

언론자유를 절규하던 53명 동료들이 부당해고, 정직 등 폭력에 의해 떠나간 이래 마지막으로 남은 최후의 기자들마저 그들이 끝내 수호하려던 조선일보로부터 강제 축출당했다. **이제 조선일보는 민족의 편에 서서 정론을 펴려 했던 양심과 지성이 사라진 채 반언론, 반역사의 사이비 언론인들의 강점 상태에 돌입한 것이다. 이제 가사假死 상태에 들어선 조선일보 원상회복 여부는 바로 한국 언론의 명운과 직결되었음을 선언한다.**

그러나 우리는 이러한 조선일보의 최후의 신음이 바로 한국 민주언론의 여명기를 여는 우렁찬 신호탄으로 확신한다. 이제 우리는 55년의 전통을 팔면서 더러운 기생寄生을 하는 일부 사이비 언론인들의 소거 작업이 임박했음을 절규한다. 자유언론은 결코 죽지 않는다. 진정 우리의 조선일보는 이 민족이 이 땅에 살아 있는 한 사라지지 않을 것이다. 우리의 행진은 이제 진군 나팔소리가 울린 것이다. 아무리 험난해도 결코 외로울 수 없는 이 자랑스러운 길을 따라 우리는 어깨를 맞대고 전진할 것이다. 정론지 조선일보 만세!

1) 회사 측은 우리들의 주장이 정당함을 인정하고 정론지 지향을 국민 앞에 약속하라.

2) 회사 측은 부당파면, 징계된 동료기자 53명을 즉각 제자리에 원상 복귀시켜라. 우리는 이 징계가 무효이며 전체 기자가 일체임을 선언한다.

3) 우리는 우리들의 요구가 관철될 때까지 최후의 1인, 최후의 일각까지 가능한 모든 방법으로 투쟁할 것을 계속 다짐한다.

결의문에 이어 발표한 성명서 "회사 측은 기자들의 순수한 자유언론실천 의지를 상업주의적 목적을 위해 어떻게 이용하고 배신했는가"의 내용은 충격적이다. 농성의 출발점이 된 자유언론실천 선언을 다름 아닌 경영진이 부추겼다는 사실이다. 성명서를 주의 깊게 살펴보자.

회사 측은 71년 5월 동아일보 기자들이 언론자유수호선언을 한 이래 각사 기자들 사이에 자유언론선언운동이 번질 때마다 조선일보 기자들에게 "적어도 2등은 해야 한다"고 은근히 뒤에서 고무 격려해 왔습니다. 동아일보와 더불어 이른바 전통 있는 민족지를 자부해온 조선일보로서는 동아일보 기자들이 언론자유를 외칠 때 조선일보 기자들이 침묵할 경우 소위 '사꾸라신문'이란 오해를 받을까봐 두려워했기 때문입니다.

따라서 동아일보 기자들이 자유언론선언을 하고 난 뒤 조선일보 기자들 사이에 아무런 움직임이 없을 때에는 간부들은 은연중 초조한 기색을 보였고, 이런 사정을 잘 아는 조선일보 기자들은 자유언론선언을 하는 것이 언론인으로서 대의명분에 합당할 뿐 아니라 회사의 이익에도 합치하는 것으로 판단, 솔직히 말해서 회사의 암묵적 승인 아래 '어용행사' 비슷한 일을 해오기도 했습니다…

74년 10월 24일 역사적인 기자들의 자유언론실천선언 직후 회사 측 태도도 마찬가지였습니다. 선언대회 직후 회사 간부들의 일반적인 태도는 "잘들 했어. 2등은 해야지. 동아일보를 바짝 뒤따라 가야지"라는 것이었습니다.

그러나 조선일보 기자들이 회사 측이 생각하는 어용성의 한계 안에 머물 것을 거부하고 종전과는 달리 자유언론을 성실하고 꾸준한 자세로 실천해 가려 하자, 회사 측은 두 달이 못가서 기자들을 탄압하기 시작했습니다… 기자들의 순수한 정열을 적당히 '신문장사'에 이용해오던 회사 측은 작년 12월부터 두 동료기자를 해임한 데 이어 기자들의 자유언론의 구심체인 기자협회 조선일보 분회 활동을 탄압하는 등 급선회하기 시작했습니다. 이는 기자들에 대한 배신이 아닐 수 없습니다… 2등은 해야 된다고 강조해 오던 회사 측은 금년 1월에 들어서는 2등도 못하겠다면서 '자주노선'이란 그럴듯한 말을 만들어 냈습니다. 기자들은 이 말에 속지 않았습니다. 이 말은 조선일보의 위선을 감추기 위한 술수라는 것을 쉽게 간파할 수 있었기 때문입니다. 그것은 '자주노선' 선언 이후 실제로 제작된 신문의 지면이 입증해 주고 있습니다. 우리는 회사 측이 **신문의 생명이라 할 언론자유를 그때그때의 상업적 이익을 위한 방편으로만 이용하는 반언론적 태도를 즉각 청산하고 본연의 양심과 정도를 되찾아 주기를 간절히 요망합니다.**

방우영의 '불순분자 색출' 작업에 천주교정의구현전국사제단은 3월 13일에 "기자들의 해임 사태에 관하여" 제목으로 성명을 발표했다. 성명은 "자유언론에 투신한 기자들의 권익은 각 언론기관에 종사하는 기자들은 물론 온 국민이 지켜주지 않으면 안 된다"며 성직자의 양심에 따라 "조선일보에 대한 불매운동을 이 시간부터 전개한다"고 밝혔다.

그는 발끈했다. 다음 날 1면에 "천주교사제단과 민주회복국민회의 명의의 성명에 대한 우리의 견해"라는 '사고'를 실었다. 사고는 천주교정의구현전국사제단과 민주회복 국민회의 명의의 두 개의 성명서에 대하여 "자주언론에 대한 명백한 도전으로 단정"했다. 이어 "천주교정의구현전국사제단의 주요 멤버이며 민주회복국민회의의 대변인인 함세웅 신부가 개인적으로 두 단체의 전체 의사를 도용하였거나 그 중 소수가 다수에게 강요함으로써 만들어진 성명서"라며 "함세웅 신부를 향하여 연민의 정"을 느낀다고 썼다.

'조선일보사'라는 이름을 걸고 1면에 크게 실은 '사고'는 "조선일보와 동아일보의 일련의 사태를 독재 권력이 언론을 탄압, 봉쇄하려는 음모와 상호 관련된 것"을 강하게 부정하며 "도대체 인간의 영혼을 다룬다는 신부가 그렇게 '쉽게 인지'하는 안이한 태도부터 잘못"이라고 썼다. 하지만 바로 그 시점에 동아일보의 백지광고 사태는 명백한 권력의 개입으로 일어난 언론 탄압임을 누구나 알 수 있는 상황이었다. 더구나 그 진실을 방우영이 모를 리 없었다. 하지만 방응모가 그랬듯이 방우영에게도 진실은 중요하지 않았다.

해고자들 가운데 회유 또는 압력으로 복귀한 사람들이 나타나면서 남은 32명은 3월 21일 조선자유언론수호투쟁위원회(조선투위)를 결성했다. 조선투위는 조선일보의 왜곡 보도에 맞서 진실을 알리는 진상보고서를 잇따라 발표했다. 고교입시문제 누설사건 관련자에 재벌의 딸이 들어 있자 "국민총화를 해친다"는 이유로 당국이 발표 명단에서 뺀 사실, 두 기자를 해고한 편집국장 김용원이 친하게 지내던 상공부장관과 재벌을 비판하는 기사는 한 줄도 쓸 수 없었다는 사실을 공개했다. 기자 해고로 사건을 키운 편집국장 김용원은 조선투위가 예상했듯이 나중에 재벌그룹으로 옮겨가 대우전자 사장을 역임했다. 기자로서 저널리즘의 가치를 지키려다 고통스럽게 살아간 해직언론인들과 달리 사태를 일으킨 편집국장은 '재벌의 품'에 안겨 평생 호의호식했다.

창간 100년을 맞은 2020년 그해 10월 13일자 25면에는 "백남준·

천경자… 60년 모은 그림들, 책으로 엮었죠" 제목 아래 "미술 애호가 김용원 삶과꿈 대표"의 서울 평창동 '갤러리주택'을 소개하는 기사가 실렸다.

　　이곳은 김용원(85) 도서출판 삶과꿈 대표 가족의 '갤러리 주택'. 김 대표가 오래 살아온 서울 평창동 집 마당에 지었다. 김 대표는 조선일보 편집국장 출신의 언론인이자 대우전자 사장을 지낸 기업인. 미술계에선 20대부터 그림 보는 안목을 키워온 수집가로 유명하다. 60년 가까운 수집의 기록을 최근 '구름의 마음, 돌의 얼굴'이란 책으로 펴냈다. 김 대표는 "미술 작품과의 만남도 인연"이라면서 "내가 쫓아다니고 좋아했던 그림의 세계가 곧 내가 살아온 흔적"이라고 했다.

　　기사를 쓴 기자는 1970년대 김용원이 무엇을 했는지 알고 있었을까. 기자로 있다가 대기업으로 옮겨간 것에 대해서도 한 톨의 문제의식도 없는 듯 '미술 애호가'의 평창동 갤러리와 책을 홍보해주었다.

　　방우영은 해직기자들을 지켜만 보지 않았다. 조선투위에 따르면 1975년 4월 10일 밤 11시쯤 조선일보 경비 감독부장으로 고용된 박 모(일명 아라이) 등 6명이 투위 기자들의 숙소인 '경성여관'에 들이닥쳐 구두를 신은 채 방까지 들어왔다. 아라이는 해직기자 4명에게 "나는 해방 후 사람도 많이 죽였고 테러도 많이 해봤다"고 위협하며 방안에 있던 가위를 집어 벽을 찍는 난동을 부렸다.

　　1977년 5월 19일 선우휘 주필이 경영진 쪽 증인으로 항소심 공판에 나왔을 때의 '증언'도 화제가 되었다. 기자들에게 언론자유 투쟁을 부추긴 이유를 묻는 질문에 주필은 태연히 답했다.

"언론자유 때문이라기보다는 단순히 동아와 한국일보가 하는데 왜 가만히 있느냐고 말했을 뿐이다. 조선일보의 체면을 위해 남이 하는 만큼은 해야 한다고 말했을 뿐이다."

변호사가 어이없어 되물었다.

"증인이 기자협회보에 쓴 글대로 언론에 대한 규제로 언론이 병신이 되어 빈사상태에 놓여도 모든 것을 사장에게 맡기고 가만 있어야 하는가?"

주필 선우휘는 간단하게 "물론"이라고 답했다. 어떤 상황에서도 기자는 기사 쓰는 일에만 관심을 가져야 하고 기사가 누락되든 깎이든 제작에 관여해선 안 되며, 오직 신문사 사장에게 모든 것을 맡기고 복종해야 한다는 것이다. 후배들에게 언론의 위기를 경고하는 선배 홍종인에게 '내부에 총질하지 말고 외부와 싸우라'고 냉소적으로 답글을 썼던 선우휘의 민낯이다. 정작 기자들이 유신체제와 맞설 때 선우휘는 내부에서 후배들에게 '총질'을 해댄 셈이다.

민주언론을 구현하고자 했던 32명의 기자는 끝내 해고되었다. 리영희가 훌륭한 저널리스트가 될 것으로 믿었던 기자들은 언론자유 투쟁 때 앞장섰다가 다 쫓겨났고 도저히 구제하기 힘들겠다고 생각했던 김대중 기자만은 그대로 남아서 조선일보의 상징적 존재가 되었다고 통탄한 사연이다.

조선투위는 신문사 밖에서 안에 있는 동료들에게 "민중의 소리에 귀 기울이고 민중의 아픔의 현장에 나오라"고 촉구했다. 조선투위가 기자의 '현장부재'를 질타하며 밝힌 내용은 다음과 같다.

농민들이 농협의 재배권유와 수매약속을 믿고 심어 거둬들인 고구마를 산더미처럼 썩혀 버린 뒤 더 이상 참을 길 없어 벌인 호남 농민들의 시위와 단식 현장에도 물론 당신(기자)들은 없었습니다. 민중의 소리는 들리지 않고 권력의 소리에만 맞추어진 길들여진 귀로 바뀐 것 아닙니까.

노조선거에 참여하려는 동일방직 어린 여공들에게 똥물을 먹이고 씌운 만행의 현장에마저 당신들은 나타나지 않았습니다. 서울 평화시장의 봉제 여공들이 경찰의 폭력에 죽음을 마다않고 맞선 노동교실사건은 이미 해를 넘겨 당신들은 기억조차 못할 것입니다. 1978년 3월말 급기야 일단의 방직공장 여공들이 기독교방송국에 들어가 벌인 시위의 전말쯤은 당신들도 들었을 것입니다.

우리는 '상업지의 기능공'으로 자처하는 당신들의 소리를, 글을 듣고 있습니다. **민중의 소리에 귀 기울이고 민중의 아픔의 현장에 나오십시오.** '현장을 떠난 기자'가 기자일 수 없다는 데서 **오늘 한국 언론의 기사회생의 기적의 첫걸음은 당신들의 현장 등장에서 시작될 것입니다.**

방우영 체제는 갈수록 견고해졌다. 해직 사태 이후 해마다 입사한 수습기자들도 사내에서 방우영의 권력이 얼마나 막강한가를 체감했다. 하지만 적어도 1975년 이후 입사자들은 해직 사태에서 경영진 편에 선 경험은 없었다. 바로 그들이 1980년 5월에 제작거부 운동을 벌였다. 창간 100돌을 맞은 2020년에 열린 '80년 해직언론인 세미나'에서 해직기자 이원섭은 다음과 같이 당시 상황을 증언했다.

1975년 가을 조선일보에 수습기자로 입사해 겨우 5년차 기자에 지나지 않았을 때, 경찰기자를 하다 막 정치부로 옮겨 취재의 맛도 느끼고 언론보도의 영향력을 실감하기 시작했을 때였다. 당시 검열·제작거부 운동은 그해 4월 새로 출범한 기자협회를 중심으로 진행됐고, 각 사별로 기협분회를 중심으로 토론을 진행하는 등 연대활동이 활발했다. 그러나 당시 조선일보는 기협 회원사에서 배제돼 기협분회가 없었다. 1975년 자유언론실천선언을 하고 '백지광고 사태'를 겪으며 해직된 동아일보·동아방송 기자, 그리고 조선일보에서 쫓겨난 해직기자들이 결성한 '동아투위'와 '조선투위'가 당시 기협 정식 멤버로 참여하고 있었다. 기자협회를 매개로 한 연대활동이 단절되고, 해직된 투위 선배들과도 연결이 되지 않은 상태에서 1975년 32명이 해직된 후 새로 조선일보에 입사한 기자들을 중심으로 소규모로 검열·제작거부 운동이 전개될 수밖에 없었다. 입사 5년 차가 가장 선배 기수에 해당되고, 3년차 기자들, 막 뽑은 수습기자들 중심으로(총 20여명) 비밀리에 만나 시국상황 분석과 언론의 사명에 대해 토론하고 기습적으로 편집국총회를 열어 일방적으로 제작거부를 선언했다. 그리 할 수밖에 없는 구조였다.

입사 5년 미만 후배기자 중심 편집국 총회모임을 먼저 발의·제안했던 내가 떠밀려 편집국총회 사회를 보게 됐고, (은밀하게 몇몇 선배들 접촉했으나 실망감, 칼바람 부는 황량한 들판에 홀로 서 있는 느낌, 한 두 명이라도 힘을 보태며 거들어줄 선배가 없었기에 고립감 가중) 제작거부 결의 관련 토론을 진행했다. 분위기가 극도로 미묘해 어색하고 침잠했다. 서열 따지는 신문사에서 새까만 후배들이 기습적으로 총회 소집하고 사회를 보고, 현 시국에 대해 토론한다며 편집국 중앙 바닥에 빙 둘러

앉고, 그 주위에 국장, 부국장, 각부 부장들이 에워싸듯 도열해 있고, 다른 차장급 간부나 선배들 150여명은 엉거주춤 제 자리에 앉아서 어찌되어가나 지켜보는 매우 미묘하고 난감한 상황이었다.

위압적 분위기에 눌려 토론에 나서기로 했던 동료들이 머뭇거리며 자발적 발언을 않거나, 지명을 받고 나와서도 어물어물 몇 마디 하고 들어가는 바람에 분위기 침잠해 사회자로서 진땀이 났다. 결국 이튿날 다시 총회를 열어 준비한 제작거부 선언문과 결의문 낭독하고 일방적으로 거부 선언했다. 조직적인 활동이나 치밀하게 준비한 행동, 활발한 토론도 못한 채 뒤늦게 제작거부에 들어가 다소 부끄러움도 있으나, 그럴 수밖에 없는 구조적 한계가 있었다.

나중에 회사에서 해직될 것이란 점 분명해, 누군가 나서줬으면, 선배가 나서 이끌어줬으면 하는 바람 간절했다. 그럴 선배들은 이미 5년 전에 무더기로 해직됐다. 기협 등 외부와의 연대조차 없는 외로운 상황, 다들 눈치만 보고 있는 터라 심리적 압박 극심하고 실존적 결단을 내리는데 따른 고민 더 컸다. 당시 상황을 다시 되뇌는 것은 무언가 자랑하거나 내세우려는 뜻이 아니라, 진실보도가 그만큼 어려웠고 개개인의 실존적 결단을 요구하는 절박한 상황이었다는 점, 그리고 그럼에도 불구하고 많은 양심적 기자들이 언론 본분을 다하기 위해 사명감을 갖고 용기를 냈다는 점이 흘러간 역사로 치부돼 과소평가 되거나 기억에서 지워져선 안 된다는 점 되새기기 위한 것이다.

5년차 정치부 기자 이원섭의 "누군가 나서줬으면, 선배가 나서 이끌어줬으면 하는 바람 간절했다"는 심경은 충분히 이해할 수 있다. 더욱이 "그럴 선배들은 이미 5년 전에 무더기로 해직됐다"는 증언은 리영희의 회고와도 맥이 닿는다.

젊은 기자들이 편집국총회를 준비하고 제작거부를 선언하던 시점에 우리가 앞서 살펴본 대로 사회부장 김대중은 광주를 '총을 든 난동자들의 무정부상태'로 기사화했다. 1980년대 내내 그가 얼마나 전두환과 유착했는가는 이미 짚었다.

마침내 6월대항쟁으로 전두환 군부의 언론 탄압에도 진실의 빛을 비추기 시작했지만 방우영 사장은 청문회에서 사뭇 당당했고 75년 해직사태의 진상을 캐는 질문에 단순히 '사내문제'라고 답했다. 그럼에도 새로운 가능성이 남아 있었다. 6월대항쟁의 성과가 언론청문회에 머물지 않았기 때문이다. 6월대항쟁에 이어 노동인대투쟁이 벌어지고 그 투쟁이 열어 놓은 공간에서 언론사들도 노동조합을 설립하기 시작했다. 언론노동조합은 편집의 자율성 확보를 주요 과제로 삼으며 출범했다. 마침내 조선일보사 기자들도 노동조합을 결성했다.

그의 노동조합은 1975년 해직된 32명 기자들의 원상회복과 피해배상을 경영진에 촉구하고 나섰다. 노조는 1989년 5월 15일 편집국에서 기자 조합원 총회를 열고, 75년 기자 32명이 무더기로 해고된 3·6 사태는 자유언론실천운동임을 재확인했다. 노조는 성명에서 "3·6 운동의 정당성 인정과 32명의 기자들을 해고한 사측의 잘못을 인정하고 물질적 배상과 함께 원상회복 조치를 취하라"고 요구했다. 노조는 이를 위해 "노조가 할 수 있는 모든 행동을 불사할 것"이라고 밝혔다. 성명은 "지금 이 순간부터 조선일보사사에서 '3·6사태'는 '3·6 자유언론실천운동'임을 선언한다. 3·6운동은 더

조선 평전

이상 하극상이나 위계질서파괴라는 오명으로 더렵혀질 수 없다"고 선언했다.

선언과 함께 노조는 집행부를 비롯해 30여명이 곧바로 철야농성에 들어갔다. 조합원의 80.9%가 노조 집행부를 지지했다. 이어 51일 철야농성과 5일 단식농성으로 전개되었다. 농성 51일째인 1989년 7월 5일 김대중 편집국장과 김효재 노동조합위원장 사이에 합의가 이루어졌다. "조선일보사는 1975년 발생한 3·6 문제를 1989년 5월 15일 노조가 제시한 원칙을 바탕으로 해결을 위해 노력한다"가 그것이다.

합의에 따라 89년 8월 조선투위 황헌식 위원장과 김대중 편집국장이 대화를 시작했지만 다음 해인 90년 3월 창간기념일을 고비로 사측은 일방적으로 대화를 중단했다. 방우영은 처음부터 노조의 요구를 받아들일 생각이 없었다. 2008년에 출간한 자서전『나는 아침이 두려웠다』를 통해서도 확인할 수 있다.

3·6사태는 언론자유에 대한 열망이 쌓이고 쌓여 폭발한 것으로 한 번쯤은 겪어야 할 시대적 숙명이었다고 생각한다. 그러나 아무리 언론자유가 중요하다고 하더라도 기자들이 스스로 신문제작을 거부해서 신문사가 문을 닫으면 남는 게 무엇이겠는가. 언론자유가 중요할수록 어떤 경우에도 신문은 나와야 하고, 또한 언론자유를 지켜줄 수 있는 재정독립이 뒷받침돼야 한다는 사실을 나는 3·6사태의 쓰라린 교훈으로 간직하고 있다.

결국 조선일보에 노동조합이 결성되면서 힘을 모은 '3·6사태의 진실 규명'은 방우영의 노회한 전략에 말려들어 동력을 잃고 말았다. 그럼에도 조선일보사에 해마다 입사하는 젊은 기자들 사이에 문제의식이 없을 수 없었다. 언론개혁 여론이 한창일 때 조선일보 '현역기자의 고백'이 다른 일간지에 다음과 같이 실렸다(한겨레 2001년 3월 12일자).

이른바 '할 말은 하는 신문'에서 불행히도 '할 말을 하는 기자'는 그리 많지 않다. 얼마 전 우리 신문에 '사장열전'이 실린 날, '술이 통하는' 몇몇 기자들과 술잔을 기울였다. 아니나 다를까. 평소 입담이 거센 동료의 이죽거림이 시작됐다.

"우리는 초대사장은 없나 보지? 친일경력 가진 인물들은 쏙 빠졌던데?"

술잔을 기울이며 '의기투합'했다. 하지만 그때뿐이다. 새벽녘 해장국집에서 내린 결론은 "이래서 우린 늘 비주류"라는 자조였다… 조선일보 편집국은 두 가지 이데올로기적 성벽이 크게 울타리를 치고 있다. 국가주의와 엘리트주의가 그것이다. 입사 초기 '진보적 성향'을 보이던 기자들도 4~5년이 지나면 어느샌가 '조선 스타일'에 익숙해진다. 그러나 아무도 사주의 '강요' 때문이라고 생각하지 않는다. 교묘하고 음습하게 그저 몸에 밸 뿐이다…회사의 조직관리 행태가 이런 상황을 은근히 부추긴다. 이른바 **사내 '주류집단'이 이너서클화해 조직적인 재생산 구조를 갖추고** 있기 때문이다. 주류에 끼느냐 마느냐는 기자로서의 자질도 중요하지만 대개는 회사에 대한 충성도로 결정된다.

얼마 전 잘 나가던 한 기자는 노조활동 과정에서 회사 쪽과 '원치

않는 마찰'을 빚는 바람에 두 번이나 승진에서 탈락했다. 외부에선 이를 두고 '마피아식 조직관리'라고 비난하지만, 편집국 안에서는 별 불만이 없다.…솔직히 녹을 먹고 있는 회사를 비판하는 원고를 써달라는 부탁을 받았을 때 멈칫하지 않을 수 없었다. 내게 그럴 자격이 있는지, 또 '누워 침뱉는' 비겁한 행동은 아닌지 곤혹스러웠다. 동료나 선후배를 욕되게 하고 싶은 생각은 추호도 없다. 다만 '한국 최고의 신문'에 걸맞은 고민을 동료들과 나누고 싶을 뿐이다.

그가 품고 있는 기자들의 이데올로기가 '국가주의와 엘리트주의'라는 증언이다. '마피아식 조직관리'에도 별 불만이 없다는 고백도 눈여겨볼 대목이다. 그럼에도 평가할 지점이 있다. 무엇보다 그 글을 한겨레에 기고한 기자의 용기, 그와 더불어 "술잔을 기울이며 의기투합"한 기자들이 있다는 사실이다. 물론 새벽녘 해장국집에서 내린 결론은 "이래서 우린 늘 비주류"라는 자조였다지만, 먼동이 틀 때까지 술잔을 기울인 비주류 기자들이야말로 신문사로서 그의 마지막 보루 아닐까.

젊은 기자들이 나름대로 고심하는 흔적은 이따금이나마 노동조합 활동에서 나타난다. 가령 2016년 송희영 주필이 대기업의 향응을 받은 사실이 드러나 사직할 때 조선일보 노동조합은 2003년 이후 활동이 중단되었던 공정보도위원회(공보위) 활동을 재개한다고 밝혔다(미디어오늘 2016년 10월 11일자). 편집국의 어느 기자는 "공보위 해체가 지금 우리가 맞닥뜨린 위기와도 맥이 닿아 있다고 생각한다"는 의견도 내놓았다.

그의 노동조합이 13년 만에 공보위 활동을 시작한다는 미디어오

그의 기자정신

늘 기사에 네티즌의 댓글은 하나만 달렸다. 아이디 '개똥'은 "조선 일보가 공정보도위원회 가동, 참으로 기대된다, 그 결과에 따라 동아/ 중앙도 사실보도로 이 사회를 정화시켜야 할 언론의 사명을 다할 때 그 결과에 대한 열매는 풍성할 것이다, 제발 존경받는 언론으로 거듭나기를 바란다, 권력의 남용, 부정부패 근절에 온 힘을 다하면 깨끗한 사회로 그 결과 필히 언론에도 좋은 결과를 줄 것이다, 민주주의 회복에 매진하기 바란다"고 썼다.

그를 바라보는 민중이 아직 희망을 지니고 있다는 뜻이다. 하지만 안타깝게도 그가 거듭나는 모습은 아직 보이지 않는다. 2019년 12월, 사법부는 삼성의 노동조합 와해 공작에 가담한 전·현직 고위 임원들에게 실형을 선고하고 법정 구속했다. 이재용의 최측근으로 꼽히는 이상훈 삼성전자 이사회 의장과 노동 통제 전략을 세우고 실행한 삼성그룹 미래전략실(미전실) 소속이던 강경훈 부사장이 각각 징역 1년 6개월을 선고받았다. 삼성전자 전무, 삼성전자서비스 대표와 전무는 징역 1년, 1년 6개월과 1년 2개월을 받았다. 법원은 삼성그룹의 노조 와해공작에 가담한 전직 정보경찰과 노무사에게도 징역형을 선고했다.

삼성전자서비스에서 일어난 조직적인 노조 와해 행위에 2013년 검찰이 수사를 시작하고 6년 만에 나온 사법부 판단이다. 이 또한 촛불혁명의 결과라고 볼 수도 있다. 삼성에서 이사회 의장까지 올라간 경영인이 '노동조합 와해공작'에 연루되어 징역형을 받은 것은 부끄러운 일이다. 삼성은 '삼성전자·삼성물산' 명의로 다음과 같은 '입장문'을 냈다.

노사 문제로 인해 많은 분들께 걱정과 실망을 끼쳐 드려 대단히 죄송합니다. 다시는 이런 일이 발생하지 않도록 하겠습니다. 과거 회사 내에서 노조를 바라보는 시각과 인식이 국민의 눈높이와 사회의 기대에 미치지 못했음을 겸허히 받아들입니다. 앞으로는 임직원 존중의 정신을 바탕으로 미래지향적이고 건강한 노사문화를 정립해 나가겠습니다.

기실 성찰이 절실한 대목이다. 삼성이 아니라 언론을 두고 하는 말이다. 무노조경영이라는 명백한 '헌법위배 경영'을 어떻게 21세기에 들어서고도 20년 넘게 관철해 왔을까? 무노조경영은 삼성의 창업주인 이병철부터 80여년 이어온 '위헌 경영'이었다. 그가 1987년 숨진 뒤에도 이어져 21세기까지 노동조합 결성을 막으려고 온갖 불법 행위를 저질렀다. 비상식을 넘어 위헌과 불법이 가능했던 데는 정치인만이 아니라 언론, 특히 그의 책임이 컸다.

삼성이 사법부의 심판을 받고 '무노조경영'에 반성하는 입장문을 내기까지엔 자살을 비롯해 피맺힌 희생이 있었다. 노동조합은 물론 사회운동 단체들도 곰비임비 힘을 모았고, 촛불혁명도 사법부의 늑장 판결에 영향을 주었다.

그런데 사법 심판을 받은 삼성이 "미래지향적이고 건강한 노사문화"를 약속하자 뜬금없이 그가 나섰다. 판결 다음 날 "재계에선 국내에서 19만여 명의 직원을 둔 최대 사업장인 삼성그룹이 자칫 양대 노총(민주노총·한국노총)의 세 불리기용 격전장이 되고 노조의 경영 간섭, 노사勞使·노노勞勞 갈등이 커질 수 있다는 우려가 나온다"고 보도했다(2019년 12월 19일).

그의 기자정신

대학 교수도 어김없이 가세하며 무노조 경영을 삼성의 성장 요인으로 꼽았다. 가령 경제학 교수 조동근은 "고용노동부에 따르면 2010~2018년 한 해 평균 99.9건의 노사 분규가 발생했지만 삼성은 이러한 노사 분규에서 자유로웠다"며 "노조가 있었다면 반도체 선제 투자가 가능했겠느냐. 삼성이 글로벌 초일류 기업이 된 데에는 무노조 정책이 상당 부분 기여했다"고 주장했다. 같은 날 "삼성에도 민노총 들어서면 세계 1등 유지되겠나" 제목의 사설까지 나왔다

그로부터 다섯 달 뒤 2020년 5월 6일 이재용 삼성전자 부회장이 재판을 앞두고 대국민 사과문을 발표하며 "제 아이들에게 회사 경영권을 물려주지 않을 생각"이고 이제 더 이상 삼성에서는 '무노조 경영'이라는 말이 나오지 않도록 하겠다고 약속했다.

노조와해 공작에 마침내 이재용 부회장까지 사과하고 새로운 경영을 약속한 다음 날, 그는 '이재용 부회장의 사과' 제목의 사설에서 '무노조 경영'을 끝까지 옹호했다. "삼성과 이 부회장에게도 많은 문제가 있겠지만 기업인들을 이렇게 몰고 가는 한국의 정치와 제왕적 대통령제에는 아무런 문제가 없나"라고 물은 뒤 개탄했다.

이 부회장은 '무노조 경영'을 포기하겠다고 거듭 밝혔다. 노조 설립의 자유는 법에 보장돼 있다. 그러나 합리적 대화보다 투쟁과 폭력이 앞서는 한국적 노동 현실에서 만에 하나 삼성마저 노조로 인해 세계적 경쟁력을 잃게 되면 그 책임은 누가 지나.

사설은 삼성을 대변하는 교수나 기자들이 언제나 그랬듯이 "삼

성의 미래는 한국 경제의 미래나 다름없다"며 한국 수출의 20%를 차지하고 매년 10조원 이상의 법인세를 내고 있다는 사실을 강조했다. 그에게 삼성의 책임은 "첨단 기술 개발을 선도하고, 더 수출하고, 더 많은 이익을 내 그것으로 더 많은 세금을 내 국민과 사회에 이바지하는 것"이다.

어쩌자는 걸까. 삼성이 첨단기술 개발을 선도하고 수출을 많이 하니 무노조경영 방침을 고수해야 옳다는 걸까. 반도체 생산 라인 노동인들처럼 젊은 나이에 희귀병으로 죽음을 맞거나 노조 설립하다가 납치를 당해도 괜찮다는 걸까.

그가 강조한 삼성의 한국경제 비중을 생각해도 삼성에 대한 감시는 저널리즘의 본령이다. 언론이 감시해야 삼성이 그때그때 잘못을 고쳐나감으로써 세계 수출시장에서 불매운동을 당하지 않을 수 있다. 유럽이 앞장서서 '기업의 사회적 책임' 목소리를 높여가고 있기에 더 그렇다.

기실 삼성과 그는 이른바 '1등주의'에서 의기투합했다. 1등을 위해 수단방법을 가리지 않아온 것도 닮았다. 물론 1등도 그에겐 철저히 선택적이다. 자살률, 산업재해사망률, 노동시간, 비정규직 비율들의 세계 1등과 같은 수치는 그에게 전혀 중요하지 않다. 저널리즘의 생명인 공정, 권력 감시의 가치와 정면으로 충돌하는 모습이다. 보수적 언론단체인 관훈클럽조차 일찍이 우려했듯이 그의 기자들은 중산층 이상으로 살아가면서 민중의 고통을 미처 보지 못하고 있는 것은 아닌지, 편집국과 논설위원실 구성원들 개개인이 과연 얼마나 기자정신을 지니고 있는지 진지한 성찰이 아쉽다.

그에겐 도무지 희망이 없다고 볼 일만은 아니다. 2020년 12월 12

그의 기자정신

일 한 데스크의 칼럼을 보자. 칼럼은 "조국의 내로남불, 윤미향의 횡령, 추미애의 광기를 보면서도 민주당 지지한다는 말이 나오느냐"는 20대의 말을 인용한 뒤 다음과 같이 썼다.

지금 입사하는 막내 기자들의 술자리 항명을 들은 적이 있습니다. 586 선배 세대가 청춘이던 시절에는 연애도 하고 데모도 하고 취직까지 쉽게 할 수 있었지만, 지금의 우리는 그렇지 않다는 것. '공정'이라는 잣대의 내로남불에 그래서 더 민감하다는 것.

칼럼을 쓴 데스크는 전혀 의도하지 않았겠지만, 그 막내기자들의 술자리 항명에서 '희망'을 발견한다면 지나친 순진일까. 부디 젊은 기자들이 모든 '내로남불'을 용기 있게 비판하고 저널리즘 가치를 올곧게 구현해가길, 잃어버린 기자정신을 되찾아가길 기대한다.

조선 평전

새로운 100년의 전제

"집사람은 정치적으로 보수적이고, 경쟁이 나라를 발전시킨다고 믿고 있고, 노조가 기업 발목 잡는 것을 걱정하고, 교육 평준화에 반대하고 있지만 조선일보를 읽으면 정보를 얻기보다 세뇌당하는 느낌이고, 신문이 과거만 들춰내 기분이 나빠진다고 했다."

누구일까, 보수적인 사고를 가진 '집사람'조차 그를 보면 세뇌당하는 느낌이 들고 기분이 나빠진다고 토로한 사람은. 다름 아닌 조선일보 기자다. 그 기자가 조선일보노동조합이 만드는 노보에 아내 이야기를 담은 까닭은 "이래선 정말 조선일보에 미래가 없다"고 경각심을 불러일으키기 위해서였다.

물론, 얼마든지 반론을 펼 수 있을 터다. 미래가 없기는커녕 여전히 "1등 신문"임을 내세워 목에 힘을 줄 수 있다. 과연 그래도 좋을까. 아니다. 본디 신문시장에서 줄곧 3~4위였다가 1980년대 전두환 군부와의 밀월로 몸집을 불린 그는 90년대에 동아일보 발행부수를 앞지르고 '200만부 돌파'를 공개적으로 과시했다.

하지만 5인 가족 기준으로 '1000만 독자 시대'를 열었노라고 자부하던 그의 발행부수는 곤두박질 쳤다. 여전히 신문시장 1위인 이유는 동아일보와 중앙일보 발행부수가 함께 줄어들었기 때문이다. 한국 ABC협회가 2020년에 발표한 조사결과에 따르면 그의 발행부수는 120만부로 1년 전보다 10만부 가까이 떨어졌다. 언론계에서 한국ABC협회의 공신력이 높지 않은 사실에 비추어 그의 실제 유가부수는 100만부를 밑돈다고 추정할 수 있다.

그를 구독하는 독자들이 서울 강남·서초·송파구와 대구에 많다는 사실은 더 이상 비밀이 아니다. 그럼에도 새삼 거론하는 이유는 그의 편집·경영 전략과 이어져 있어서다. 1933년부터 대대로 세습하며 그를 소유하고 있는 방 씨 일가로선 신문을 통한 이윤 추구를 계속해 나가려면 서울 강남·서초·송파구를 비롯해 기득권 사람들을 대변하는 것이 가장 확실한 방법이라고 판단했을 법하다. 아무리 신문이 불신 받아도 100만부 정도는 확보할 수 있기 때문이다. 조선일보사의 다수 기자들이 살고 있을 서울 강남·서초·송파구에서 그를 구독하는 독자들은 대부분 '국가주의'와 '엘리트주의'에 머물고 있을 가능성이 높다.

자연스레 그에게 신문의 품질, 저널리즘의 가치보다 더 중요한 것은 기존 독자의 성향에 충실하기일 수 있다. 애초부터 시장에서 자유경쟁을 통해 독과점업체가 된 것이 아니라면 앞으로도 상품으로서 신문의 품질보다는 상품 외적인 관계를 중시할 수밖에 없다.

그가 외적인 관계에서 100년에 걸쳐 가장 중시한 것은 권력과의 관계였다. 물론, 그 권력의 실체는 바뀌었다. 일본제국주의에서 이승만 정부, 박정희와 전두환으로 이어진 군부독재가 그것이다. 1987년 이후 서서히 2000년대 들어서서는 더 노골적으로 새로운 권력과 유착해왔다. 바로 광고주들, 자본의 권력이 그것이다. 따라서 그의 지면에서 노동운동에 대한 마녀 사냥이 끊임없이 나타나는 것은 우연이 아니다. 자본권력과 유착한 '노동 사냥'의 사례는 지천이다. 그는 삼성에는 줄기찬 찬가를 노동조합에는 끝없는 저주를 퍼부어왔다.

그가 걸어온 100년을 시대별·주제별로 톺아보았듯이 무엇보다 그는 아프다. 그가 출생 때부터 내내 지녀온 아픔의 의학적 진단명은 PTSD이다.

PTSD^{Post Traumatic Stress Disorder} 곧 '트라우마로 인한 스트레스 장애'이다. 트라우마는 삶에 심각한 후유증을 남기는 마음의 상처를 이른다. PTSD에는 통상 3대 증상이 있다. 특정 기억이 자주 생생하게 떠오르며 악몽을 꾸는 기억증상, 그 사건이 연상되는 공간에 가지 못하거나 비슷한 상황을 피하는 회피증상, 지나치게 예민하게 반응하는 과민증상이 그것이다. 미국 정신의학회에선 특정 사건으로 인격이나 인생이 부정적인 방향으로 변화하는 '인지·정서의 변화'와 '사회적·직업적 기능의 손상'으로 설명하고 있다. 트라우마는 내면 깊은 곳에 '복잡한 심리복합체'인 콤플렉스를 이룬다. 과거의 경험과 관련된 신호들을 죄다 위험으로 받아들여 과도하게 방어적 행동을 한다.

그의 트라우마는 두 가지로 분석할 수 있다. 먼저 '친일 트라우마'다. 그가 백 번, 아니 무한히 친일을 부정하고 항일을 주장하더라도 진실은 변하지 않는다. 그는 친일실업인 단체의 몸에서 출생했다. 태어나자마자 민중들에게 외면 받은 것은 큰 상처였다. 동아일보와 비교해 더 그랬다. 서둘러 동아일보 못지않은 저항적 기사들을 담았지만 각인은 쉽게 지워지지 않았다. 친일 반민족행위의 트라우마는 해방 공간에서 다시 상처가 되었다. 1933년부터 그를 소유한 방응모는 친일의 기억을 회피했고 과민하게 반응하며 항일의 기억을 심어 갔다. 그가 100년이 지나서도 여전히 친일반민족행위 청산에 예민하고 종종 적대적 기사와 논평을 내놓는 이유다. 친일 트라우마는 독립운동에 대한 콤플렉스로 지금도 작동하고 있다. 심지어 100돌을 맞은 해에 광복절을 맞아 주필 양상훈이 쓴 "친일파 장사 아직도 재미 좀 보십니까" 칼럼(2020년 8월 20일)은 "한국처럼 '친일청산'이 확실하게 이뤄진 나라도 없을 것"이라고 주장했다. 이어 "친일파가 씨가 마른 나라"에서 "운동권 눈에는 친일파가 많이 보이는 모양"이라고 비아냥대는 대목에선 또 다른 트라우마와 이어진다. 민주화운동에 대한 콤플렉스가 그것이다.

둘째, 그에겐 '친독재 트라우마'가 있다. 그가 친일의 기억을 잊으려고 백범과 손잡았다가 이승만에 부닐었던 사실, 특히 쿠데타 군사정권인 박정희·전두환과 손잡고 독재를 찬양한 사실을 누구보다 잘 알고 있는 것은 다름 아닌 그 자신이다. 그가 민주화운동을 틈날 때마다 과도하게 공격하는 이유이기도 하다. 친독재 트라우마는 민주화운동이나 진보운동에 나선 사람들에 대한 콤플렉스로 지금도 작동하고 있다. 그가 저지른 친일과 친독재를 비판하는 사람들에겐 더욱 날을 세운다. 전국교직원노동조합과 민주노총에 대한 마녀사냥도 그 연장선이다.

친일 트라우마와 친독재 트라우마가 낳은 그의 콤플렉스는 '1등주의' 집착과 동전의 양면이다. 서울 강남·서초·송파구에 살고 있는 그의 애독자들 다수도 독립운동과 민주화운동에 콤플렉스를, 자신의 기득권 위에서 경쟁을 중시하는 1등주의를 공유하고 있다.

2020년 1월 시무식에서 방응모의 후손인 사주 방상훈은 "가짜뉴스가 범람하고 많은 국민들이 뉴스를 믿지 않는 시대에 언론은 저널리즘 퍼스트라는 기본 정신을 되새겨야 한다"며 조선일보는 "기자정신이 살아있는 신문"이라고 자부했다. 방 사장은 "일제의 서슬이 시퍼렇던 100년 전 우리말과 글을 지키고 민족혼을 일깨우겠다는 일념으로 창간했다"고도 했다. 이어 "해방 이후 조선일보는 자유시장경제와 민주주의라는 우리나라의 핵심가치를 지키는데 앞장섰다"고 주장했다.

우리가 이 책에서 살펴보았듯이 바로 그런 말들이 '가짜뉴스'다. 방일영·우영과 달리 합리적이라는 방 사장 자신부터 정직하게 인식할 필요가 있다. 조선일보는 민족혼을 일깨우겠다는 일념으로 창간되지 않았다. 다만 대정친목회가 경영에서 물러난 뒤 방응모가 인수하기 전까지 '민중의 신문'에 다가선 시절은 있었다. 자유시장경제와 민주주의 가치를 지키는데 앞장섰다는 주장도 이 책에서 논의했듯이 진실이 아니다.

100주년 사설도 그 연장선이다. "새로운 100년을 향한 발걸음을 내딛는 조선일보는 100년 전 그 춥고 바람 불던 날처럼, 작아도 결코 꺼지지 않는 등불이 되겠다고 다짐한다." 그의 패기 넘치는 100주년 사설 곳곳에서 우리는 PTSD 징후를 발견할 수 있다.

기실 그의 병은 깊다. 100년이나 앓은 고질이다. 하지만 PTSD가 불치병은 아니다. 얼마든지 치료할 수 있다. 다름 아닌 그가 걸어온 길에서 확인할 수 있다. 사주가 신석우처럼 독립운동의 뜻을 품고 있을 때, 적어도 방응모처럼 친일반민족행위에 나서지 않았을 때, 그는 짧은 시간이었지만 가장 건강했고 언론다웠다. 사주의 권력에서 편집의 자율성을 확보하는 길, 기자들이 오직 진실과 공정의 가치로 권력을 감시해가는 길, 바로 언론개혁 법제화의 길이다.

물론 법과 제도가 만능은 아니거니와 현재의 정치판을 볼 때 언제 이루어질지도 모른다. 따라서 그가 새로운 100년을 다짐할 때는 전제가 필요하다. 모든 트라우마 치료가 그렇듯이 기억하고 싶지 않은 진실을 정면으로 마주해야 한다.

조선일보 제33대 노조 집행부가 2020년 12월 집행부 이·취임식을 열었을 때 참석한 방상훈 사장은 "창간 101주년이므로 우리 회사가 다시 1살이 된 것과 마찬가지"라며 "신발 끈을 꽉 조여매고 나아가야 할 때"라고 말했다.

과연 그럴까. 아니다. 101주년을 맞아 정녕 '다시 1살'이고 싶다면, 무엇보다 신발 끈을 꽉 조여 맬 때가 아니다. 정반대다. 조여 맨 끈을 확 풀어야 트라우마를 치료할 수 있다. 방상훈은 방응모의 후손이기에 개인의 인격과 별개로 진실을 직시하기 어려울 수 있다. '김대중의 전설'을 믿는 고위간부들은 기자로서 자신들의 선택을 내내 합리화하며 늙어갔기에 방어막이 더 견고할 수 있다.

하지만 적어도 21세기에 입사한 기자들은 그 트라우마와 콤플렉스에서 벗어나야 옳지 않을까. '진실의 수호자'를 독자들에게 공언한대로 실천하겠다면 더욱 그렇다. 가령 젊은 기자들 가운데 다수는 '전교조가 창립할 때는 촌지를 거부하며 기대를 모았다. 그런데 그때의 순수성을 잃어버렸다'는 식의 '선배들 논리'에 익숙할 터다. 하지만 창립할 때부터 그는 전교조를 '색안경'으로 바라보았다. 거짓말을 계속 하다보면 스스로 자신이 한 거짓말을 진실로 믿게 된다.

진실은 수호하는 대상이 아니다. 탐사하는 만큼 드러날 따름이다. 트라우마 깊은 채 앞으로도 여론을 쥐락펴락하겠다고 결기를 다진다면, 자칫 우리 사회 전반에 PTSD가 만연할 수 있다. 그가 이미 대한민국의 정치, 경제, 사회, 문화 부문의 자·타칭 엘리트들의 의식구조를 끝없이 병리적으로 만들어왔기에 더 그렇다.

물론, 비관에 머물 이유는 없다. 다행히 그의 영향력은 시나브로 약해지고 있다. 그래서 문제는 더욱 그의 품에서 살아가는 젊은 기자들과 독자들이다. 진실부터 직시할 일이다. 자신과 무관한 트라우마가 하나 뿐인 자기 인생을 지배한다면 너무 쓸쓸하지 않은가.

긴 평전을 정리할 때가 되었다. 시장을 독과점한 종이신문과 인터넷신문, 텔레비전을 모두 소유해 자칭 '종합 미디어그룹'을 이룬 그가 '진실의 수호자'였음을 자부한 공언은 전혀 진실이 아니다. 그는 진실의 수호자가 아니라 기득권 수호자였다. 그 진실을 직시할 때 저널리즘 본령인 공정과 권력 감시도 온전히 수행할 수 있다. 많이 늦었지만 그에게 아주 시간이 없는 것은 아니다. 그가 진실을 수호할 때 한해서다. 성찰이 없을 때 '여론 독과점그룹'을 해체해야 한다는 목소리는 무장 커질 수밖에 없다.

탈고하며 스스로 묻는다. 왜 조선 평전을 썼는가. '대한민국 1등 신문'을 자부하는 현직 기자들과 진실을 나누며 그들이 더는 이 땅의 민중에게 죄 짓지 말기를, 평전을 거울로 스스로 경계하기를 촉구하고 싶은 충정이었다. 아울러 애독자들이 더는 기만당하지 않기를, 한 번 뿐인 자신의 인생을 진실하고 정의롭게 살아가기를 소망해서였다. 101살을 맞는 그의 삶이 다시 '첫 돌'이기를 진심으로 바란다.